JN112744

大きなイラストでわかりやすい

洋裁大全

――まえがき――

「洋裁大全」はソーイングに役立つ知識をギュッと1冊にまとめた本です。
基礎編では裁断から基本的な縫い方までを解説し、部分縫い編では
衿や袖など部分ごとの縫い方を詳しく紹介しています。

ソーイング初心者さんはもちろん、一歩踏み込んだ内容にチャレンジしたい人も
ミシンの近くに置いて、作品作りにお役立て下さい。

Contents

Contents
目　次

基礎編

揃えておきたい用具や、布地について、裁断、
印つけ、基礎縫いまで幅広く解説します。

用　具

採寸から型紙作り

■ 揃えておきたい用具

方眼定規
透明で5ミリ方眼なので平行線を引く時にも重宝します。50cm位の物を用意しましょう。

メジャー
採寸やカーブ線の長さを測る時に使います。巻き取り式とそうでない物がありますが、好みで選びましょう。

角尺
直角線を引く時や床上がり寸法を測る時に使います。内側のカーブで裾線や脇線などを引く事も出来ます。

Dカーブルーラー
袖ぐりや衿ぐりなど深いカーブを引くためのカーブ尺です。

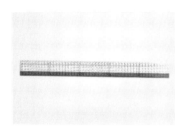

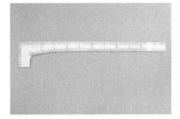

ハトロン紙
紙が薄くて透けるので簡単に線を写す事が出来て便利です。ロールタイプは紙の無駄が出にくいです。

ファブリックウェイト(重し)
ハトロン紙がずれないように固定する時に使います。重さのある物で代用可。

角尺の使い方
角尺の一辺を床にぴったり当てると垂直線が簡単に測れます。

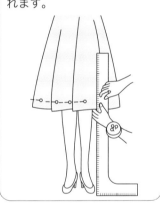

Dカーブルーラーの使い方
Dカーブルーラーをずらしながら線を引くと、きれいな衿ぐり線や袖ぐり線が引けます。

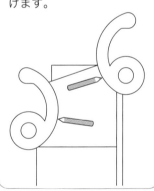

はさみ
型紙など紙を切る時に使います。必ず、布切りばさみとは分けて用意しましょう。

シャープペンシル・消しゴム
0.5ミリのHBが使い易いです。消しゴムはよく消える物を用意しましょう。

＊あると便利な用具＊
曲線定規
カーブ線を測るのに便利な曲がる定規です。袖ぐりや衿ぐりなどのカーブを測るのに便利です。

曲線定規の使い方
カーブに合わせて立てて測る

曲線定規

※メジャーを立てて測る事も出来ます

印つけ

■ 揃えておきたい用具

三角チャコ
先を細く削って線を書きます。印が消えにくいです。

チャコペンシル（チャコペル）
鉛筆の形をしたチャコで細い線が引き易くなっています。

粉チャコ（チャコライナー）
細くてきれいな線が引けるパウダータイプのチャコです。

※ チャコには色々な種類の物があります。ここに取り上げた3つは最も一般的なタイプの物です。まずは、お好みで1つ選んで使ってみましょう。

チョークペーパー（チャコピー）
型紙を布に写す時に使います。両面と片面複写があります。

ソフトルレット
刃先が丸く、点々がつきます。チャコピーで印をつける時に使います。

ルレット
歯車を転がして印をつける道具です。刃先がギザギザなためシャープな穴が開きます。

ルレットの使い方
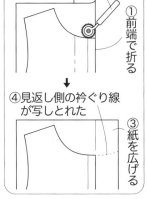
②衿ぐり線をルレットでなぞる
①前端で折る
④見返し側の衿ぐり線が写しとれた
③紙を広げる

チョークペーパーの使い方
両面チョークペーパーの場合は布の裏面どうしを合わせてチョークペーパーを間にはさみ、ルレットで印をなぞります。

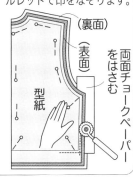
（裏面）
（表面）
両面チョークペーパーをはさむ
型紙

へら
布に押し当てて印をつける道具です。力が強すぎると布地を切る恐れがありますので気をつけましょう。

！こんな物もあります！

水性チャコペン
水や消しペンで印が消える布用のマーカーペンです。

消しペン
水性チャコペンの印を消す事が出来るペンです。水性チャコペンとセットで使います。

アイロンチャコペン
黒や濃い色の布地用の白色のチャコペンです。アイロンの熱や水で印が消えます。

裁断

■ 揃えておきたい用具

布切りばさみ
24cm～26cmぐらいの大きさで持ち易く良く切れる物を用意します。布以外は絶対に切らないようにしましょう。

はさみの使い方

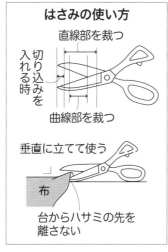

直線部を裁つ

切り込みを入れる時

曲線部を裁つ

垂直に立てて使う

布

台からハサミの先を離さない

＊あると便利な用具＊
つるつると滑り易い裏布や伸縮性のあるニット地など裁断しづらい布地を裁断する時に大変重宝します。

ロータリーカッター
丸い歯が回転して布地を切る事が出来るカッターです。

カッターボード
カッターで布地を切る時、下に敷いて使います。

アイロン

■ 揃えておきたい用具

アイロン
スチーム機能つきが便利です。コードレスアイロンよりもコードつきの方が温度が一定で使い易いです。

アイロンマット
湿気を吸い易いフェルトマットで、あまり柔らかくなく、硬めの物を選びましょう。

霧吹き
霧が細かく均一に出て、水滴の落ちない物を選びましょう。

＊あると便利な用具＊
アイロン定規
裾上げや三つ折りなど布を折り上げる時に用います。

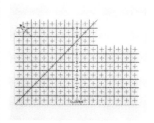

プレスボール（仕上げまんじゅう）
ダーツや腰のまるみを立体的に仕上げるために使います。

袖まんじゅう
袖の形をしたプレスボールで、袖を作る時に使います。

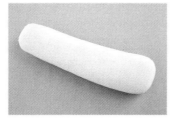

当て布・当て紙
アイロンの熱で布にてかりが出ないように、布地の上に当て布を敷き、その上からアイロンを当てます。

アイロン　アイロンマット

（表面）

布地（裏面）

当て布（シーチングかハトロン紙）

のり抜きした手ぬぐいやシーチング、ハトロン紙を使います。

アイロン定規の使い方

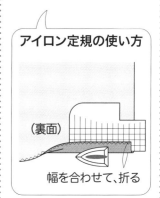

（裏面）

幅を合わせて、折る

縫う

■ 揃えておきたい用具

手縫い針
番手（ナンバー）が小さくなるにしたがって針は太くなり厚地用になります。布地に合わせて選びましょう。

手縫い糸
手縫い専用に作られた右撚りの糸です。よじれが置きにくいので手縫いには手縫い糸を使います。

手縫い糸
同じく手縫い専用に作られた右撚りの糸です。こちらはカード巻きになっています。

穴糸
穴かがりやボタンつけに使用する、手縫い糸より太い糸です。

ピンクッション
針刺しの事。手首にはめられるようにゴムがついている物もあります。好みで選びましょう。

糸切りばさみ
糸を切る時や細かい部分を切る時に使います。握り易い物を選びましょう。

しつけ糸
撚りのあまい木綿糸です。しつけの他に印つけや仮縫いにも使います。白い物をしろも、色つきの物をいろもとも呼びます。

しつけ糸を使いやすくする
① かせの一方のわを縛る
② もう一方をはさみで切る
③ 布か紙を巻く
④ ひもで巻いて結ぶ
⑤ わの部分から糸を引き抜いて使います

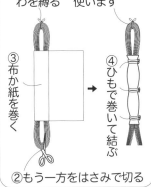

＊あると便利な用具＊

まち針
布をとめる時に使います。いつもきれいな針が使えるよう曲がった針は新しい針と入れ替えましょう。

洋裁用クリップ
針穴が開いてしまうラミネート生地や合皮などをまち針のかわりに挟んでとめます。

指ぬき
手縫いの時、中指の第一関節と第二関節の間にはめて針を押す時に使います。

糸通し
手縫い針への糸通しが簡単に出来ます。

次ページにつづく ▶

■ 揃えておきたい用具

ミシン

直線縫い専用のミシンと直線とジグザグ縫いや模様縫いが出来るミシンがあります。 ホームソーイングの場合はそんなに多機能な物は必要ありませんが、ボタンホールが作れるミシンが便利でしょう。

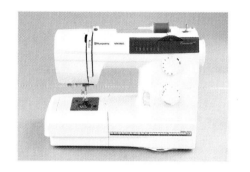

ミシン針

布地の厚さやニット地用、皮用と、数種類あります。番手（ナンバー）が小さくなると針は細くなり、薄地用になります。

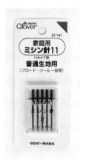

ミシン糸

一般的にポリエステル糸と絹糸があります。番手（ナンバー）が小さくなると糸は太くなり、厚地用になります。

ボビン

ミシンの下糸を巻きます。ミシンによってボビンの厚みが違いますので、ミシンに合った物を使います。

ミシンのアタッチメント

ミシンによってアタッチメントは違います。それぞれのミシンに合ったアタッチメントを購入するようにしましょう。

ステッチ定規

一定の幅でミシンをかけたい時に使います。

コンシール押さえ

コンシールファスナーをつける時に必要です。

ファスナー押さえ

ファスナーをつける時に必要です。

ロックミシン

ミシンソーイングで色々な物が作れるようになると欲しくなってくるのがロックミシンです。
布端の始末をするミシンで、2本糸は布端の始末だけですが、3本糸以上は地縫いもしながら布端の始末が出来ます。ニットソーイングも出来て大変便利です。

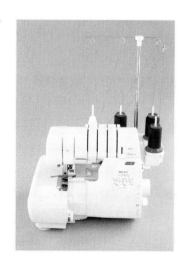

＊あると便利な用具＊

ひも通し

ひもやゴムテープを穴に通す時に使います。

テープメーカー

バイアステープを作る時に使います。

リッパー

ミシンの縫い目をほどく時、ボタンホールをあける時に使います。U字の内側に刃がついているので、布地を切らないように注意しましょう。

目打ち

ミシンで縫う時に、布を送るのに使ったり、角をきちんと出す時、ミシンの縫い目をほどく時などに使います。

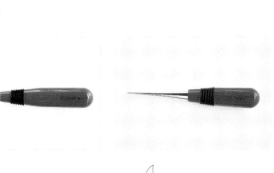

縫い目のほどき方

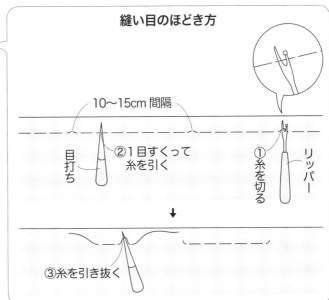

10〜15cm 間隔

目打ち

②1目すくって糸を引く

①糸を切る　リッパー

③糸を引き抜く

ボタンホールの開け方

①切りすぎないようにまち針をとめる

ミシンのボタンホールステッチ

②リッパーを差し込む

③まち針に当たるまで切る

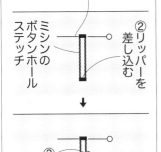

目打ちで角を出す

角を引き出す

目打ち

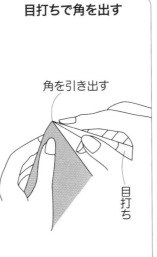

＊あると便利な用具＊

ループ返し

布ループを表にひっくり返す時に使います。

ループ返しの使い方

表面どうしを内側に合わせて布ループを縫っておきます

①ループ返しを通して、端にかぎ先をひっかけます

②布がはずれないように少しずつ引いて、表に返す

糸抜き

切りじつけの糸を抜く時に使います。かみ合わせの良い物を選びましょう。

糸抜きの使い方

切りじつけの糸を挟んで引き抜きます

糸抜き

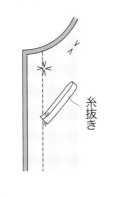

はと目打ち（パンチ）

小さな穴を開ける時に使います。直径3mmの穴が開きます。

はと目打ちの使い方

はと目穴つきボタンホールやベルトの穴を開ける時に使います。下に厚紙や板を敷いてから上から押しつけるようにして使います。

はと目打ちを押しつける

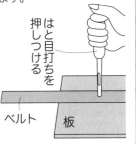

ベルト　板

採 寸

■採寸の目的

物を作る時に何らかの寸法が必要なように、洋服を作る時にも寸法が必要です。そのために採寸(身体の寸法を測る事)をします。正しい寸法を知っておく事でより自分に合った洋服を作る事ができます。

まずは、最低限必要な箇所だけ採寸をしましょう。

■採寸に必要な用具

メジャー

ひも状の物差しです。数字の読み易い物を選びましょう。

筆記用具

表を作り、測った寸法を記入しましょう。

婦人の採寸の仕方

正確に測るために、採寸はどなたかに測ってもらうのがおすすめです。服装は下着をつけ、その上にキャミソールやタンクトップを着た状態で測ります。姿勢は胸を反らせたりせず自然な姿勢で立ちます。

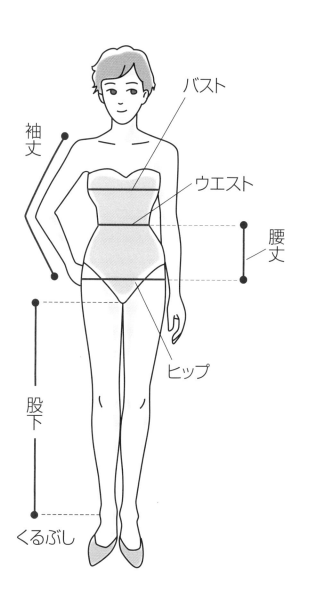

袖丈
バスト
ウエスト
腰丈
ヒップ
股下
くるぶし

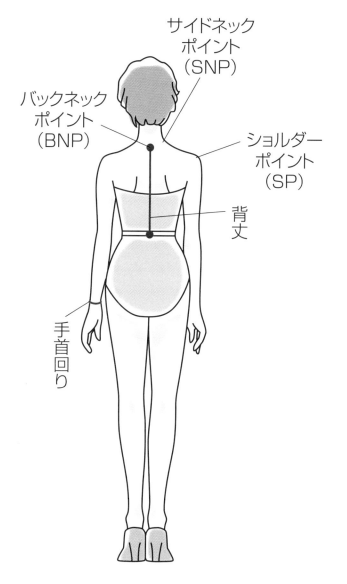

サイドネックポイント(SNP)
バックネックポイント(BNP)
ショルダーポイント(SP)
背丈
手首回り

頭回り

股上

■採寸箇所と測り方

バスト (胸まわり)

胸の一番高い位置を通るようにメジャーを水平にまわし、締めつけないように測ります。後ろに肩甲骨の張りがあり、どうしてもメジャーが下がり易いので、側面から見て水平になっているかを注意しましょう。

ウエスト (胴まわり)

ウエストの一番細いところをひとまわりして測ります。空気をいっぱいに吸った状態と吐いた状態では寸法の違いが出てきますので、自然な呼吸を心がけましょう。

ヒップ (腰まわり)

腰のいちばん太い所を水平にひとまわりして測ります。おなかの出ている人と、太ももの発達している人は少しゆるめに測ります。

背丈

バックネックポイント (BNP)からウエストラインまでの背中の中心を測ります。
(BNP＝首を前に倒した時、後ろの首のつけねあたりに触れる事ができる骨)

腰丈

ウエストラインからヒップラインまでの距離を測ります。おへそと脇の中間あたりを測ります。

手首回り

手首の位置を測ります。この寸法はカフス等を作る時に使います。

袖丈

腕をやや曲げ、ショルダーポイント (SP)から手首の小指側の骨の所までを測ります。

股上

平らな硬い椅子に腰掛けてウエストラインから椅子までの寸法を測ります。腰の丸みに合わせずに、垂直に測ります。定規を使うと測り易いです。

股下

股から、くるぶしまでを測ります。

頭回り

額の中央から耳の上を通って、後頭部の一番出ている所を通りひとまわりして測ります。

婦人服参考寸法　文化式　　　　　　　(単位 cm)

部位 ＼ サイズ	7号 (S)	9号 (M)	11号 (ML)	13号 (L)	15号 (LL)	17号 (3L)
バスト	78	82	88	94	100	106
ウエスト	62	66	70	76	80	90
(ハイミセス寸法)	64	68	72	78	82	92
ヒップ	88	90	94	98	102	112
腰丈	18	20	21	21	21	22
背丈	37	38	39	40	41	41
袖丈	51	52	53	54	55	56
手首回り	15	16	17	18	18	18
頭回り	54	56	57	58	58	58
股上丈	25	26	27	28	29	30
股下丈	60	65	68	68	70	70

布地について

布地には色々な名称があります。必要な言葉ですので覚えましょう。

みみ(耳)

布地が織られた方向の両端のことをいいます。メーカー名や織物の名称が書かれています。少し硬くなっていたり、色が濃く見えたりします。布の表裏を見分けるのに使います。

たて地

布地が織られる場合のたて糸の方向を「たて地」といい「布目」とか「地の目」と呼ばれています。たて地は伸びにくい性質があり(ストレッチ素材は除く)、その性質から裁断する時の基本にします。「布目を通す」とか「布目に平行」という言葉の使い方をします。製図や型紙の中に書かれている矢印はたて地の方向を示し、いずれの場合も矢印の方向にたて地を合わせます。

よこ地

布地が織られる場合のよこ糸の方向を「よこ地」といいます。たて地に比べて、よこ地の方が伸びがあります。(ストレッチ素材は除く。)

バイアス

バイアスとは斜めの意味です。布目に対して45°の角度を「正バイアス」といい、その他のバイアスを「スコバイ」といいますが、単にバイアスという場合には現在では正バイアスを指します。バイアス地は伸び易いので取り扱いには注意をします。

布幅

耳から耳までのよこ方向を「布幅」といいます。様々な幅の布地がありますので、購入の時には布幅を確かめて下さい。

裁ち目

裁断した布地の端全てを示しています。

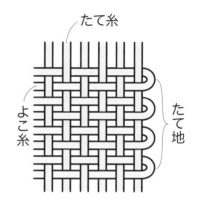

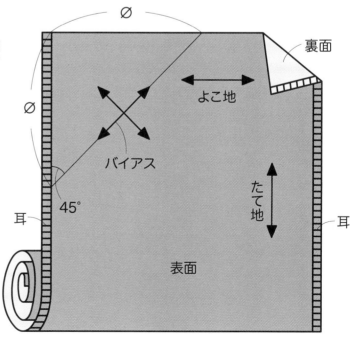

布地の種類

一般的によく使われる布地をご紹介します。

〈普通地〉

シーチング

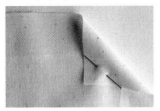

天竺木綿とも呼ばれる綿の平織物。ブロードより織り目の密度が粗い。

ブロード

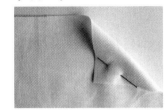

やや光沢があり、よこ方向にうねが走っている。平織りの綿織物。

T/C ブロード

ポリエステルと綿を使用したブロード。光沢感、速乾性に富む。

綿レース

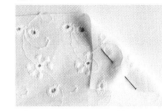

ブロードにミシン刺しゅうを施した繊細な印象の綿。

リネン（麻）

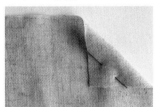

丈夫で通気性が良く、サラッとした着心地が魅力。やや粗い織り目。

ダブルガーゼ

二重織りの柔らかいガーゼ。吸水性、通気性に富む。

ワッフル

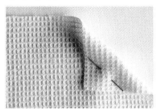

お菓子のワッフルのように凹凸した織り目。別名蜂巣織り。

シャンブレー

織りのたてに未ざらしの糸、よこに染め糸を使用した平織り。カジュアル感がある。

ダンガリー

織りのたてに染め糸、よこに未ざらしの糸を使用した平織り。糸の使い方がシャンブレー、デニムと逆になる。

コードレーン

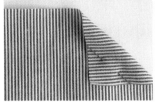

織りのたてに染め糸と白いたて糸をかわるがわる配列し、細いよこ糸で平織りに織った織物。

6.5 オンスデニム

織りのたてに未ざらしの糸、よこに染めの糸を使用した、たて綾織り。表面にノの字の斜模様がある。数字は糸の太さの番手。

先染め

糸本体を染めてから布にしたもので、糸染織物という。

オックスフォード

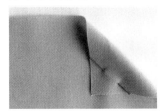

通気性と手触りの良い綿か綿混紡の織物。19世紀にオックスフォード、ケンブリッジ、エール、ハーバードの4大学名をつけたシャツ生地を販売。現在残っているのがオックスフォードのみ。

シャンタン

糸の太さにムラや節の多い糸を使った平織物。糸染めの玉虫効果のものもある。

ちりめん

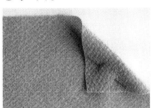

平ちりめんともいい、表面にしぼを立てた繊細で優美な織物。絹の他にポリエステルやレーヨンがある。

ポリエステルサテン

ポリエステル素材を朱子織りで織った、光沢のある織物。

※綾織り…布地の表面に斜めの畝が見える織り。ノの字、逆ノの字の方向がある。別名「斜文織り」ともいう。

〈薄地〉

チュール

六角形の編み目のメッシュレースの一種。

オーガンジー

織り目が透けていて、光沢がありシャリシャリしたやや硬い感触の平織物。

ガーゼ

粗い平織りの綿。通気性が良いので夏服や肌着、赤ちゃん服に使用される。

ボイル

薄手で軽く、織り目が透けている平織り。

ジョーゼット

薄く、柔らかく、張りがない平織物。ドレープ性とシャリ感がある。

綿ローン
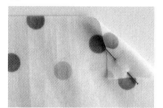
細い糸を使い、少し粗めに織った平織り。適度な張りと光沢、軽いシャリ感がある。

楊柳（クレープ）

たて方向にしぼが入った平織物。通気性に富み、夏服に用いられる。

チュールレース

チュールに、刺しゅうをほどこしたレース。

〈ニット地〉

スウェット

表が平編み、裏がパイル状の編み地のニット地。

スムース

両面編み。表、裏とも同じ編み目で、表面はなめらか、すべすべ。

ポンチローマ
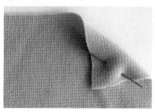
よこ畝に近いよこ筋が見える。適度な伸縮性があり、しっかりしている。

スウェット

上段のスウェットと同じ編み方で、糸の色を変えて編んだニット地。

ダブルジャージー

針床が2列ある編機で編まれ、伸縮性を適度に押えている。

ニット地

平編みのニット地。

〈やや厚地〉

ツイル

表に斜の畝が見える綾織りの織物。綿やウールがある。

タオル地

パイル地ともいい、糸を輪のようにして織った布地。吸水性に富む。

デニム

綾織りの厚手綿の織物。たてに藍染めの糸、よこに未ざらしの糸で織った布。糸の太さで厚みもいろいろある。

ヒッコリーデニム

デニムにたて縞を織り込んだ、縞デニム。

ツイード（中肉タイプ）

ウールを用いた平織りまたは綾織りで、ざっくりとした素朴な味わいがある。

ヘリンボーンツイード（中肉タイプ）
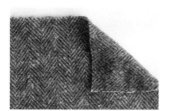
杉木立の枝のように織られた綾織りの一種。杉綾ともいう。

コーデュロイ

コール天ともいう。毛羽がたて方向に畝状になっている織物。

キルティング地

2枚の布の間にわたを挟み、ミシンで縫いとめた布。

〈特殊素材〉

フェイクファー

毛皮に似せて作った織物やニット。毛羽は長く毛皮に似せて無地にしたり、毛先を染めたりする。

シープボア

羊の毛のようにアクリルとポリエステルの糸を毛羽立たせて加工した柔らかいボア。

天然皮革

牛や羊の表皮の表面を塗料などでコーティングしたもの。革の裏面を起毛したものにスエード、バックスキンがある。写真はヌバックといい、軽くペーパーで磨耗し、起毛仕上げにしたもの。

ラミネート

表面を薄いビニールコーティングされた布。

布地の表・裏の見分け方

コットン素材はほとんど表が外側になっている「外巻き」の状態で店頭に並んでいます。プリント柄はわかりやすいのですが、無地の布や、表裏の織りが同じでほとんど区別のつかない場合があります。見分け方のポイントを知っておくと安心です。わかりにくい場合は、布地を購入するときお店の人に確認しましょう。

柄がはっきり見える

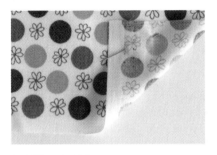

柄が濃い方が表。

耳に文字が書いてある

耳に文字がプリントされていたり、織り込まれている。読める方が表。

色の調子がついている

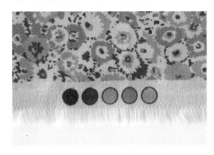

耳に色の調子がついている方が表。

耳のきれいな方

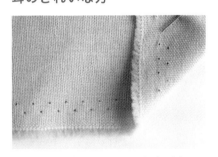

耳の織りが揃い、きれいな方が表。

耳のふさの織りを見る

耳のふさが揃っている方が表。ボソボソしているのは裏。

樹脂が盛りあがっている

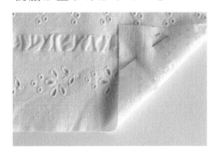

加工に使用している樹脂がしっかりついている方が表。

※どうしても判別できない場合は、どちらか好きな方を「表」と決め、裏側に印をつけましょう。

布目の通し方

買ってきたばかりの布地はたて糸とよこ糸が正しく直角に交わっていない場合が多いので正しく直します。布目を正しくした後、地直しをします。

① よこ地方向の糸を引き抜きます。引き抜いた線に合わせて、布を切ります。裂くことができる布地の場合は耳にはさみで切り込みを入れてよこ地方向に裂きます。

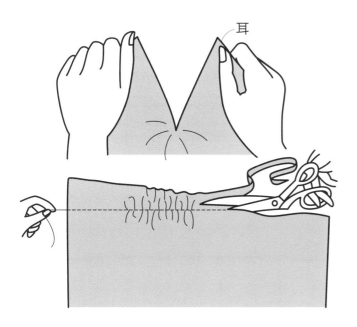

② 布地を平らな所に置いて、どっちの方向に曲がっているか確かめます。直角定規を当てて見るとよく分かります。

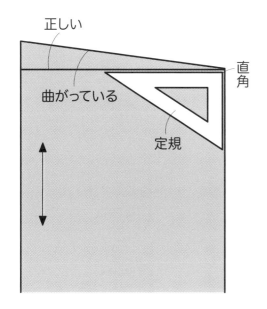

③ 布を対角線に持ち、短い方を引っ張ります。少しずつ、正しくなるようにして下さい。歪みがひどい場合はアイロンを使って直していきます。

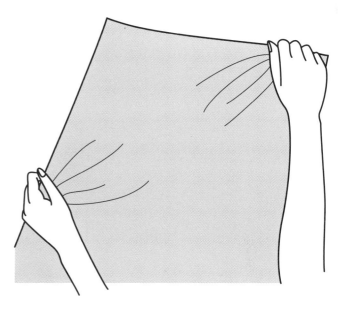

④ 正しくしたいけれど耳がつれてる場合はみみに切り込みを入れます。10cmぐらいの間隔で耳のみに入れて下さい。

地直しの仕方

地直しは「地のし」とも言って、布地を織る途中で起こる布地の歪み、また、収縮する布地を裁断の前に直しておく事をいいます。地直しをしないで洋服を仕立てると、洗濯時にサイズが小さくなったり、着用時に型崩れを起こすので地直しをします。しかし、最近は予め地直しされて販売している物もありますので、購入時にお店の方に確かめて下さい。

■ウール

① 布地の裏面からむらなく霧吹きで霧を吹きます。

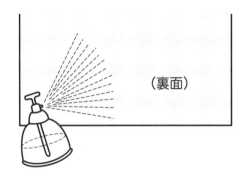

（裏面）

② 布地を軽くたたんで、湿気が全体になじむまで1時間以上置いておきます。

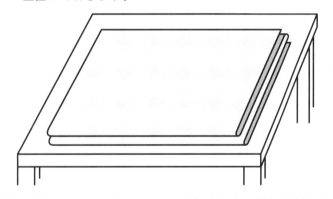

③ 裏面からスチームアイロンをかけます。蒸気を折り目の中にしみ込ませるようにします。布目の曲がりも直します。かすかに湿り気のある位でアイロンをかけるのをやめます。自然に熱がさめ、布地から湿り気が無くなってから裁断します。

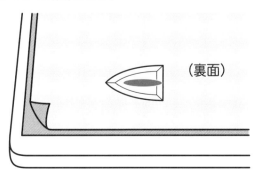

（裏面）

■木綿・麻

① 防縮加工されている布はアイロンをかけます。加工されていない布は水の中に1時間位つけて充分に水を含ませます。布をたたみ、上から押して水を絞ります。長時間の脱水機の使用や、ねじって絞るとしわが残ります。プリント地は、色のにじみがないか布の端に水をつけて確かめてから水につけます。麻布で普段着を作る場合には、水を何度か替えながら布地ののりをしっかり落とします。

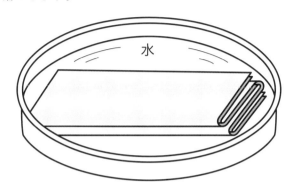

水

② 表面を内側にしてしわを伸ばし、広げて干します。必ず陰干しにして下さい。

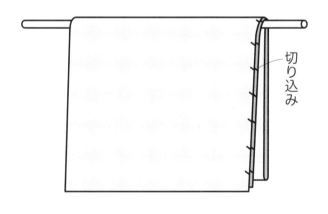

切り込み

③ 80%ぐらい乾いたら、平らな所に広げ、布地の裏面からドライアイロンをかけます。

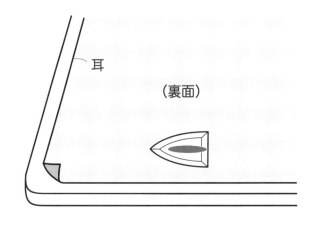

耳

（裏面）

■絹

絹は熱に弱く、水につけるとしみになってしまいますので、ドライアイロンで裏面から布目を直します。折りじわを取る程度でも良いでしょう。アイロンの温度は130～140℃ぐらいにします。

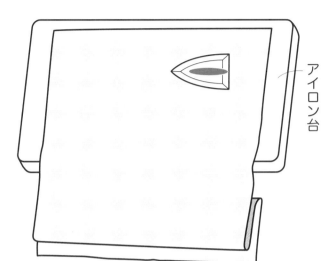

■化合繊維

化合繊維は水につかっても多くの布地は縮まないので水を与える必要はありません。熱に弱いので絹と同様にします。

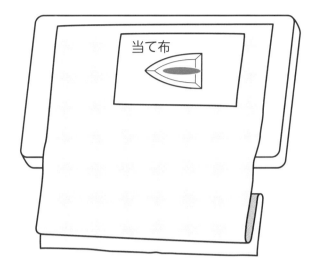

■毛足のある物

毛足のある布地は毛足がつぶれないように地直しをします。布地の表面を内側に合わせて、毛足をかみ合わせるようにします。アイロンは毛並み（毛の生えている方向）に合わせて軽くアイロンをかけます。アイロンは素材に合わせて、ドライとスチームを使い分けます。

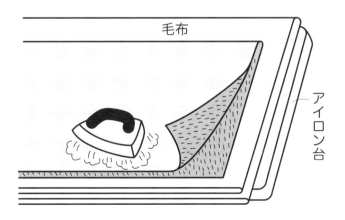

■格子柄（チェック）や縞柄（ストライプ）

柄の曲がりや歪みをこの時直しておきませんと、裁断時、また、出来上がった時に柄が合いません。布地の表面を内側で合わせ、柄と柄を合わせて粗くしつけをします。アイロンをかけて柄を合わせます。アイロンは素材に合わせて、ドライとスチームを使い分けます。

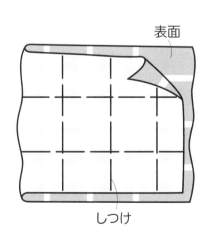

実物大の型紙の写し方

実物大の型紙は両面に何点もの型紙が入っているので、別の紙に写して使います。
作りたい服の型紙がA面・B面のどちらにあるかを確認します。どんな線で表してあるか、何枚必要かを確認して1枚ずつ写します。

1 型紙を別の紙に写しとります。

①必要な型紙の作品番号、パーツ名をマーカーなどで
　印をつけます。
②サイズを間違えないように、写しとる線をマーカー
　でなぞっておきます。

<透ける紙に写す場合>

型紙の上に、写しとる透ける紙（ハトロン紙等）を
置きます。
紙がずれないように、重しを置き、鉛筆で写しま
す。

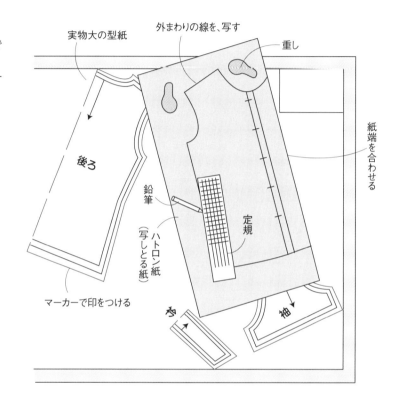

実物大の型紙
外まわりの線を、写す
重し
紙端を合わせる
後ろ
鉛筆
定規
ハトロン紙（写しとる紙）
マーカーで印をつける
前
袖

カーブの写し方

直線定規を使う場合

方眼定規を型紙の曲線に合わせながら線を
書きます。たえず定規を動かしながら書く
ので、少し練習が必要です。

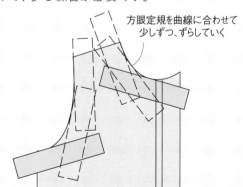

方眼定規を曲線に合わせて
少しずつ、ずらしていく

Dカーブルーラーを使う場合

型紙の曲線に合うカーブの部分を
当てながら線を書きます。衿ぐり
線、袖ぐり線などくりの深い箇所
の作図や長さを測るのに便利です。

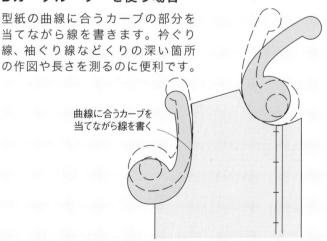

曲線に合うカーブを
当てながら線を書く

＜透けない紙に写す場合＞

透けない紙に写す場合はソフトルレットを使用します。写しと
る紙の上に型紙を置き、片面チョークペーパーを間にはさみ、
ソフトルレットで型紙の線をなぞって写しとります。チョーク
ペーパーは色のついている面を写しとる紙に向けて置きます。

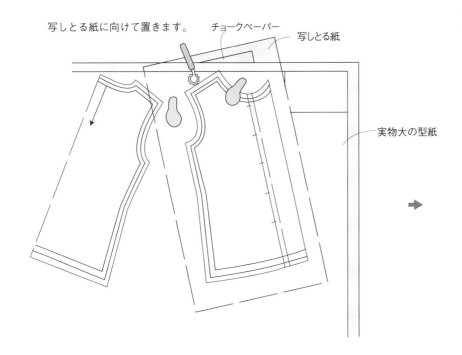

写しとる紙に向けて置きます。　チョークペーパー　写しとる紙

実物大の型紙

型紙をはずします。ルレットの線を
鉛筆でなぞります。

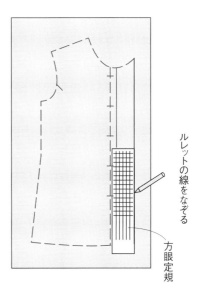

ルレットの線をなぞる

方眼定規

2 型紙の線を写したら、布目線や合印、文字を入れます。

布目線は型紙の中に書いてある矢印です。布地を裁断するとき
の方向を決めるものなので、長めに書いておきましょう。「合
印」「つけ位置」「あき止まり」なども忘れずに写しとり、パーツ
の「名称」も書き込みましょう。わで裁つ中心線には裁断で間
違わないように「わ」と書き込みます。

写しとった型紙

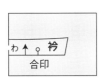

わ↑○衿
合印

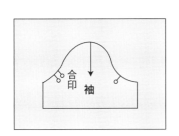

合印
袖

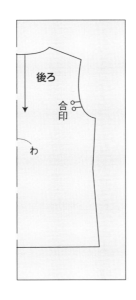

後ろ
合印
わ

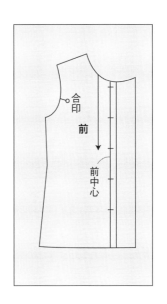

合印
前
前中心

丈の調節・幅の調節の仕方

作りたいデザインの型紙の丈や幅を変更したい場合は、型紙を写して印をつける前に、型紙を切り開いたり、たたんだりして調節をします。調節する寸法が大きいほど、元のデザインから印象が変わってしまったり、着脱しにくくなったりなど、思わぬことが起きますので仮縫いして確認しましょう。

丈の調節①

裾線と平行に、短くしたり、長くします。身頃の着丈も同じ方法です。
この方法で調節すると、シルエットがくずれてしまう（裾が広がりすぎるなど）場合は下図のように調節します。

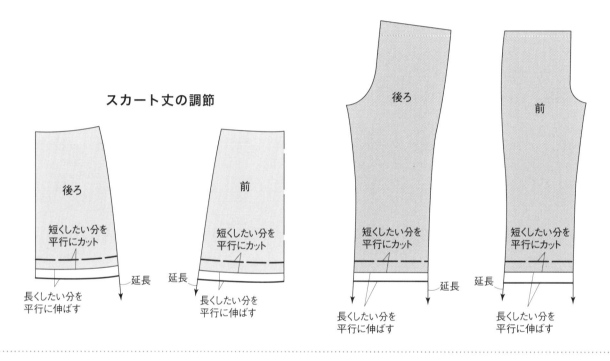

スカート丈の調節

パンツ丈の調節
（裾線がストレートシルエットの場合）

後ろ　短くしたい分を平行にカット　延長　長くしたい分を平行に伸ばす

前　短くしたい分を平行にカット　延長　長くしたい分を平行に伸ばす

後ろ　短くしたい分を平行にカット　延長　長くしたい分を平行に伸ばす

前　短くしたい分を平行にカット　延長　長くしたい分を平行に伸ばす

丈の調節②

袖丈や脇線などの中心位置で平行に切り開いたり、たたみます。長くしたい場合は新たな紙を貼ります。短くしたい場合は型紙をたたみます。いずれの場合も線を書き直します。

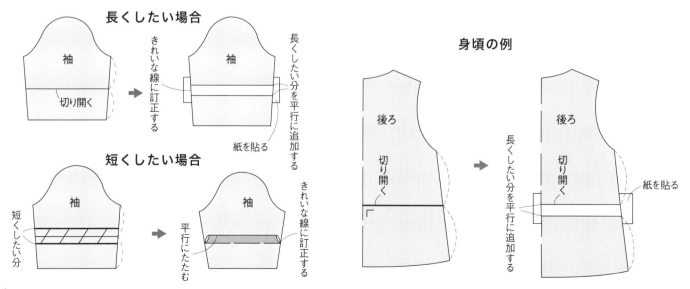

長くしたい場合

袖　切り開く　➡　きれいな線に訂正する　袖　長くしたい分を平行に追加する　紙を貼る

短くしたい場合

袖　短くしたい分　➡　袖　平行にたたむ　きれいな線に訂正する

身頃の例

後ろ　切り開く　➡　後ろ　切り開く　長くしたい分を平行に追加する　紙を貼る

幅の調節

縦の線は幅を調節する線です。幅を増やしたい場合や減らしたい場合に切り開き、増減します。

どうして4で割るの？

型紙は半身分で表記されていて、更に前身頃と後ろ身頃で分けるので4で割ります。たとえば全体で8cm増やしたい場合は前身頃で2cm、後ろ身頃で2cmを型紙上で追加することになります。

身幅の調節

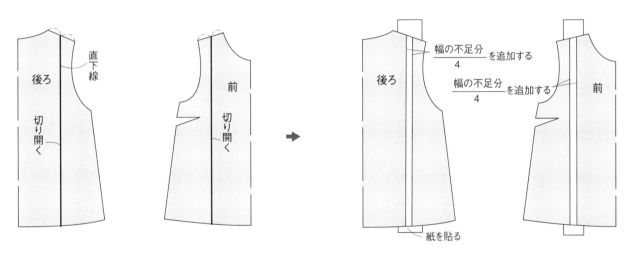

幅と丈の調節（裾幅が細くなる、または広くなるシルエットの場合）

幅を広く、丈を長くしたい場合

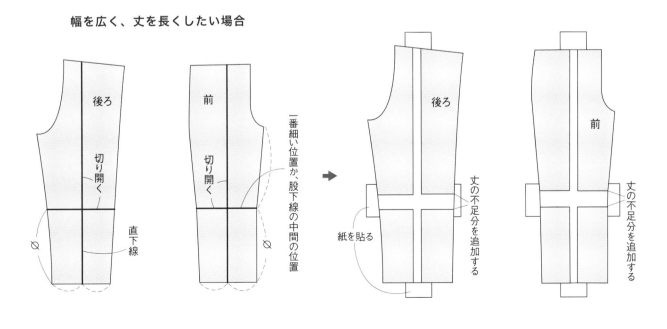

縫い代のつけ方

直線・カーブは出来上がり線に平行に縫い代をつけます。角の部分は直角にします。裾線や袖口線は注意が必要です。また、仮縫いをする場合には縫い代を多めにつけるようにしましょう。

■衿・身頃の縫い代

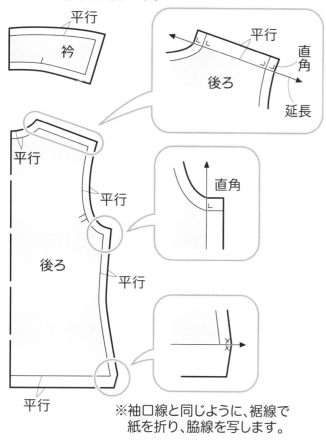

※袖口線と同じように、裾線で紙を折り、脇線を写します。

■袖口の縫い代

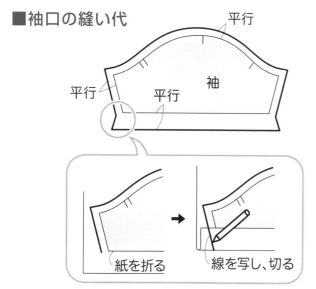

紙を折る → 線を写し、切る

縫い代幅を方眼定規の目盛りに合わせて平行に線を書きます。

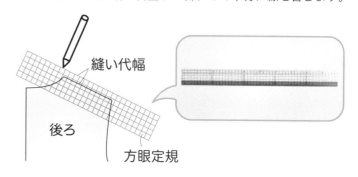

縫い代幅
後ろ
方眼定規

■パンツの股ぐり線の角の縫い代

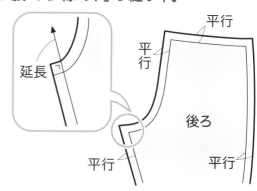

延長
平行
平行
後ろ
平行
平行

■ウエストダーツの縫い代

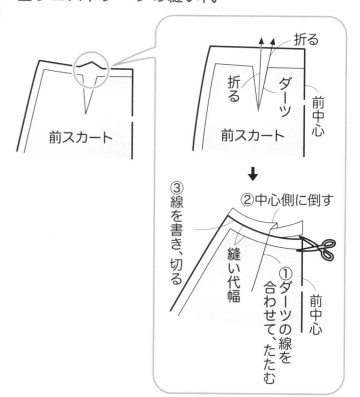

前スカート

折る
折る　ダーツ
前中心
前スカート

②中心側に倒す
③線を書き、切る
縫い代幅
①ダーツの線を合わせて、たたむ
前中心

布の種類

布には無地のものもあれば、柄が入ったものもあります。柄には様々なものがありますが、一般的なものを下のようにまとめました。柄によって布地を裁断する際に注意が必要になってきます。水玉、小花柄などの細かい柄は無地と同じように裁断出来るので扱いやすい布地です。ストライプやボーダー、チェックも縞の間隔が狭ければ比較的簡単に柄合わせが出来ます。布の耳に沿って柄がある布地、大きな柄のある布地も少し気をつければ比較的扱いやすい布地です。柄の中で最もテクニックが必要なのは縞の間隔が広く、方向性のある格子柄です。柄を合わせる事を考えながら、裁断しないと仕上がりに差が出ます。

まずは細かい柄で何枚か仕立ててみて、慣れてきたら大きな格子に挑戦してみると良いでしょう。

	水玉 細かい水玉の場合には無地と同じように裁断出来るので、扱いやすい柄の布地です。		**大きな柄・飛び柄** 柄の並び方、飛び方を見て、どの位置に柄を入れるか考えて裁断します。柄が全体にバランスよく入るように裁断しましょう。
	小花柄 細かい小花柄の場合は無地と同じように裁断出来るので、扱いやすい柄の布地です。		**格子（チェック）** 上下左右の方向性が無いので差し込んで裁断することが出来ます。何処を中心に決めるかによって雰囲気が変わります。縦・横共格子が狂わないようにしましょう。
	縞（ストライプ） 上下左右の方向性が無いので差し込んで裁断することが出来ます。中心線が曲がると全体に歪んで見えますので布目には注意して裁断しましょう。		**追いかけ縞** 縞に太い・細いがありますので左右の方向性が出てきます。従って一方方向に裁断します。縞の曲がりには注意しましょう。
	ボーダー 縦縞に対して横縞をボーダーと呼びます。細いボーダーは柄合わせも比較的簡単です。		**上下のみ方向性のある柄** 格子とは限りませんが上下のみに方向性があるので、一方方向に裁断します。花柄等でも確かめると上下のみ方向性があったりします。少し布地から離れて見ると良く分かる場合があります。
	布の耳に沿った柄 片端または両端の耳に布目と平行に柄を配置した布地です。柄をどのように使うかによって、同じデザインでも雰囲気が変わります。柄を優先して考えるため、布目を変える場合があります。		**追いかけ縞で作った格子** 上下左右の方向性がありますので、一方方向に裁断します。多色使いの格子の場合は色のバランスも考えて柄を合わせます。格子を購入したら、方向性が有るか無いか布地を広げて良く確かめましょう。

裁　断

基本的な裁断方法

■布目の合わせ方

布端を布目に合わせて真っ直ぐにします。型紙を置いたら、型紙の布目線に定規をあて、布端から型紙の布目線までの寸法を2ヵ所ぐらい測り、型紙を動かし同寸にします。

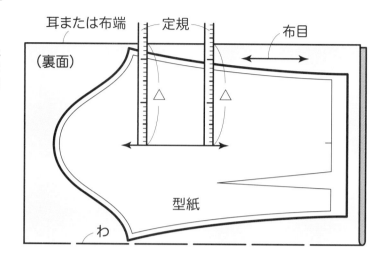

■一方をわで裁断する方法

布地を表面どうしが合うように図のように2つに折ります。布目は上下正しく合わせます。2つに折った布地の折り山に型紙のわの線をぴったりと合わせます。

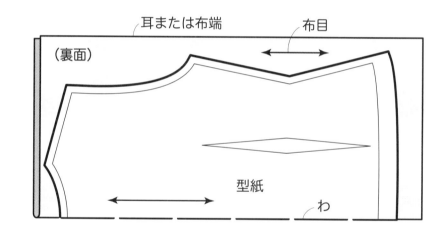

■バイアスに裁断する方法

わに裁断する時は布地を二等辺三角形になるように折ります。もちろん、表面どうしが合うように折ります。折り山に型紙のわの線を合わせて裁断します。わで裁断しない場合は型紙の布目線を布地の布目と合わせ、裁断します。

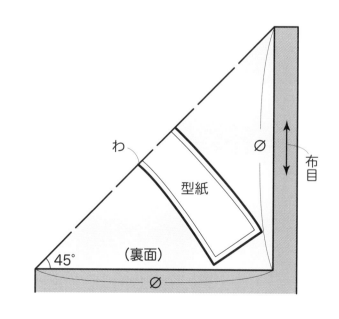

■まち針のとめ方

布地をまち針でとめる時、型紙を平らに伸ばし、まち針は針先を型紙側から裁断する方へ向けます。まち針を型紙より布側に多く出しますと裁断しにくいので、針先は型紙の中におさまるようにとめましょう。直線は裁断する線に直角にとめ、角は斜めにします。カーブはカーブ線に直角にとめます。必ず角には、まち針をとめます。針の後が残る布地は縫い代のみにまち針をとめます。

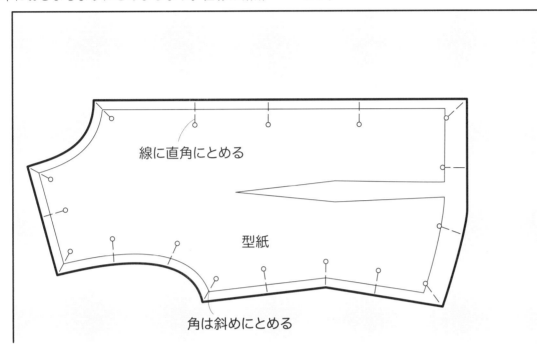

線に直角にとめる

型紙

角は斜めにとめる

■はさみの使い方

はさみは裁断用の裁ちばさみを使います。型紙の上の裁断線の側に片手を置き、もう一方の手ではさみを使います。直線では、はさみをすべらす感じで大きく動かし、歯全体を使います。カーブは歯先を使って、細かく動かします。布地は台から持ち上げないようにします。良く切れるはさみを使いましょう。

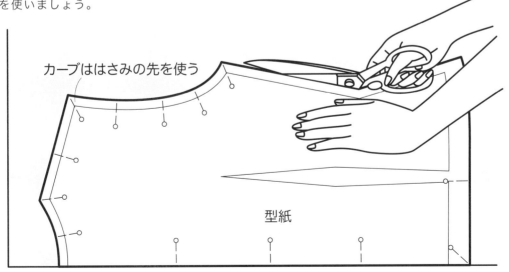

カーブははさみの先を使う

型紙

■規則正しく裁断する時の型紙の置き方

布地を布幅で2つ折りにして、型紙の天地を同じ方向に向けて、順序良く置いた図です。型紙の天地が同じ方向なので「一方方向に裁断する」などと書かれている場合はこの型紙の置き方を指します。布地に無駄が出てあまり経済的ではありませんが、初心者には左右の裁断間違いや、裁断し忘れるパーツが無くて、分かり易い型紙の置き方です。

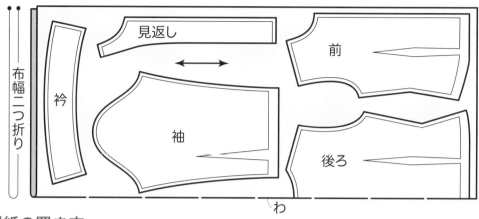

■差し込んで裁断する時の型紙の置き方

上と同じ型紙ですが、布地の幅が変わったり、狭くなったりして上記のように裁断出来ない時や無駄が出ないように裁断する型紙の置き方です。上記と異なる点は前と見返しの置き方です。このように型紙の方向を天地逆に置いたり、間に入れて置くことを「差し込む」とか「いれ込む」といいます。ただし、方向性のある柄(27ページ参照)の場合には使えません。

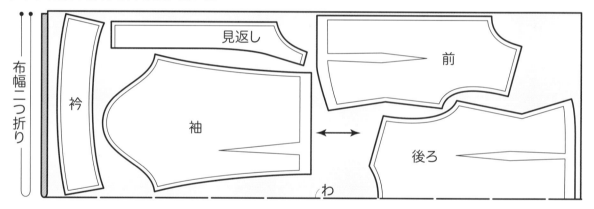

■色々な布地の折り方

布幅二重折り

布地の幅が広い場合は、布幅で前中心と後ろ中心をわにして裁断出来る場合があります。耳を中央で突き合わせにしますが、それでは裁断出来ない場合は、突き合わせにする位置をどちらかに移動させます。布の表面どうしが合うように折ります。

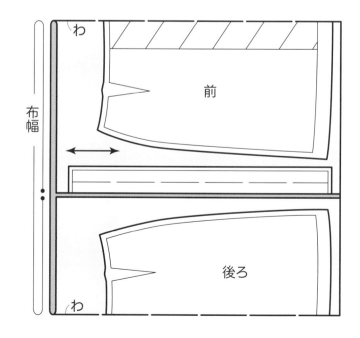

途中まで二つ折り

前中心と後ろ中心をわにして裁断したいが、布幅で裁断
出来ない時や 1枚だけ裁断する物がある時などに使用す
る折り方です。

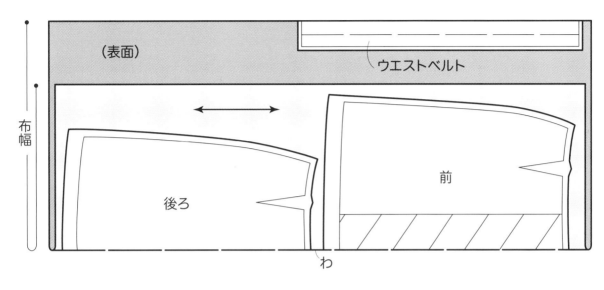

横地二つ折り

型紙の幅が広くて 1枚ずつ裁断しなければならない時な
どに、このように布地を折ると裁断しやすい場合があり
ます。方向性のある柄には使えません。

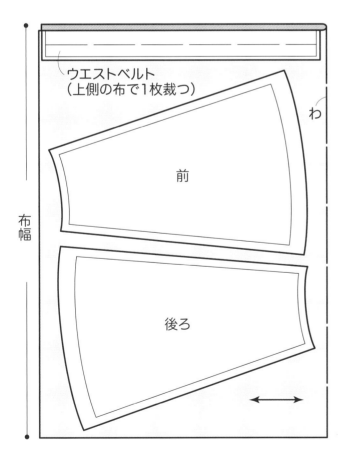

1枚ずつで裁断する

バイアス使いなどで、大きく布地を使う時や方向性のあ
る布地の時に使います。1枚づつ裁断しますので、裁断
し忘れや左右の裁断間違いに気をつけましょう。

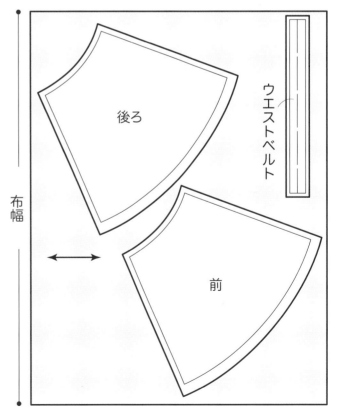

※柄合わせが必要な布の場合には、型紙を布の表面に配置して裁断します。

柄の合わせ方

柄を合わせる時の基本的な考え方

■縦のラインの合わせ方

前後中心に柄の中心を合わせます。衿は後ろ中心に柄を合わせるか、よこ地に裁つようにします。袖は中心線に合わせます。格子や縞の場合は柄のどの位置を中心に決めるかによって雰囲気が変わりますので良く考えてから裁断するようにしましょう。

■横のラインの合わせ方

ウエストライン、ヒップラインで前後の横のラインを合わせます。

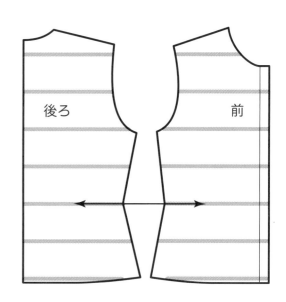

■袖の柄の合わせ方

縦のラインは、袖山線に前中心と同じ柄を配置します。
横のラインは、前身頃の袖ぐり合印の位置で合わせます。

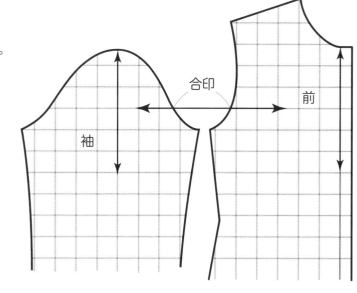

合印
袖
前

■ポケットの柄の合わせ方

ポケットと身頃の柄を合わせる時はポケットつけ位置の
柄に合わせます。型紙に柄を鉛筆で写してから裁断する
と良いでしょう。バイアス地やよこ地に裁ち、身頃と柄
を変えてデザインポイントにする場合もあります。

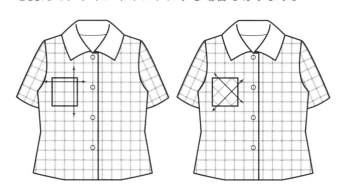

ポケット

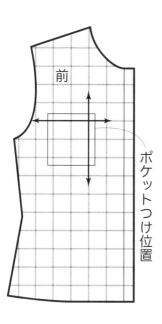

前

ポケットつけ位置

■ラペルの柄の合わせ方

見返しが折り返り線で身頃側に折れ、表
側から見えますので、ラペル部分がきれ
いに見えるように柄の出方を考える必要
があります。

格子や縞が大柄で目立つ場合や
ラペルが広い場合はラペルの端
に平行に縦の縞を通します。
この時、折り返り線より下には
はぎを入れ、たて地に裁断しま
す。

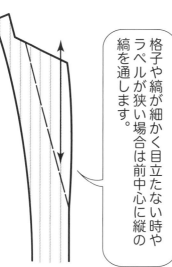

格子や縞が細かく目立たない時や
ラペルが狭い場合は前中心に縦の
縞を通します。

33

■スカートの柄の合わせ方

前後中心に縦の縞を合わせます。横の縞はヒップラインに
同じ縞が通るようにします。
大柄でスーツを仕立てる場合は、着用したときにジャケッ
トの柄とスカートの柄がひと続きに見えるように裁断しま
す。また、ウエストに切り替えのあるワンピースの場合は
身頃部分との柄のつながりを考えます。

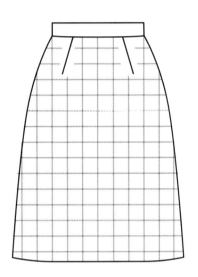

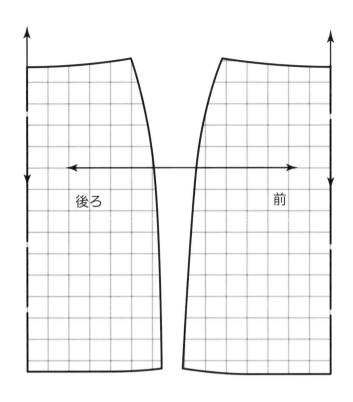

■パンツの柄の合わせ方

縦のラインは前・後ろの折り山線を基準にします。横のラ
インはヒップラインまたは裾線で合わせます。大きな柄の
時は、全体のバランスを考えながら右足と左足の柄の出方
が同じになるようにします。

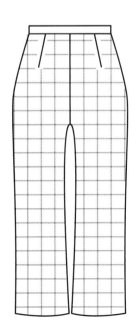

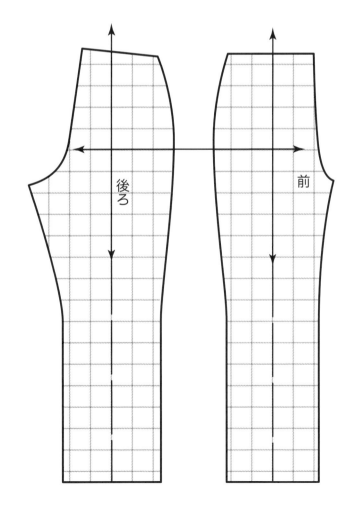

■フレアスカートの柄の合わせ方

型紙を選ぶ時に、なるべく前と後ろの脇の傾斜が同じ物を選ぶと柄合わせがしやすいです。ここでは、前と後ろが同じ形の型紙で説明します。4枚はぎのフレアスカートの場合には前後左右で4枚の型紙を用意します。布地は二つ折りにせず開いた状態にします。布地の上に型紙を置いてみて、目印になる縞を縦横それぞれ型紙に写して、それを目安に慎重に型紙を置き合わせ、前後中心、脇で縦横の縞が合っているかどうかを最終的に確認してから裁断します。大柄のチェックの場合には2〜3割多く布地を用意します。

前後中心にバイアス地を通す場合

裾回りの寸法にもよりますが、前後中心にはバイアスの柄が、脇は直線に近い柄の出方になります。

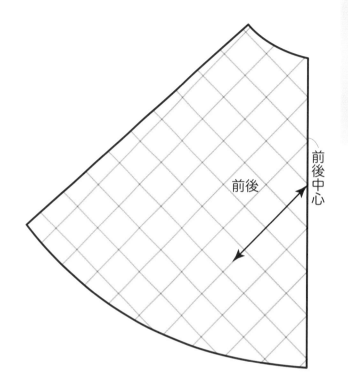

前後

前後中心

型紙の中心にたて地を通す場合

ウエストラインの真ん中と裾線の真ん中にたて地を通します。前後中心と脇が同じような柄の出方になります。

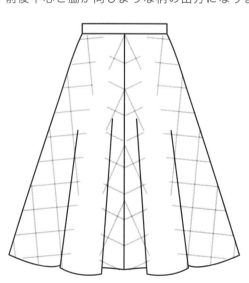

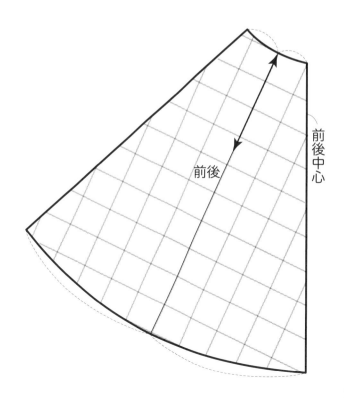

前後

前後中心

接着芯について

接着芯は基本となる布地の裏面に接着樹脂を塗布し、アイロンで熱を加える事によって目的の場所に貼ることが出来る芯です。接着芯を使うことによって、表布に張りを持たせシルエットをきれいに出すことが出来ます。肩やファスナーあきなど力がかかって伸びやすい所には、伸び止めのため接着テープ（接着芯をテープ状に切ったもの）を使うと便利です。

接着芯の種類

接着芯は基本となる布地、接着のタイプ、接着樹脂の形状によって分けられます。

■基本の布地

織り地

平織りがほとんどで、素材は綿や化合繊維、綿と化合繊維の混紡等があります。ざっくり織られている物から密に織られている物まで様々です。布目がありますので布目に合わせて裁断をします。その他の特性として強度があり、ドレープ性があります。

不織布

色々な厚さの物があり、触ってみると和紙のような風合いです。特性としては軽くしわになりにくく洗濯後の乾きが速い事が上げられます。また、布目がありませんので、布目を気にせず裁断することが出来ます。しかし、ドレープ性には欠けます。

編み地

編み地で出来ていますので、伸縮性に優れています。その他の特性としては風合いがソフトで、ドレープ性があります。一般的に伸縮素材の表布に使います。

■接着のタイプ

完全接着タイプ

接着力が強く洋服のシルエットを維持するために広範囲に使います。ドライクリーニングにも強く出来ています。

仮接着タイプ

布地を安定させ縫い易くしたい時に使います。接着力が弱く、洗濯によってはがれるのでシルエット作りには向きません。

■接着樹脂の形状

ドットタイプ

粒状の樹脂が規則正しく並んで、塗布されています。ドットの間隔が広く、ドットが大きい程接着が強くなります。接着後は柔らかく、ドレープ性がありますが、樹脂のしみ出しが多いので注意しましょう。

くもの巣状・ランダムタイプ

パラパラと撒いたように、またくもの巣が貼りついたように樹脂がついています。接着後はドットタイプに比べて硬く、ドレープ性にも欠けますが、樹脂のしみ出しは少なくなります。一般的に伸縮素材の表布に使います。

接着芯の選び方

芯を選ぶ時はどんな布地を使って、どの場所にどんな目的で使うのかを考えて選びます。

まず、目的に合わせて仮接着タイプか完全接着タイプのどちらを使うかを決め、織り地、不織布、編み地のどのタイプにするのかも表布に合わせて決めます。ハードに仕上げたいのかソフトに仕上げたいのかを考えながら、布地を芯地に重ねてみて厚さを確かめます。手触りがソフトな芯を選んでも、接着剤が多くついていて接着力が強ければ、ハードな仕上がりになります。

選択に困ったら、材料店には表地と芯地を接着してあるサンプルが置いてありますので参考にして下さい。また、お店の方に相談にのってもらいましょう。

どちらにしようかと迷ったら、ハードに仕上がる物よりもソフトに仕上がる物を選んだ方が、表布の風合いを損ないません。

接着芯の地直し

基本となる布が不織布の場合は必要ありません。織り地・編み地の場合は布目が曲がっているか確かめ、曲がっているようならバイアス方向に引っ張って、正しくします。接着樹脂がついているためアイロンはかけられませんので、手で直します。また、みみ（布端）がつれている場合はみみに切り込みを入れます。折りじわが気になる場合は軽く霧吹きで霧を吹き、竿にかけて伸ばして完全に乾いてから使用します。

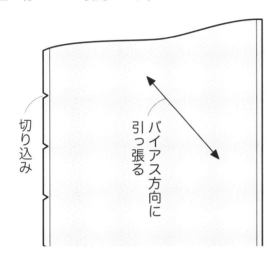

切り込み

バイアス方向に引っ張る

裁断の仕方

基本の布が織り地や編み地の場合は、表布と同じ布目に裁断します。不織布の場合は布目がありませんので、向きを気にせずに裁断出来ます。方向性がある場合は表地の布目と同じ方向に合わせます。
裁断する時は接着樹脂のついている面を内側に合わせて折り、裁断します。芯を貼る場所が部分的で表布と同じ形ではない場合には、芯専用の型紙を作り、芯を裁断します。衿やカフスなど、表布と同じ形に芯を貼る場合には表布の型紙を使用して裁断します。印はチャコまたはチョークペーパーで表面（接着樹脂のついていない方）につけます。

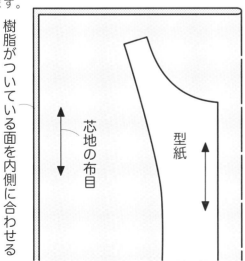

樹脂がついている面を内側に合わせる

芯地の布目

型紙

接着芯を貼る位置

一般的に前端・見返し・衿・カフス・ポケット口などです。作り方を見て、どのパーツに貼るのかを確認しておきましょう。特別な場合を除いては、表布と同じ大きさに裁断して貼ります。芯の厚みが気になる場合は、縫い終わったら縫い代部分に貼った芯をはがし、縫い目のきわから切り取ります。

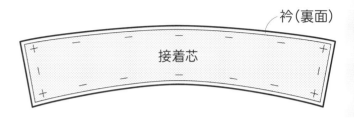

衿（裏面）

接着芯

■接着の条件

接着するには、3つの条件が必要です。この条件が揃わないと様々な問題が起こります。
・温度（樹脂を溶かす）
・圧力（樹脂を表布にしみ込ます）
・時間（温度と圧力の効果を高める）

■起こりうる問題

・温度が高すぎると樹脂が溶けすぎて、接着力が低下し、樹脂が表布や芯地にしみ出します。
・温度が低すぎると樹脂が充分に溶けずに接着力が低下します。
・圧力が強すぎて時間が長すぎる場合は表布の風合いがなくなり、芯のあたり（芯の線が表面からわかる）が出ます。
・圧力が弱すぎたり、時間が短かすぎる場合には、芯が表面に接着出来ません。

■試し貼りをする

実際に使用する前に、残り布に試しに貼って確かめてから使いましょう。布地によってはうまく接着出来ない場合があるからです。
また、接着芯は基本的には1着ごとに表布に合わせて買い揃えるのが理想的です。

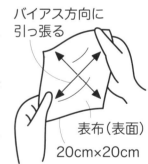

バイアス方向に引っ張る

表布（表面）
20cm×20cm

＊チェックポイント＊

① 接着した布を触って、張り、硬さは適当か。
② 表布の変色、樹脂のしみだし、風合いが変わってないか。接着芯を貼ってある所と貼ってない所との差はないか。
③ 接着芯を貼った位置が収縮してないか。また、反り返っていないか。
④ 布を軽く引っ張ってみて、接着芯がはがれてこないか。接着されていない場所はないか。

接着芯を貼るのに必要な用具

スチームアイロン
コードレスの物もありますが、コードがつながっている物の方が温度が安定していて使いやすいです。

霧吹き
細かい霧になるものが最適。

アイロンマット
平らで固めの物、熱や蒸気を吸収してくれる物が最適。アイロンマットの中が空洞になっていたりして、アイロンをかけるとへこむような物は避けましょう。

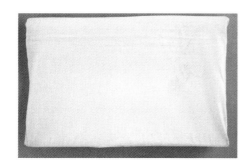

当て布や当て紙
シーチングやハトロン紙、クッキングペーパーなど。

＊こんな道具もあります＊

プレス式アイロン
アイロンとアイロン台が一体になったプレス機。面が大きいので芯の接着には最適。家庭用もあります。

職業用アイロン
適度な重さがあるので、きれいに接着出来る職業用ドライアイロン。

バキュームアイロン台
アイロンの熱や蒸気をバキュームで吸い取るので仕上がりがきれい。

接着テープ

接着芯がテープ状になった物で、補強と伸び止めのために使います。

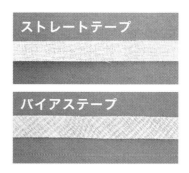

ストレートテープ

バイアステープ

ストレートテープ（平テープ）
基本の布地の布目を縦に通したもので、ほとんど伸びません。 ラペルの返り線や前端、ポケット口など直線で伸ばしたくない部分に使用します。

ハーフバイアステープ
布目を6〜8°ずらしたハーフバイアスは適度に伸びるため、なだらかなカーブに対応しやすいです。 平テープより伸び、バイアステープよりは伸びない、利用範囲の広い接着テープです。

ペアテープ（端打ちテープ）
不織布のベースに伸び止めテープが縫いつけてあります。伸び止めテープが縫いつけてない側はピンキングカットになっており、カーブの追従性に優れ、あたりが目立たないテープです。ジャケットやコートなどの袖ぐり、衿ぐり、衿こしなどに用います。

ストレッチテープ
基本の布地に薄い伸縮地を使用してるため、ソフトに仕上げたい時やニット地、薄手の布地に使います。

バイアステープ
基本の布地をバイアスにしてあるため、一番伸びがあります。若干伸びが必要な所や、平テープでは切り込みを入れないとならないようなきついカーブの所に使います。

両面接着テープ

接着樹脂のみがテープ状になったもので、アイロンで熱を加える事によって接着する両面テープのような物です。しつけのかわりにポケットつけの仮どめやファスナーつけなどに使います。ほつれ止めにも使います。

接着テープの貼り方例

それぞれの貼る場所と目的によって、出来上がり線上に貼る場合、印より縫い代側に貼る場合、印の内側に貼る場合があります。

肩線

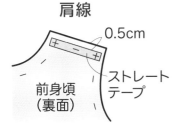

0.5cm

ストレートテープ

前身頃（裏面）

◯ = 接着芯
◯ = 接着テープ

※後ろ身頃の肩はいせ込みをするのでテープは貼らない

袖ぐり線

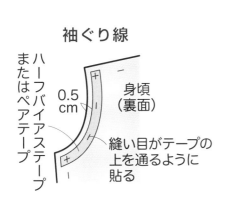

ハーフバイアステープまたはペアテープ

0.5cm

身頃（裏面）

縫い目がテープの上を通るように貼る

衿ぐり線

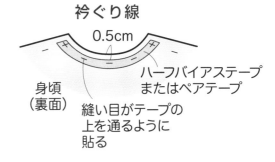

0.5cm

ハーフバイアステープまたはペアテープ

身頃（裏面）

縫い目がテープの上を通るように貼る

ポケット口

ストレートテープ

ポケット（裏面）

印より外側に貼る

衿

よりシャープな衿の形を作る場合

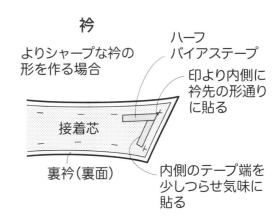

ハーフバイアステープ

印より内側に衿先の形通りに貼る

接着芯

裏衿（裏面）

内側のテープ端を少しつらせ気味に貼る

スカートのファスナーあき

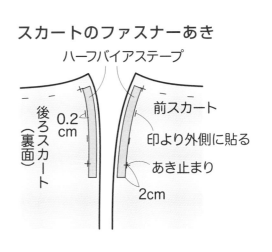

ハーフバイアステープ

後ろスカート（裏面）

0.2cm

前スカート

印より外側に貼る

あき止まり

2cm

接着の仕方

① アイロン台の上に表布の裏面を上に向けて置きます。糸くずやほこりなどのゴミがついていないかを確認し、着いていたら取ります。

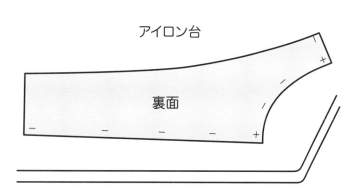

② 表布の裏面に接着芯の樹脂がついている面（以下裏面）を合わせて置きます。

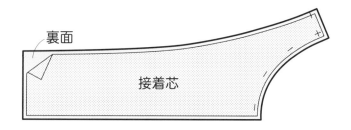

③ ハトロン紙に霧を吹き、②の上に重ねます。絹やレーヨンなど水分を与えてはいけない素材は水分を少なくします。

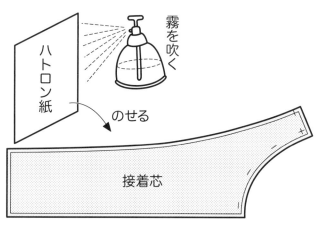

④ 上から押さえるようにドライアイロンをかけます。アイロンは滑らせてはいけません。1ヶ所あたり10秒ぐらい押さえるようにかけます。温度は140°位を目安にして表布に合わせて温度と時間を加減します。

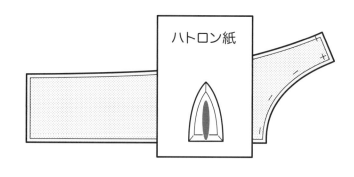

⑤ 接着もれがないように、アイロンをまんべんなくかけます。

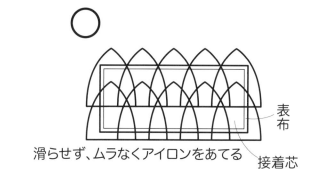

滑らせず、ムラなくアイロンをあてる

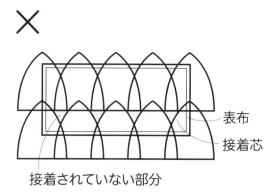

接着されていない部分

■もしものときには…

間違えて接着してしまったら

もう1度ドライアイロンをかけて熱いうちにゆっくりとはがします。もし、表布に接着樹脂が残ってしまったら、いらない布を当て、何度かアイロンをかけ、樹脂をいらない布の方に移します。

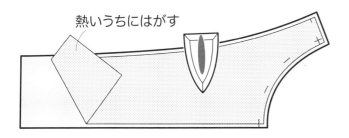

熱いうちにはがす

接着芯の線が表に出てしまう時

芯の端から1.5cm位貼らないでおくと、芯との境目がぼかされて、表から見た時に線が気になりません。

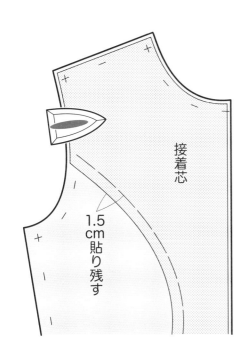

接着芯

1.5cm貼り残す

接着芯の表と裏が分からなくなったら

手で触ってみてザラザラしている面、また光を当ててみてキラキラ光る面に接着樹脂がついています

接着芯がしわになってしまったら

そのまま使ってもかまいませんが、あまり気になるようでしたら、少し霧を吹いて竿にかけておけば、しわは伸びます。但し、不織布の物はしわは伸ばせません。

接着芯が残った時には

接着芯はしわを伸ばすためにアイロンをかけることが出来ませんので、使い残しはしわが出来ないようにラップの筒などに巻いておきましょう。

＊接着芯以外の芯地＊

芯地には布地に接着して使うタイプと接着しないタイプがあります。最近では布地に貼る接着芯を使うことが多いのですが、その他に次のような芯地がありますので紹介します。

毛芯

羊毛等の糸で織られた芯地です。厚さが色々ありますので表布や使う場所によって使い分けます。ジャケットやコート等に使います。

麻芯

麻糸で織られた張りとしゃり感のある芯地です。毛芯と同じ使い方をしますが、夏素材の物に向きます。

パンピース

羊毛や羊毛とレーヨンの混紡で作られた芯地です。毛芯より織り目が粗く、弾力があります。衿の芯やシルク素材の物に向きます。

ハイモ

綿糸で織られた芯地です。薄手でしわになりにくいという特徴があります。衿や袖口の芯に使います。

スレキ

木綿地の綾織の芯地です。袖口の芯として使う他に、ポケットの袋布やパンツの膝当てに使うことがあります。

ゴース

化繊の物が多く、張りがあり、厚さ色々あります。透ける素材やギャザーに立体感を出したい時に使います。

オーガンジー

化繊や絹で作られています。ゴースより丈夫に出来ています。透ける素材や絹・薄い化繊素材に使います。

印つけ

出来上がり線、ダーツ線、合印など型紙に書いてある事を布地に写します。布地に合わせて方法を変えます。角は必ず十字に印つけ、カーブは細かめに、逆に直線は粗い印つけで大丈夫です。

■両面チョークペーパーを使う

布地の裏面どうしを合わせて二つ折りにし、その間にチョークペーパーをはさみます。ソフトルレットで印をつけます。チョークペーパーは水で消えるタイプの物を使用すると後々便利です。

両面チョークペーパー

ルレット

■片面チョークペーパーを使う

布地の裏面とチョークペーパーの表面を合わせ、その上に型紙を置きます。ソフトルレットを使って印をつけます。

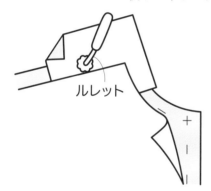

ルレット

■へらでつける

裏布や目の詰まった丈夫な布地に使う方法です。あまり力を入れてこすりすぎると布地を切ることがありますので注意しましょう。

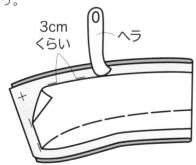

3cm
くらい

ヘラ

■チャコでつける

三角チャコやチャコペンシルは先を細く削って使います。

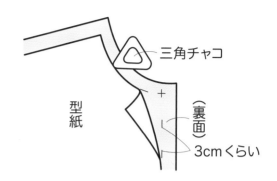

三角チャコ

型紙

（裏面）

3cmくらい

■縫いじつけA

薄い布地やベルベット、ツーフェイスに使う方法です。細い糸を使用して1枚ずつ置きじつけ（56ページ参照）で縫います。

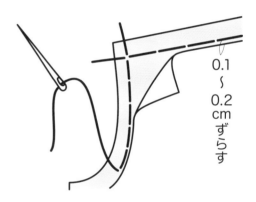

0.1
～
0.2
cm
ずらす

■縫いじつけB

布地のすべりが良く、縫っていく段階で糸が抜けてしまう恐れがある場合は、それを防ぐために二目落としじつけ（56ページ参照）で縫います。

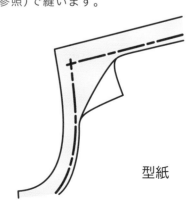

型紙

■切りじつけ

ウール地や厚手の布地に使う印つけの方法です。本縫い
が終わったら糸を抜いてしまいます。

① 布地の表面どうしを合わせて、その上に型紙を置き
ます（裁断が終わった状態）しつけ糸2本どりで、置き
じつけ（56ページ参照）で縫います。カーブは糸はゆ
るめて細かく、角は十字に縫います。

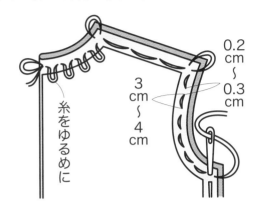

糸をゆるめに

0.2 cm 〜 0.3 cm

3 cm 〜 4 cm

② 縫い終わったら型紙を取り、縫い目の糸の中央をは
さみで全部切ります。

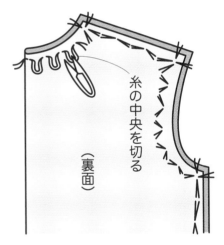

糸の中央を切る

（裏面）

③ 糸が抜けないように注意しながら上側の布を少し持
ち上げ、2枚の布地の間に渡っている糸を切ります。

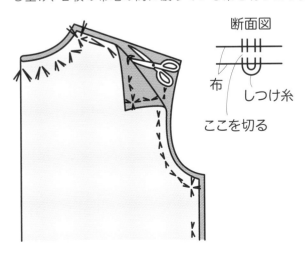

断面図

布

しつけ糸

ここを切る

④ 上側の布地の糸端を根元から短く切ります。はさみ
を寝かせて布地を切らないように注意しましょう。

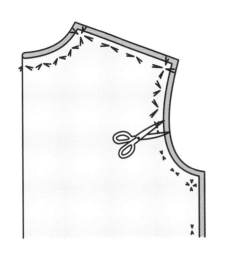

⑤ アイロンで上から押さえて糸をつぶしておきます。
こうすると糸が抜けにくくなります。

アイロンをかける

⑥ 縫い終わったら、糸を糸抜きで抜きます。

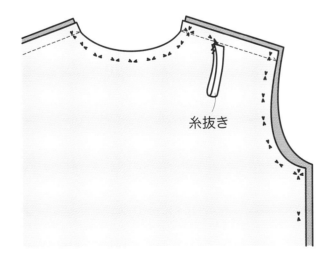

糸抜き

アイロンのかけ方

アイロンがけの基礎

アイロンがけには2つの意味があります。「基礎アイロン」と「仕上げアイロン」です。

■基礎アイロン

洋服作りの仕上がりを左右するとても大切な作業です。ミシン縫いをする時はアイロンをそばに置き、ミシン縫いをしたら、アイロンをかけて縫い目を落ち着かせ、次の行程へ進むようにすると、格段に仕上がりがきれいになります。

■仕上げアイロン

洋服が出来上がってからしわを伸ばしたり、シルエットを整えたりするためにかけます。

■注意したい事

アイロンをかける前にまち針やしつけを取ります。まち針は布地やアイロンを傷つけないように、しつけは布地に糸の跡が残らないように取ります。どうしてもしつけが必要な場合は絹糸を使います。

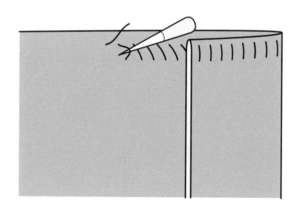

■アイロンがけに必要な用具

アイロン

スチーム機能つきが便利です。コードレスアイロンよりもコードつきの方が温度が一定で使いやすいです。

アイロンマット

湿気を吸いやすいフェルトマットで、あまり柔らかくなく、硬めの物を選びましょう。

霧吹き

霧が細かく均一に出て、水滴の落ちない物を選びましょう。

■あると便利な物

プレスボール（仕上げまんじゅう）

ダーツや腰のまるみを立体的に仕上げるために使います。

袖まんじゅう

袖の形をしたプレスボールで、袖を作る時に使います。

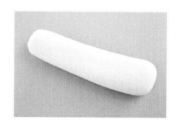

> **＊アイロンをかける前のチェックポイント＊**
> 1 布地に合った温度であるか確認する。
> 2 アイロンをかける部分を平らにする。
> 3 いつでもアイロンは裏からかける。
> 4 綿と麻素材以外の布地には当て布をする。

■直線の縫い目にアイロンをかける場合

① 縫った状態のミシン目の上を布地を引っ張り加減にしてアイロンをかけます。ミシン目がつっているのがなおり、糸が布地になじみます。当て布をして下さい。

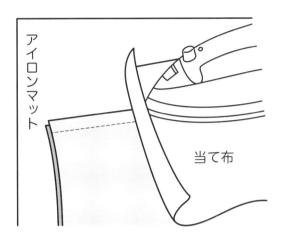

② 縫い目をアイロン台の中心に置き、指を使って縫い代を開き、その後アイロンの先端を使って安定させます。

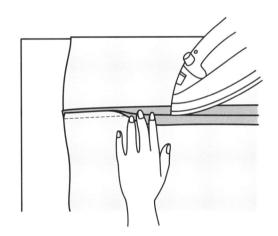

③ 開いた縫い代の上に当て布をして、再度アイロンをかけます。アイロンの温度、蒸気(スチーム)の分量は布地の素材に合わせて下さい。

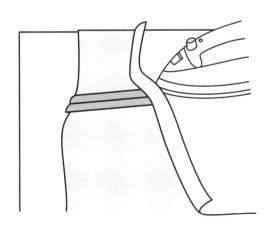

■曲線の縫い目にアイロンをかける場合

① 縫い代にはさみで切り込みを入れます。

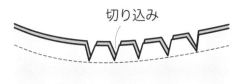

切り込み

② 直線の時と同様にアイロンをかけますが、アイロン台には仕上げまんじゅうを使います。

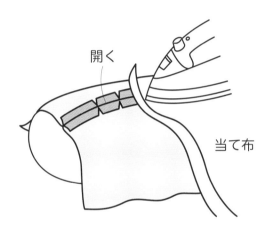

開く　　　　　　　　　　当て布

■ウエストダーツのアイロンのかけ方

表布がつれないようにするため、ウエストラインに切り込みを入れます。このダーツの場合、切り込み位置を境にして2回に分けてアイロンをかけます。当て布を使います。ダーツ先は仕上げまんじゅうの丸みを利用するときれいに仕上がります。

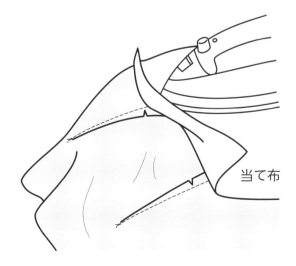

当て布

■縫い代を開くダーツのアイロンのかけ方

① 縫い終わった状態のまま、ミシン目にアイロンをかけます。当て布をして下さい。

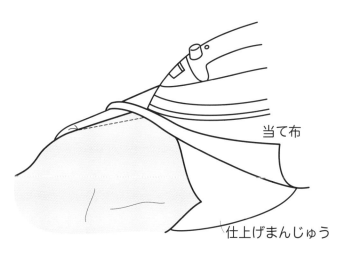

当て布

仕上げまんじゅう

② 縫い代の折り山に切り込みを入れ、アイロンの先端を使って縫い代を開きます。

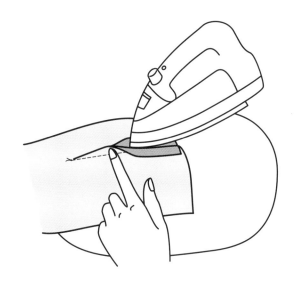

③ 厚紙を図のように両側にはさみ、ダーツ先までアイロンをかけます。ダーツ先は中心側に倒すか、中心からアイロンでつぶします。

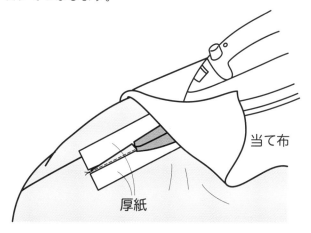

当て布

厚紙

■片側に折るダーツのアイロンのかけ方

① 縫い終わった状態のまま、ミシン目にアイロンをかけます。当て布をして下さい。

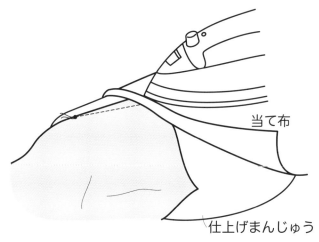

当て布

仕上げまんじゅう

② 仕上げまんじゅうの上にダーツ部分を置き、ダーツを片側に折ってアイロンをかけます。

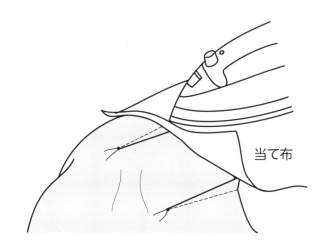

当て布

■ラップシームのアイロンのかけ方

① 縫い代を折り、裏面から折り目にアイロンをかけます。この時、アイロンの先端を使います。

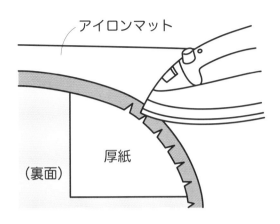

② 布地の上に①の布地を乗せ、折り山のきわをミシンで縫います。

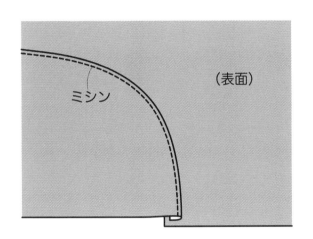

③ 縫った状態のまま、裏面からミシン目にアイロンをかけます。

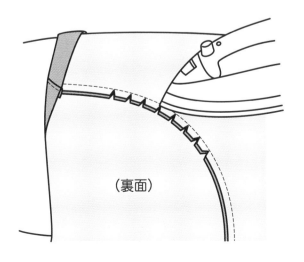

■ファスナーあきのアイロンのかけ方

① あきの部分は粗いミシン目で縫い、縫い代をアイロンで開きます。

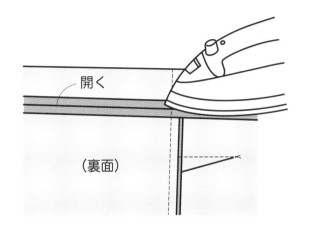

② ファスナーを縫いつけてから、縫いつけたミシン目に表面からアイロンをかけます。必ず当て布をして下さい。

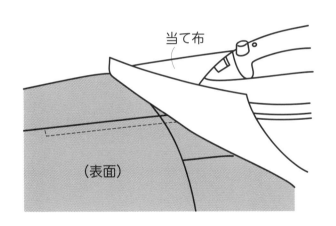

③ 粗いミシン目をほどいて、ファスナーを開けた状態にします。上になる布地とファスナーの間に紙をはさみ、当て布を乗せてミシン目にもう1度アイロンかけます。

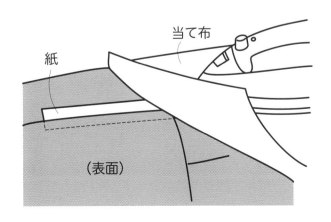

■袋縫いのアイロンのかけ方

① 縫った状態のミシン目にアイロンをかけます。表面からアイロンをかけますので、必ず当て布をして下さい。

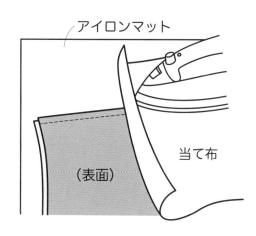

② アイロンの先端を使い、縫い代を開きます。

③ 表面どうしが内側になるように縫い目で折り、縫い目の上に再度アイロンをかけます。その後、ミシンで縫います。

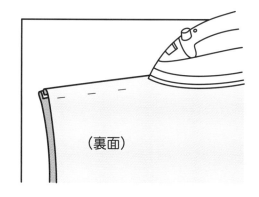

④ ミシン目にアイロンをかけます。

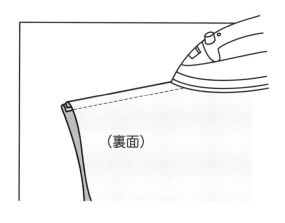

■折り伏せ縫いのアイロンのかけ方

① 片方の縫い代を切り取り、縫い代を開きます。

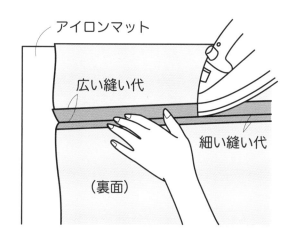

② 縫い代の広い方が上になるように、縫い代を片側に折り、縫い代にアイロンをかけます。

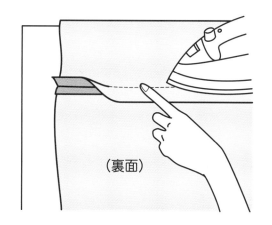

③ 幅の広い方の縫い代で狭い方の縫い代を包むように折り、アイロンをかけます。その後、ミシンで縫います。

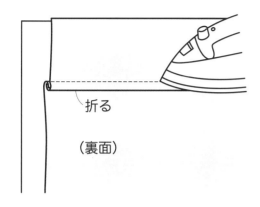

折る

（裏面）

④ ③ミシン目に裏面からアイロンをかけます。

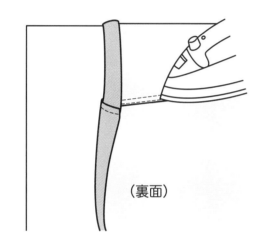

（裏面）

■ギャザーのアイロンのかけ方
ギャザーのふくらみをつぶさないように、アイロンの先端を使って少しずつかけます。裏面から直接アイロンをかけるようにしましょう。

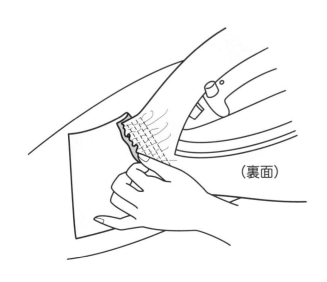

（裏面）

■タックのアイロンのかけ方
縫った時と同じ状態にしてミシン目にアイロンをかけます。次にタックを印どおりに折り、アイロンをかけます。縫った部分のみにアイロンをかけるようにします。

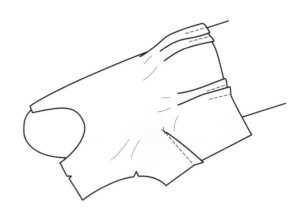

■パッチポケットのアイロンのかけ方
ポケットにアイロンをかける時はポケット口の方向に当て布をしてアイロンをかけます。

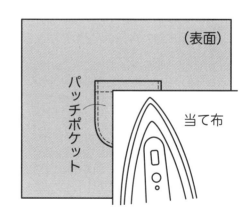

（表面）

パッチポケット

当て布

■前端と衿ぐりのアイロンのかけ方

① 余分な縫い代を切り落とします。ミシン目にアイロンをかけます。

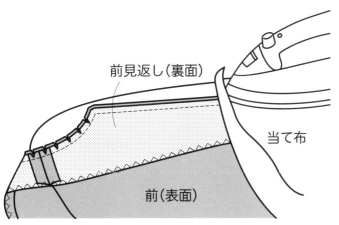

② 指を使って縫い代を開き、アイロンの先端を使ってアイロンをかけます。アイロンの温度には充分に注意しましょう。

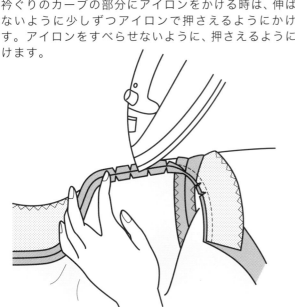

③ 衿ぐりのカーブの部分にアイロンをかける時は、伸ばさないように少しずつアイロンで押さえるようにかけます。アイロンをすべらせないように、押さえるようにかけます。

④ 見返しを表面にひっくり返します。見返し側を上にして当て布を当てて縫い目にアイロンをかけます。

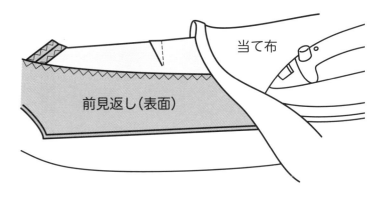

⑤ 厚手のしっかりした布地の場合は、衿や前端に充分にスチームをあてます。布地が熱い間に素早く押さえ板かいらない本を乗せ、スチームを吸収させます。そうする事で、きれいにラインが出ます。

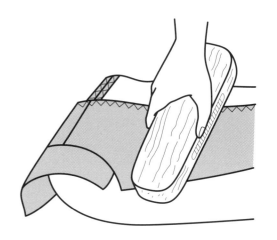

■ヘム（裾線）のアイロンのかけ方

ヘムを折り、アイロン台の端の方に裏側を上にして置き、その上に当て布を乗せます。アイロンを上から押さえるようにかけます。アイロンをすべらせてはいけません。厚地の場合はヘムラインに充分にスチームをあてます。その後手早く押さえ板かいらない本を乗せ、スチームを吸収させます。

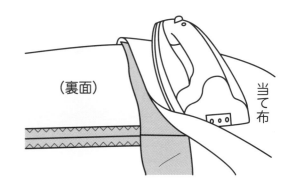

■フレアスカートのヘム（裾線）のアイロンのかけ方

① 脇線の縫い方でも多少調節は出来ますが、折り代に余分なゆるみが出てきます。折り代の端にぐし縫いをし、平均にギャザーが出るようにぐし縫いの糸を引きアイロンで押さえます。

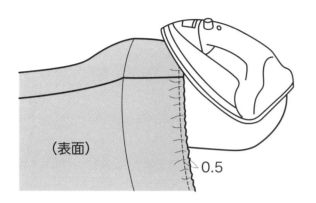

（表面）

0.5

② 裾をまつります。まつり終えたら、もう1度裾線から上に向けてアイロンをかけます。

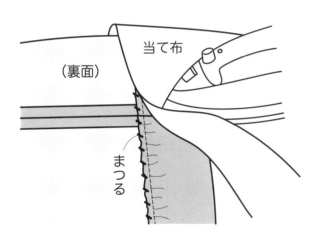

当て布

（裏面）

まつる

③ 厚地の場合は表布と折り代の間に厚紙をはさんでアイロンをかけます。

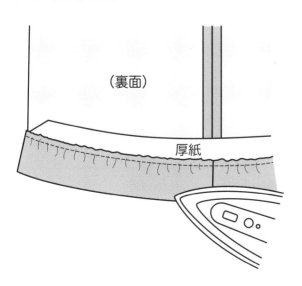

（裏面）

厚紙

■袖のアイロンのかけ方

セットインスリーブのアイロンのかけ方を紹介します。他の袖も基本は同じです。

① 袖山のぐし縫いの糸を、身頃の袖ぐりの寸法まで引きます。

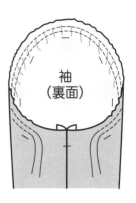

袖
（裏面）

② 袖山の部分を袖まんじゅうの丸い部分に置きます。アイロンの先端を使って丸みを出すように形作ります。この時、縫い代以外にアイロンがかからないように注意します。これを「袖山をいせる」といいます。

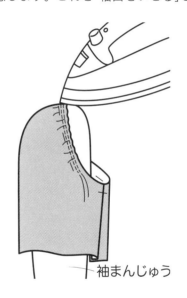

袖まんじゅう

③ 身頃と袖を縫い合わせたら、縫い代側からミシン目にアイロンをかけます。縫い代は袖側に手で折ります。

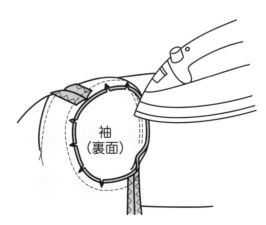

袖
（裏面）

素材・布地別のアイロンがけのポイント

繊維によってそれぞれ特徴があります。そのため素材によって適切なアイロン温度が変わってきます。 また、布地の織り方によってもアイロンの扱い方のポイントがあります。

素材・布地名	ポイント	アイロン
木綿・麻	高温(180℃〜210℃)で、しわを伸ばしたい時やしっかりアイロンをかけたい時は霧吹きやスチームアイロンを使ってかけます。高温にも耐えられますが、一度にあまりにも長時間かけすぎるとこげてしまいますので気をつけます。	高
ウール	中程度の温度(140℃〜160℃)で、裏側から当て布を当ててかけるようにします。乾いた表布に直接アイロンを置きますと、こて光り(アイロンの熱によって布地の表面が光ってしまうこと)しますので、気をつけて下さい。起毛している布地にアイロンをかけた場合は、どうしても毛並みがねてしまいますから、アイロンをかけたあとブラシで起こすようにします。	中
絹	中程度の温度(130℃〜140℃)で、裏側から当て布を当ててドライアイロンをかけるようにします。温度が高すぎると、こげて変色することがあります。また、霧吹きやスチームアイロンを使うと、水シミが出来やすいので使わないようにします。	中
ナイロン アクリル	低温(80℃〜120℃)で、裏側から当て布を当ててドライアイロンをかけます。熱に弱く溶けることがありますので、試しがけをすると安心です。スチームアイロンは使いませんが、必要な時は濡らした綿布を乾いた当て布の上に置いてかけます。	低
レーヨン	中程度の温度(140℃〜160℃)で、裏側から当て布を当ててドライアイロンをかけます。水で縮みやすいという性質がありますので、スチームアイロンは使わないようにします。どうしても水分が必要な場合は、濡らした綿布を乾いた当て布の上に置いてかけるようにします。	中
混紡素材	混紡されている素材によって異なりますが、どちらかというと低温にしておくと安心です。混紡されている素材とその割合に合わせてアイロンの温度を調節し、当て布を裏側から当ててかけます。	
しぼや凹凸のある布地	クレープやワッフル織など布地にしぼや凹凸がある場合、湿ると縮んだり、押さえると伸びたりしがちですからアイロンのかけ方に充分注意して下さい。縫製過程でかける場合にはその工程の部分のみにかけるようにします。それ以外には布地の風合いを損なわないためにも、なるべくかけないようにします。アイロンの温度は素材に合わせて調節して下さい。	
別珍 ベルベット	布地の毛足をつぶさないようにする事が最も大切な事です。縫製過程でかける場合はピンボード(細い針が無数に出ている板状の物)か共布を敷き、その工程の部分のみに水分を与えてアイロンをかけます。それ以外にかける場合にはスチームアイロンを浮かせぎみにして蒸気のみをあてるようします。アイロンの温度は布地の土台になっている素材の温度に合わせます。	

手縫い

■手縫い針の名称

糸を通す穴を針穴、反対の針がとがっている方を針先または針の先といいます。

針穴

針先

■指ぬきのはめ方

指ぬきは縫い針が指に食い込むのを防ぐと共に針を押して、針が布の中を進み易くするのを助けます。指ぬきには金属製の物と皮製の物があります。サイズもフリーサイズとサイズの決まった物がありますので、自分の好きな物を選んで下さい。指ぬきは、中指の第一関節と第二関節の中間にはめます。くぼみのある方を手の甲に向けます。

指ぬき

■針の持ち方

手縫い針の針穴を指ぬきのくぼみにあて、親指と人差し指で軽くつまみます。つまむ位置はだいたい針先から0.5cmくらいの所です。手縫い針の太さは布に合わせますが、長さは短い針でも長い針でも自分の使い易い方を選びましょう。一般的にまつる時は長めの針を使い、その他は短めの針を使います。

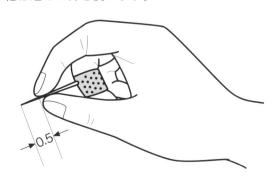

0.5

■糸の通し方

① きき手とは反対側の手に針穴を上にして針を持ち、きき手に糸の端を0.5〜1cm出して持ち、針穴に手前から糸を通します。糸の端を斜めに切っておくと通し易くなります。

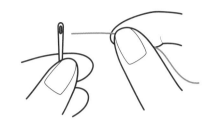

② 糸が通ったら、適当な長さに糸を切り、糸の端に玉結びを作ります。まつり縫いの時などは1本どり、ボタンつけなどしっかりと縫いたい時には2本どりにします。

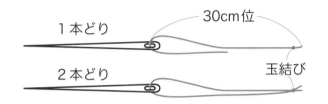

30cm位

1本どり

2本どり

玉結び

■玉結びの作り方

手縫いを始める前に縫った糸が抜けないように、糸の端を結びます。

① きき手の人差し指に糸をひと回りさせます。

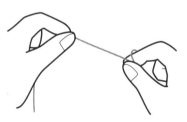

② 人差し指を親指の上でずらしながら、わっかにした糸を撚り合わせます。

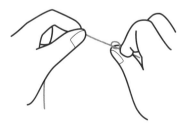

③ 撚り合わせた所を中指で押さえ、糸の端をそのまま引きます。ここで出来た結び目を「玉結び」といいます。

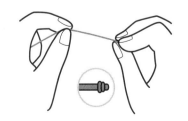

■玉止めの作り方

縫い終わった糸をそのままにしておくとほどけてしまうので、縫い終わりに糸を結んでほどけないようにします。

① 縫い終わりの縫い目に針を当て、針に糸を2〜3回巻きつけます。

② 図のように親指と人差し指で、巻いた所を布も一緒に押さえて、反対の手で針を引き抜きます。

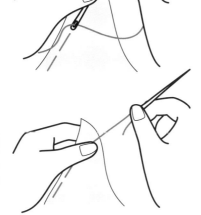

■まち針のとめ方

まち針は玉ピンまたはピンとも呼ばれています。まち針は縫う方向に対して直角に針先を縫い代側に向けてとめます。縫う方向に平行にとめてしまうと縫っていく時に手に刺さったりして邪魔になりますし、布もずれやすので必ず直角にとめます。まち針をとめることを「まち針をうつ」ともいいます。

直線をとめる

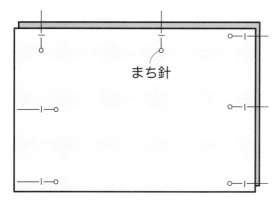

まち針

カーブをとめる

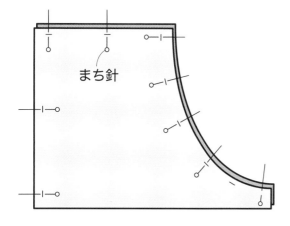

まち針

■並縫い

基本的な手縫いの方法で「運針」とも呼ばれています。

① きき手に針を持ち、縫いたい部分の布を親指と人差し指で挟むようにして両手で持ちます。布はピンと張りましょう。

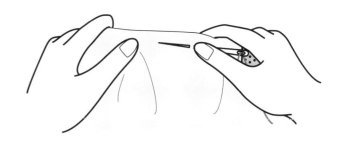

② 針よりも布を前後に動かしながら、5〜6針進んだら指ぬきで針を押します。針が押し出されたら針を抜き、また、5〜6針進みます。この作業を繰り返します。縫い目の大きさは0.4〜0.5cmくらいにします。

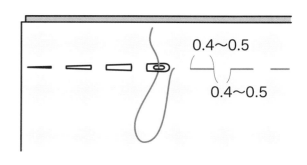

0.4〜0.5

0.4〜0.5

しつけ糸で縫う場合

しつけをする場合は、ミシン縫いをした後でしつけが取りやすいように、出来上がり線よりも0.2cmくらい縫い代側を並縫いします。

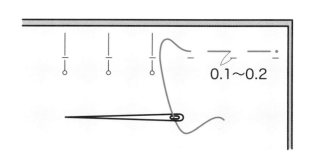

0.1〜0.2

■ぐし縫い

針先だけ動かすようにして、ごく細かく縫う方法です。
ギャザーを寄せる時などに使われます。縫い目の大きさ
は並縫いの針目の半分（0.2〜0.3cm）くらいです。

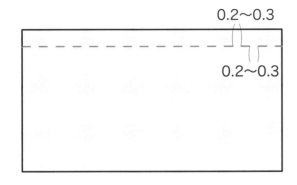

袖山の形を作る時

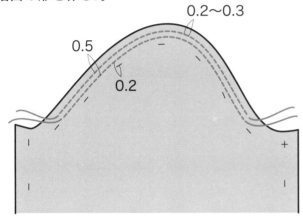

ギャザーを寄せる時

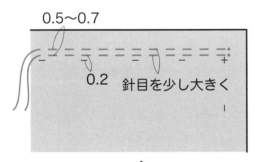

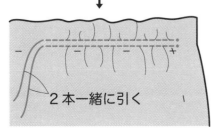

■本返し縫い

一針分前の縫い目に戻るを繰り返す縫い方です。手縫い
の中では最も丈夫な縫い方ですので、ミシン縫いのかわ
りとして使う場合があります。表面からはミシンの縫い
目のように見えますが裏面の縫い目は表面と違い、糸が
長くからまったように見えます。2枚以上の布を縫い合
わせる時に使います。

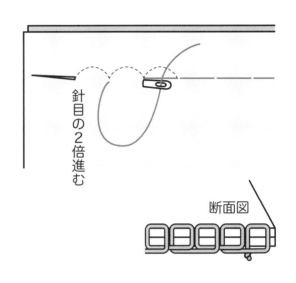

■半返し縫い

縫い目の半分前に戻るを繰り返す縫い方です。本返し縫
いと同じ目的に使います。

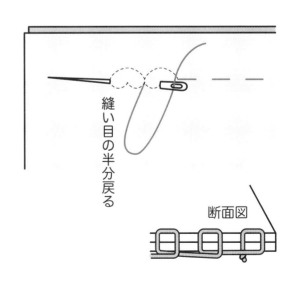

■置き(落とし)じつけ

平らな台の上に布を置き、片手で布を押さえて一針ずつくって縫っていきます。ミシンで縫う時に布がずれないようにするために用いられます。

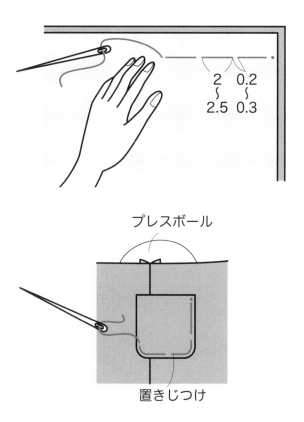

プレスボール

置きじつけ

■斜めじつけ

2枚以上の布がずれないようするために用います。糸を斜めに渡して、しつけをします。図の場合では、針先は右から左へ動かし、縦の方向に縫います。しっかりとめたい時は縫い目を細かくします。

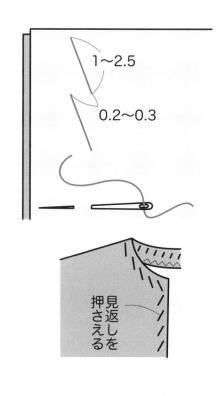

1〜2.5

0.2〜0.3

見返しを押さえる

■二目落としじつけ

置きじつけと同じ縫い方です。すくう一針の大きさは同じに、大きな縫い目と小さな縫い目が交互に出るのが特徴です。この方法ですとしっかりとまりますので、厚手の布地やずれ易い布地の場合に使います。

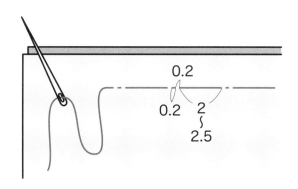

0.2

0.2   2
〜
2.5

■巻きじつけ

針の動かし方は斜めじつけの仕方と同じです。ラペルの返り線や衿こしなど、厚みのある物を仮どめする時に使います。

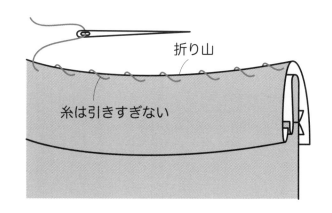

折り山

糸は引きすぎない

■落としじつけ

縫い目の上や縫い目のごくきわにするしつけのことです。置きじつけと同じ要領でします。しつけ糸を使い、一針ごとに針を刺し、引き抜きます。

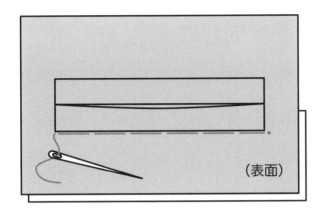

（表面）

■巻き縫い

ジャケットの裾見返しの端等に使われる縫い方です。布の端に糸を渡し、細かく針を動かします。

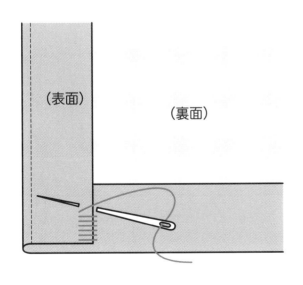

（表面）　　　　（裏面）

■星止め

まるで星のように小さい縫い目が表面に出ることからこの名前がつきました。

A　裏側の縫い目が見えてしまうため、裏布などを上からつけて隠せる部分に用いる方法です。ファスナーをつける時にも用います。

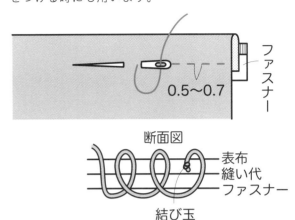

0.5～0.7　ファスナー

断面図

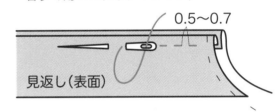

表布
縫い代
ファスナー
結び玉

B　裏側の縫い目を見えないようにする方法です。見返しを縫い代にしっかりととめたい時に用いられます。一番多く用いられるタイプです。

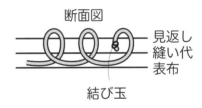

0.5～0.7
見返し（表面）

断面図

見返し
縫い代
表布
結び玉

C　表面からも、裏面からも小さい縫い目が見えるようにする方法です。糸が交差して布の中を渡りますので、しっかりととまります。

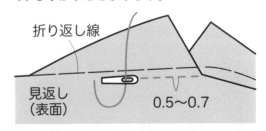

折り返し線
見返し（表面）
0.5～0.7

断面図

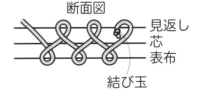

見返し
芯
表布
結び玉

■渡しまつり

折り山と折り山を突き合わせにして、縫い目を見せないで閉じ合わせたい時に使う方法です。小さい針目で折り山をすくって直角に糸を渡し、一針ずつ引きしめるようにします。

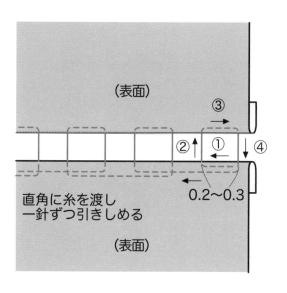

■千鳥がけ

折り上げた布端をとめつけるのに使います。千鳥の足跡に似てる事からこの名前がつきました。並縫いとは逆に左から右へ縫い進みます。上下交互に小さい針目で布をすくって縫います。

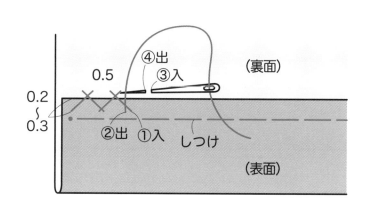

■八刺しの仕方

斜めじつけを繰り返すと縫い目が八の字に見えることからこの名前がつきました。最近は接着芯を使う事が多くあまり使いませんが、芯を表布につける時に使います。

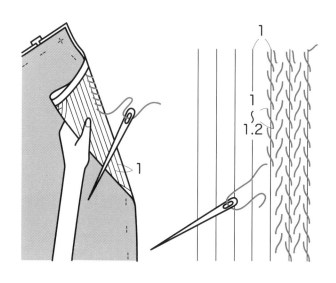

■略千鳥がけ

テープや芯をとめる時に用います。並縫いと同じで右から左へ縫い進みます。表布の厚みの半分だけすくいます。糸はまつり糸を使います。

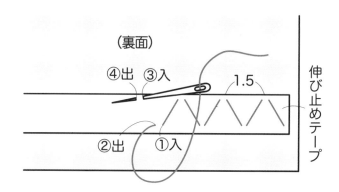

■糸ループで作るベルト通しの作り方A

① 穴かがりと同じやり方です。まず芯になる糸を2回渡します。糸はカタン糸か穴糸を使用します。

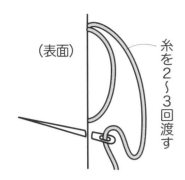

② ループの下に糸をくぐらせます。

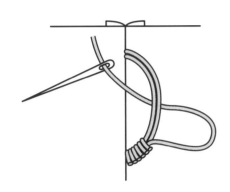

③ ②で作ったループの下から針を入れ、糸を引きます。渡した糸がかくれるまで②③を繰り返します。

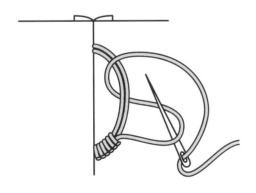

④ 裏面から見た図です。

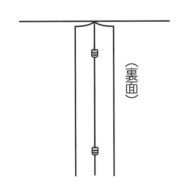

■糸ループで作るベルト通しの作り方B

① 鎖編みで作る方法です。裏面から糸を出し、もう一度同じ位置に針を入れます。

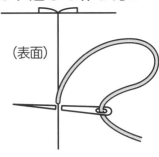

② 左手の親指と人指し指にループをかけるようにして、右手で糸を持ちます。

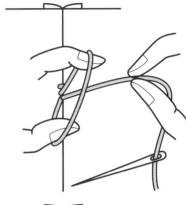

③ ループの中を通して中指で右手の糸を引き出し、新しいループを作ります。

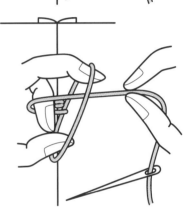

④ このループの中を通して右手の糸を引き、新しいループを作ります。これを何度も繰り返します。かぎ針を使って編んでも良いでしょう。

⑤ ベルト通しの寸法まで来たら、糸を引き抜き、裏面でしっかりととめます。

糸と針の選び方

糸にはミシン糸と手縫い糸があります。ミシン糸は左撚り、手縫い糸は右撚りと撚りの方向が違うため、手縫いをする時にミシン糸を使うと撚りが戻って糸が絡まってしまい縫いにくいものです。ミシン糸と手縫い糸の両方を用意しましょう。糸の色は布地と同系色で目立たないような物を選びます。

布地	ミシン糸	ミシン針	手縫い糸	手縫い針
薄地 ローン・ボイル・ジョーゼット・シフォン	ポリエステル糸90番	9番	スパン手縫い糸	縫い針薄地用 メリケン針9・8番
普通地 シーチング・ブロード・ギンガム・サッカー	ポリエステル糸60番 絹糸50番	11番	スパン手縫い糸	縫い針普通地用 メリケン針7番
厚地 デニム・コーデュロイ・ツイード	ポリエステル糸30番 絹糸50番	14・16番	スパン手縫い糸 ・穴糸	縫い針厚地用 メリケン針6・5番
ニット地 ジャージー・スウェット・トリコット	ニット用糸50番	ニット用針 9・11番	スパン手縫い糸	縫い針薄地〜厚地用 メリケン針9〜6番

■ミシン糸

ポリエステル糸‥綿・化繊・ウールを縫うのに使います
薄地←　　　→厚地
90・60・30番
絹糸50番‥ウール地やシルクを縫うのに使います。
ニット用糸50番‥ニット地を縫うのに使います。

■ミシン針

家庭用ミシン針‥綿・化繊・ウールを縫うのに使います。
薄地←　　　→厚地
9・11・14・16番

ニット用ミシン針‥厚地用、普通地用、薄地用があり、普通のミシン針より針先が丸く、布地に絡みにくいようになっています。

■手縫い糸

スパン手縫い糸‥綿・化繊・ウールを縫うのに使います。

穴糸‥ボタン、カギホックつけ、糸ループ、ボタンホールを作る時に使います。糸が太いのでしっかりと仕上がります。

■手縫い針

縫い針‥薄地用・普通地用・厚地用とありますので、布地の厚さに合わせて選びます。

メリケン針‥布地の厚さに合わせて選びます。
薄地←　　　→厚地
9・8・7・6番

ミシン

ミシンには大きく分けて直線縫いをするミシンと
布端をかがるロックミシンがあります。

直線縫いの家庭用ミシン

直線縫いだけでなくジグザグ縫い、簡単なボタン
ホールも作れる電子ミシンや、刺しゅうなども出
来るコンピュータミシン。ジグザグ縫いなどの機
能はないものの家庭用ミシンよりパワーがあり、
どんな布でもきれいな縫い目で縫える職業用ミシ
ンなどがあります。

部分名称

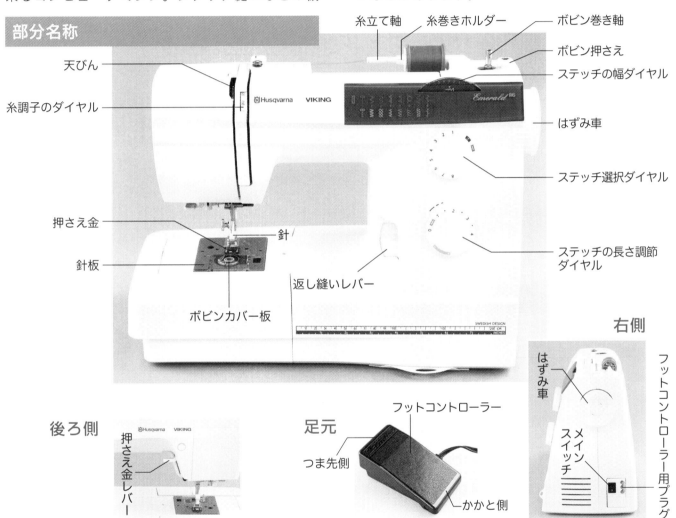

天びん
糸調子のダイヤル
押さえ金
針板
ボビンカバー板
針
返し縫いレバー

糸立て軸
糸巻きホルダー
ボビン巻き軸
ボビン押さえ
ステッチの幅ダイヤル
はずみ車
ステッチ選択ダイヤル
ステッチの長さ調節ダイヤル

後ろ側
押さえ金レバー

足元
フットコントローラー
つま先側
かかと側

右側
はずみ車
メインスイッチ
フットコントローラー用プラグ

ロックミシン

市販されているロックミシンには、縁かがり専用の1本針2本糸のロックミシンと、地
縫いをしながら縁をかがる事が出来る1本針3本糸、2本針4本糸があります。自動糸
通し機能や自動糸調子機能がついているものもあります。用途と予算に合わせて自分
に合うミシンを選びましょう。ニットを縫ったりする事がなければ、縁かがり専用の
ロックミシンで良いですし、ニットソーイングにも挑戦したい場合には3本糸以上の
物を選ぶと良いでしょう。

■縫い始めと縫い終わり

① 上糸と下糸を揃えて押さえ金の下から向こう側に5〜6cm位出し、押さえ金は上げておきます。

② 布を置き、はずみ車をまわし、縫い始めの位置に針を下ろします。

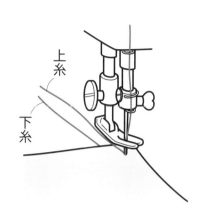

③ 押さえ金を下ろし、布に軽く手を添えて縫います。

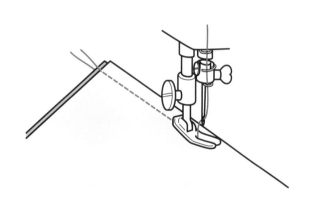

④ 縫い目の大きさ、糸調子が正しいか調べます。

⑤ 縫い終わったら、針を一番上に上がった位置で止めて押さえ金を上げます。

⑥ 布を滑らせて、向こう側に引き出して、上下の糸を5〜6cm残して切ります。

⑦ 縫い始めと縫い終わりの糸の始末は、返し縫いをするか上糸を裏側に引き出して下糸と一緒に結びます。

■直線の縫い方

押さえ金を下ろしたら、布がたるまないように左手で向こう側の布をやや引き加減に、手前の布は右手で軽く押さえて縫い進めます。布を引き過ぎないよう、ミシンの速度に合わせるようにしましょう。

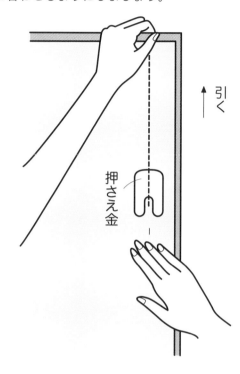

■返し縫い

縫い始めと縫い終わりをそのままの状態にしておくと、縫い目がほつれてしまうので、縫いどめをします。これを「返し縫い」といいます。3〜4針縫ったら、返し縫いの操作をして元の位置に戻り、また普通に縫い進めます。図ではわかり易くミシン目をずらして書いていますが、実際に縫う時は、1本の線上を行ったり来たりします。縫い終わりも同じ作業をします。

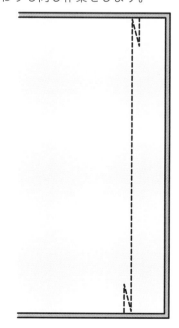

カーブの縫い方

ブがなだらかな場合

ブと反対に布を引き、縫い目を直線の状態にしてから
ンで縫います。布を軽く引くだけで、縫い目を延ばさ
いように注意して下さい。

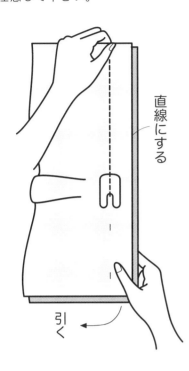

直線にする

引く

ブがきつい、あるいは小さい場合

手で布をまわしながら、途中でとめずにゆっくりと一気
縫います。

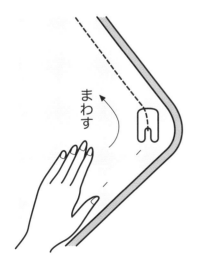

まわす

■角の縫い方

① 角の一針手前でミシンをとめます。針を刺したままに
して、押さえ金を上げます。

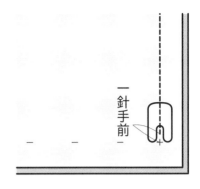

一針手前

② 布を45°回転させ、押さえ金を下ろし、一針斜めに縫い
ます。

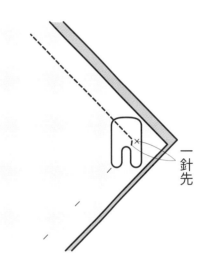

一針先

③ 針を刺したまま押さえ金を上げ、布をさらに45°回転さ
せます。

④ 押さえ金を下ろして縫い進みます。

⑤ 縫い終わったら角の縫い代を切り取ります。

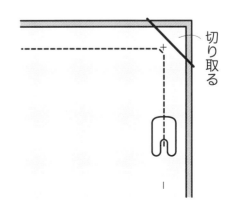

切り取る

■端（押さえ）ミシン

縫い代を片側へ折り、折り山の端から0.1〜0.2cm入った所を表面からミシンで縫います。縫い代をしっかりと片側へ折り、落ち着かせたい時に使います。

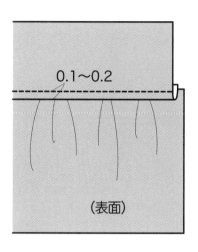

■落としミシン

縫い代を開き、その縫い目線の上をミシンで縫うことを「落としミシン」といいます。

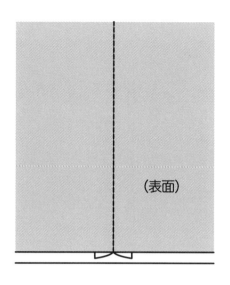

縁どり布をつける時、縫い目線のごくきわにかけるミシンもこう呼びます。

■割りミシン

縫い代を開いた時、その縫い目線から指定寸法ずつ離して表面から縫い代が動かないように、ミシンで縫うことを「割りミシン」といいます。縫い目の両側に装飾を兼ねて縫うこともあります。

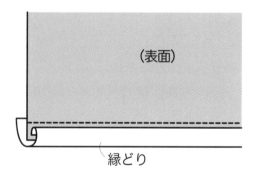

縁どり

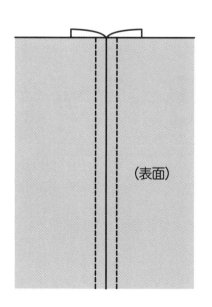

■糸のつなぎ方

縫っている途中で糸が切れてしまったら、5cm位縫い目を重ねて縫い始めます。ミシン目の重なりを目立たせたくない場合は2〜3cm重ねて縫うようにします。その後、縫い目をほどき、ほどいた糸を裏面で4本一緒に結びます。

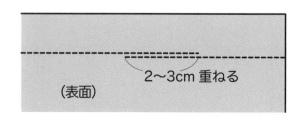

2〜3cm 重ねる

（表面）

ステッチについて

[布]として使うミシン目のことですが、縫い代の始末や縫[い]目を丈夫にする目的でも使われます。地縫いをする時と[同]じ糸を使うことが多いですが、目立たせたい時はステッ[チ]や刺しゅう糸を使います。ステッチ糸や刺しゅう糸な[どを]使う時は上糸のみに使い、下糸は地縫いの糸を使いま[す。]ミシン目は地縫いの時よりも大きくします。

上手なかけ方

[ス]テッチ幅が狭い（1cm位まで）時は押さえ金の幅を目安[に]してかけます。常に目の位置を安定させましょう。ス[テッ]チをする位置より0.2〜0.3cm内側にしつけをして、[それ]を目安にしてミシンで縫うのも一つの方法です。しつ[け]糸の上をミシンで縫うと後でしつけの糸が取れないので[気]をつけましょう。

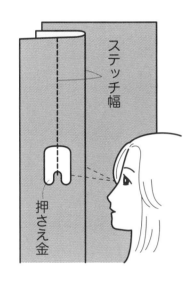

ステッチ幅

押さえ金

[幅]の広い飾りミシンをする時は、ミシンの押さえ金（ア[タ]ッチメント）の「ステッチ定規」を使うと縫いやすくなり[ま]す。ステッチ幅を決めたら、縫い目線または布の端に[き]っちりと合わせて縫います。

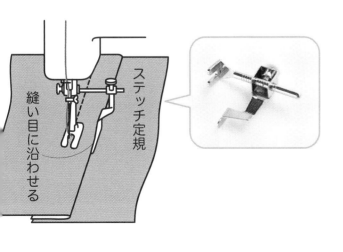

縫い目に沿わせる

ステッチ定規

■角のステッチのかけ方

角の所まで縫い進んだら、角で針を下ろしたまま押さえ金を上げ、布を回転させて方向を変えます。その後、縫い進めます。

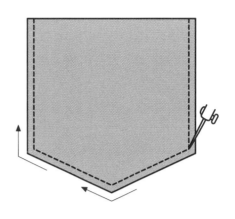

■カーブのステッチのかけ方

カーブを縫う時は布をゆっくり回転させながら、上下の布がずれないように注意して縫います。

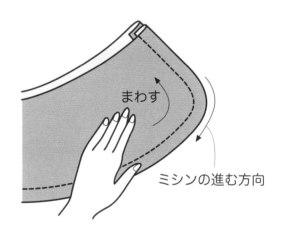

まわす

ミシンの進む方向

■糸のつなぎ方

① 縫い終わりのミシン目から一針分の目を開けて縫います。

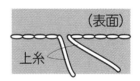

（表面）

上糸

② 裏面から片方の下糸を引き、上糸を裏面に引き出して結びます。

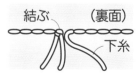

結ぶ　（裏面）

下糸

③ もう一方の上糸を縫い針に通して、一針縫います。

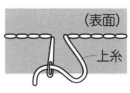

（表面）

上糸

④ ③の上糸を裏面で結びます。

（表面）

縫い方

縫い代の始末

■ピンキングばさみで始末する方法

ピンキングばさみで縫い代の端を切り、始末をします。ほつれにくい布に適しています。さらに、縫い代端にミシンをかけると、よりほつれにくくなります。

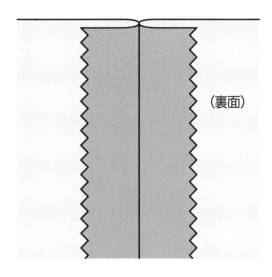

（裏面）

■ジグザグミシンで始末する方法A

家庭用ミシンのジグザグ縫いの機能を使って始末します。最初から布端にかけても良いですし、図のようにジグザグミシンをかけてから、余分な縫い代をミシン目のきわから切り取るようにしても良いでしょう。

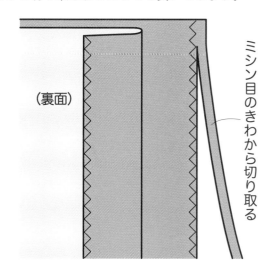

（裏面）

ミシン目のきわから切り取る

■ロックミシンで始末する方法

ロックミシンとは布端をかがるミシンのことです。余分な縫い代をカットしながら始末をしていきますので、とても合理的です。

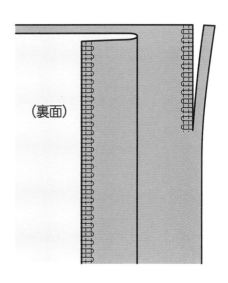

（裏面）

■ジグザグミシンで始末する方法B

布地が薄い場合にはうまくミシンをかけられませんので、一折りして、端にジグザグミシンをかけます。その後、図のように余分な縫い代をミシン目のきわから切り取ります。

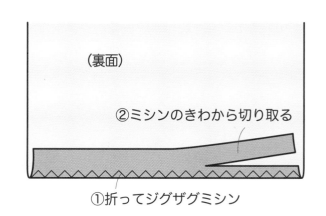

（裏面）

②ミシンのきわから切り取る

①折ってジグザグミシン

捨てミシン

ほつれにくい布の縫い代の始末に使います。縫い代の端を折らずにそのままの状態をミシンで縫います。必ず縫い代のみにします。

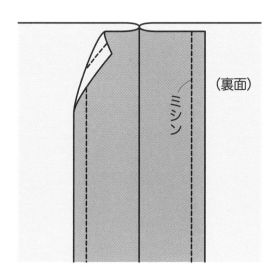

ミシンで縫い終わったら、ミシン目のきわから切り取ります。縫い代の始末以外に撚りぐけ（72ページ参照）をする時やまつり縫いをする時などに用います。

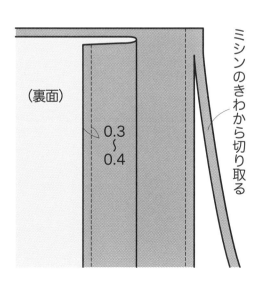

■端ミシン

① 薄手の布地の時に使います。厚手の布は縫い代がゴロゴロしてしまいますので、避けましょう。縫い代の端を0.5cm位アイロンで裏面に折ります。

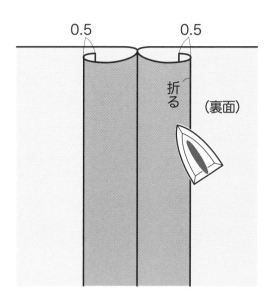

② ①で折った所を縫い代だけミシンで縫います。カーブは縫い代がつれてしまうので、縫い代の幅を細くします。

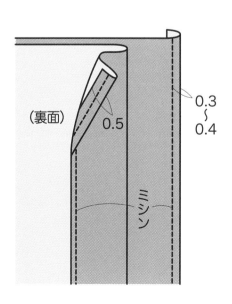

■裁ち目かがりA

布端を2枚一緒に手縫いでかがり、始末する方法です。
ほつれにくい布地の場合に用います。

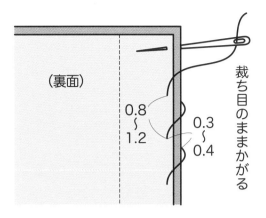

（裏面）

0.8〜1.2

0.3〜0.4

裁ち目のままかがる

■裁ち目かがりB

布端に捨てミシンをしてから裁ち目をかがります。Aよりほつれにくくなります。

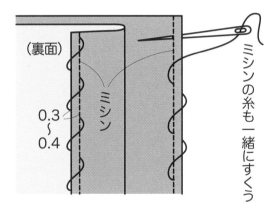

（裏面）

ミシン

0.3〜0.4

ミシンの糸も一緒にすくう

■裁ち目かがりC

特にほつれやすい布地の場合に適した方法です。布端に捨てミシンをしてから往復してかがります。この方法は薄い布地や透ける布地には適しません。

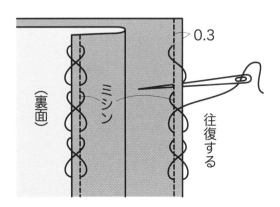

（裏面）

ミシン

0.3

往復する

■袋縫い

縫い代が透けたり、ほつれ易い布地の場合や、丈夫に仕立てたい時に適した方法です。透ける布地の時は袋縫いの幅は0.5cm位の細さにします。

① 布の裏面どうしを合わせて出来上がり線よりも0.5〜1cm縫い代側をミシンで縫います。

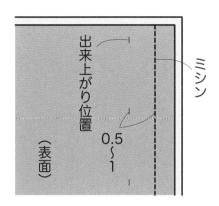

出来上がり位置

ミシン

0.5〜1

（表面）

② 最初に縫ったミシン目の外側（縫い代側）を0.3cm幅で揃えて切り、アイロンで縫い代を開きます。

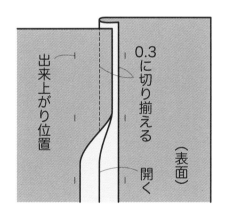

出来上がり位置

0.3に切り揃える

開く

（表面）

③ アイロンをかけた所を山にして、表面が内側になるように合わせて出来上がり線をミシンで縫います。

出来上がり位置にミシン

0.5〜1

（裏面）

割り伏せ縫い

地で洗濯の激しい物、スポーティなデザインでステッチアクセントにしたい物に適しています。

布の表面どうしを合わせ、出来上がり線をミシンで縫います。

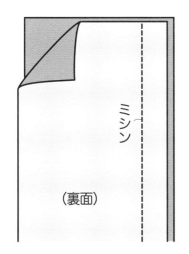

縫い代をアイロンで開き、縫い代の端を0.5cm位折ります。

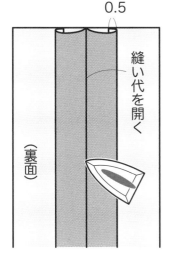

）表面から縫い代端にミシンがかかるように縫い、表布にとめます。ステッチも兼ねますので、縫い代の幅を揃えてからミシンで縫いましょう。

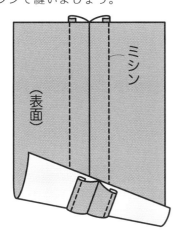

■折り伏せ縫い

木綿やスポーティなデザインに適しています。

① 布の表面どうしを合わせ、出来上がり線をミシンで縫います。縫い代の幅を図のように差をつけて切ります。

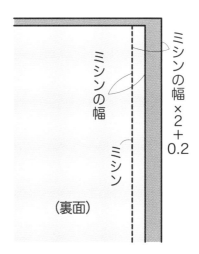

② 幅の広い縫い代でもう一方の縫い代を包むように折り、アイロンをかけます。

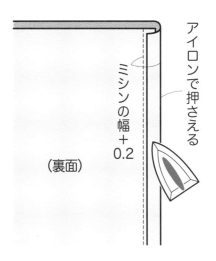

③ 縫い代を更にもう一度折り、布を開いて表面から縫い代の折り山のごくきわをミシンで縫います。

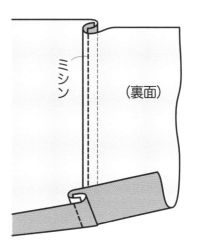

■三つ折りミシンA

布を三つ折りにして折り山のごくきわをミシンで縫う方法です。ミシン目が表面から見えるので、ミシン目が見えても良い場合に使います。

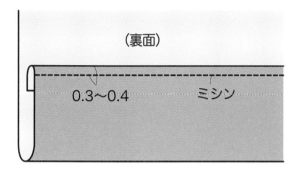

■三つ折り端ミシン

折り代を細く仕上げる時に使います。

① 布を折って折り目のきわをミシンで縫い、ミシン目のきわから余分な布を切り取ります。この時、表布を切らないように注意します。

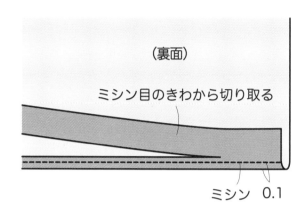

■三つ折りミシンB

布を完全な三つ折りにして、折り山のごくきわをミシンで縫う方法です。透ける布地の場合は、表面から折り返した縫い代が見えるため、完全な三つ折りにします。

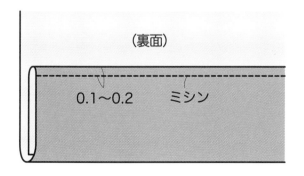

② 切り取った所から同じ方向にもう一度折り、最初のミシン目に重ねてミシンで縫います。

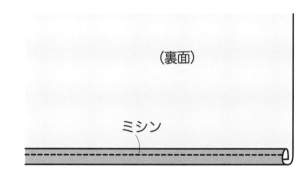

■普通まつり

折り代の端を折り、折り山をとめつけるのに使います。しっかりとまつりたい時に向いています。

① 図のように折り、しつけをします。縫い代の裏面から針を手前に出します。

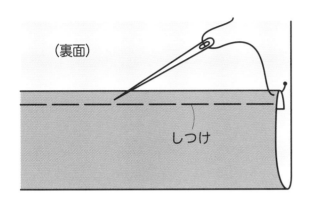

② 表布を小針（織り糸を一本すくうような感じ）ですくい、0.3〜0.5cm先の折り山に裏面から針を入れ、糸を引き抜きます。これを繰り返します。

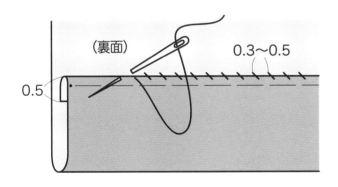

③ 表面から見た図です。糸を引きすぎないように、また縫い目が一直線になるように注意しましょう。

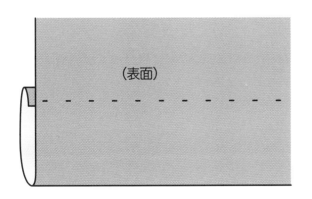

■流しまつり

普通まつりと針や糸の動かし方は同じですが、糸が斜めにかかるように、0.5cmくらい先の表布を小針ですくいます。糸がゆるくかかるので柔らかい布地に適しています。糸が長く折り山にかかるため、摩擦の激しい所は糸が擦り切れてしまうので避けましょう。

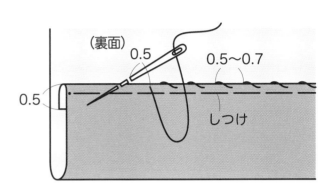

■縦まつり

折り代の裏面から針を前に出したら、すぐ上の表布をすくいます。他は普通まつりと同じ要領です。とめたい所に直角に糸がかかります。

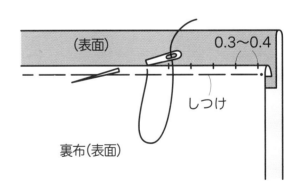

■奥まつり

折り代の奥をまつる方法です。まつり糸は折り代の中に渡っています。しつけをして、縫い代の端を手前に返し、普通まつりでまつります。

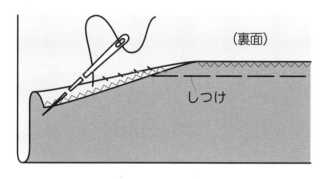

裏布つきのジャケットやコート等の裾の始末

① 表布の縫い代を始末をして裏布の縫い代を折り、置きじつけをします。

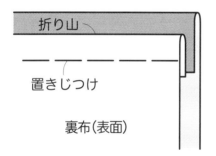

② 裏布の折り山を手前に返し、奥まつりでまつります。

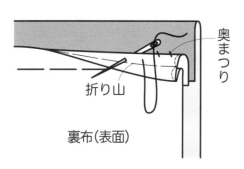

■撚りぐけ

撚りぐけは折り代を細く仕上げる時に使います。その意味では二つ折り端ミシンと同じですが、ミシン目を表面に見せたくない場合や折り代を柔らかく仕上げたい時に使います。

① ミシンで縫い、ミシン目のごくきわから縫い代を切り取ります。撚りぐけをする布地は薄手の場合が多いので、ミシン目がつれないように注意しましょう。

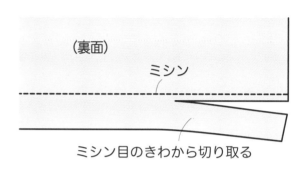

② ミシン目を芯にして、ごく細く、くるりと親指と人差し指で撚るようにしながら、流しまつりでまつっていきます。布をピンと張りながらまつると、やり易いでしょう。最初に縫ったミシン目は中に入ってしまいますので、表からは見えません。

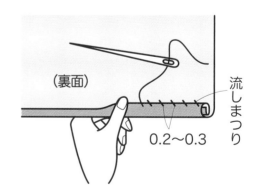

縁どり始末

バイアステープの作り方

■布の裁ち方

バイアステープとは布をバイアス地（布目に対して45°の角度）でテープ状に裁断した物です。
両折りバイアステープの場合は出来上がり幅の2倍
縁どりバイアステープの場合は縁どり幅の4倍＋0.2cmにします。

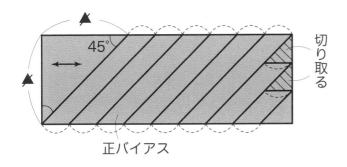

45°

切り取る

正バイアス

■布のはぎ合わせ方

バイアステープを縫い合わせる時はミシンをかける位置の布端を合わせるようにします。縫い終わったら縫い代を開き、飛び出た縫い代を切り揃えます。

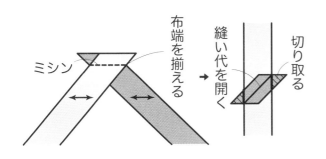

ミシン

布端を揃える

縫い代を開く

切り取る

■長いバイアステープの作り方

布地にバイアステープの幅で線を書き、その線を1本ずつずらすようにして表面どうしを合わせて縫います。その後、線の通りに切ります。

（裏面）

1本ずつずらして縫い合わせる

切る

両折りバイアステープの作り方

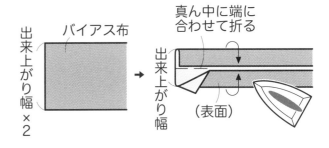

出来上がり幅×2

バイアス布

真ん中に端に合わせて折る

出来上がり幅

（表面）

縁どりバイアステープ作り方

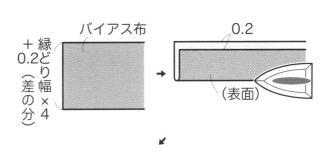

縁どり幅×4＋0.2（差の分）

バイアス布

0.2

（表面）

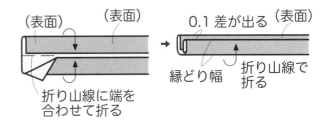

（表面）　（表面）

折り山線に端を合わせて折る

0.1 差が出る（表面）

縁どり幅　折り山線で折る

市販のテープメーカーを使うと簡単にきれいなバイアステープが作れます。

テープメーカー

引っ張る

表布（裏面）

■まつって始末する

① 縁どりバイアステープの幅の狭い方の端と、表布の端の表面どうしを合わせて置き、バイアステープの折り目にミシンをかけます。

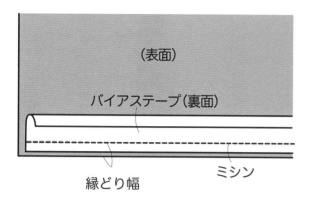

② バイアステープを折り返します。

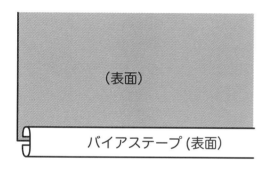

③ 布の端をくるむようにしてバイアステープを折り、まつります。

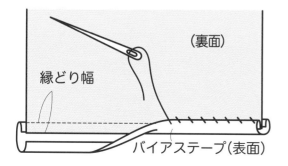

■押さえミシンで始末する

縁どりバイアステープと表布の表面どうしを合わせて縁どり幅にミシンをかけ、バイアステープを折り返します。（まつって始末するときの①②参照）布の端をくるむようにしてバイアステープを折ってしつけをかけ、表からミシンをかけます。裏側のバイアステープからミシンがはずれないように注意しましょう。

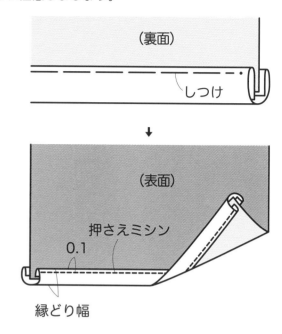

■落としミシンで始末するA

縁どりバイアステープと表布の表面どうしを合わせて縁どり幅にミシンをかけ、バイアステープを折り返します。（まつって始末するときの①②参照）布の端をくるむようにしてバイアステープを折ってしつけをかけ、表から落としミシン（64ページ参照）をかけます。裏側のバイアステープからミシンがはずれないように注意しましょう。

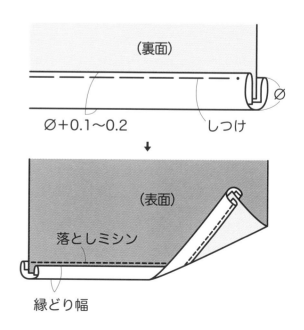

■落としミシンで始末するB

厚手の布の場合に使用します。裏布がつかない場合はバイアステープの縫い代の始末をロックミシンまたはジグザグミシンをかけて始末します。裏布がつく場合は落としミシンのきわに裏布をまつります。

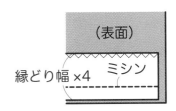

縁どり幅 ×4
ミシン
(表面)

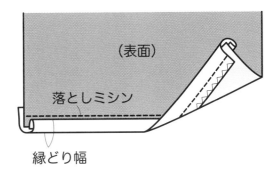

(表面)
落としミシン
縁どり幅

■二重にしてまつって始末する

薄手の透ける布地の場合、縫い代が透けると美しくないので、バイアステープを二重にしてまつります。縁どり幅の6倍の幅のバイアステープを使います。

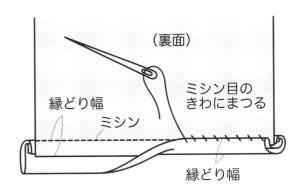

(裏面)
縁どり幅
ミシン
ミシン目のきわにまつる
縁どり幅

■外角の縁どり方

① 縁どりバイアステープの幅の狭い方と、表布の表面どうしを合わせて置き、角の印までミシンで縫います。

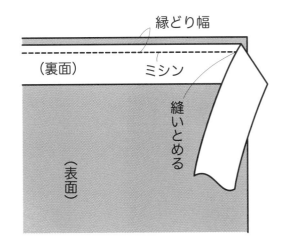

縁どり幅
(裏面)
ミシン
縫いとめる
(表面)

② バイアステープを角に合わせて曲げます。余った所をよけ、①のミシン目に続けてミシンで縫います。

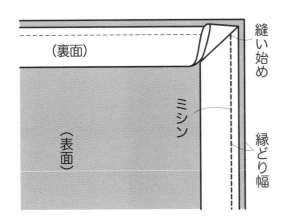

(裏面)
(表面)
ミシン
縫い始め
縁どり幅

③ バイアステープを表布の裏面側に折り、まつります。角の部分は突き合わせにして形を整えてからまつります。

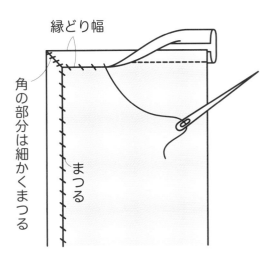

縁どり幅
角の部分は細かくまつる
まつる

■内角の縁どり方

① 縁どりバイアステープの幅の狭い方と、表布の表面どうしを合わせて置き、角の印までミシンで縫います。

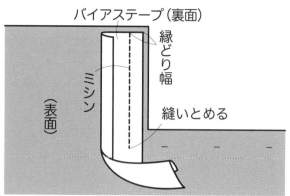

② 表布の角の縫い代に切り込みを入れます。

③ 切り込みを開いてまっすぐにして①のミシン目に続けてミシンで縫います。

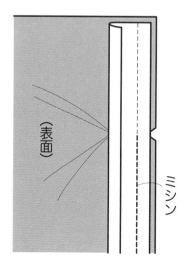

④ バイアステープを外側に折り、対角線に折り目をつけます。

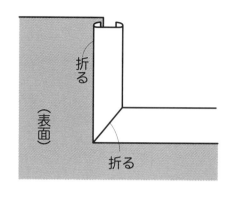

⑤ 裏側から④でつけた折り目に合わせてミシンをかけます。

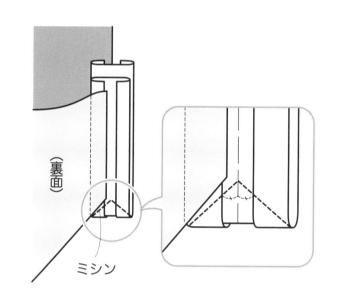

⑥ バイアステープを裏面側に折り、まつります。

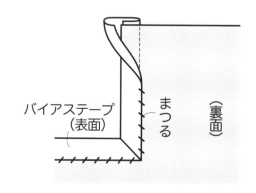

■内カーブの縁どり方

① 縁どりバイアステープの幅の狭い方と、表布の表面
どうしを合わせて置き、ミシンで縫います。カーブ
の深い部分は伸ばしぎみにします。

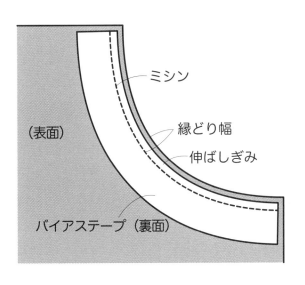

② 表布の表面側から見てバイアステープの幅が同じに
なるように布端をくるみ、裏面側にバイアステープ
を折ってまつります。

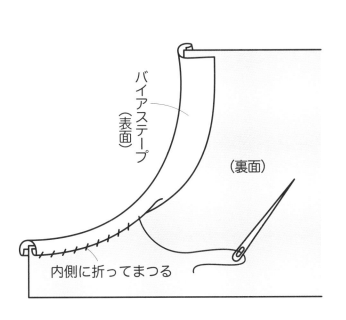

■外カーブの縁どり方

① 縁どりバイアステープの幅の狭い方と、表布の表
面どうしを合わせて置き、ミシンで縫います。カーブ
の部分はいせぎみ（少しゆとりを持たせる）にします。

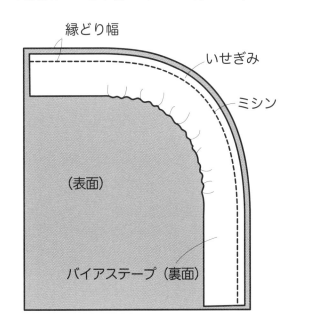

② 表布の表面側から見てバイアステープの幅が同じに
なるように布端をくるみ、裏面側にバイアステープ
を折ってまつります。

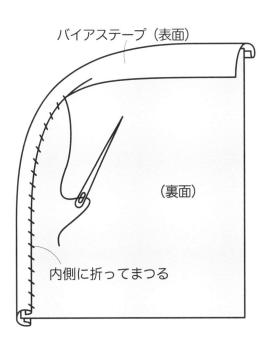

ダーツの縫い方

■薄手〜中肉の布の場合

① ダーツを印どおりに合わせてまち針をとめ、とがっている先の方向へ縫います。ダーツの先0.5cm位はごく端を縫うようにし、糸を5cm位そのまま残しておきます。ダーツの先は返し縫いをしません。

② ダーツの先の残しておいた糸を結び、短く切ります。結びにくい時は、まち針を使うと結び易いでしょう。

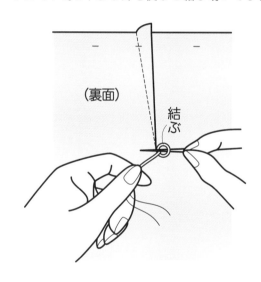

③ 縫い目にアイロンをかけ、その後ダーツを片側に折ります。プレスボールの上で行うときれいにアイロンがかけられます。

■厚地の布の場合

① ダーツを印どおりに縫い、ダーツ先の糸を結びます。(薄手〜中肉の布の場合①②参照)

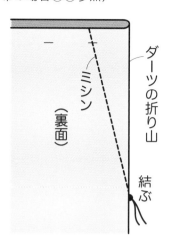

② 縫い目にアイロンをかけ、ダーツの折り山と縫い目が合うようにたたみ、アイロンをかけます。アイロンの当たりが出ないようにダーツと表布の間に厚紙を挟んでアイロンをかけると良いでしょう。

③ ダーツの折り山線上に星止め(57ページ参照)をします。星止めはミシン目のきわに裏糸が出るようにします。

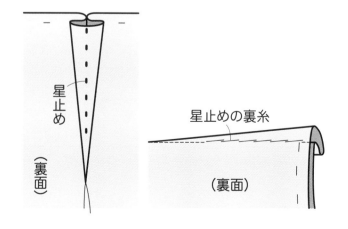

■特に厚手の布の場合

① ダーツを印どおりに縫い、ダーツ先の糸を結びます。
（薄手〜中肉の布の場合①②参照）

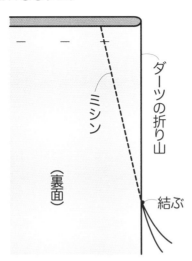

④ 切り込みから上の部分の縫い代を開きます。切り込み位置から先はたたみます。

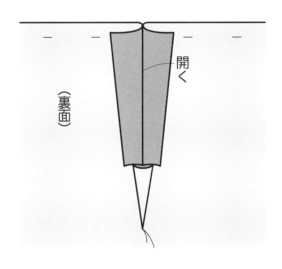

② 縫い目にアイロンをかけ、ダーツの折り山と縫い目が合うように目打ちを使ってたたみ、アイロンをかけます。

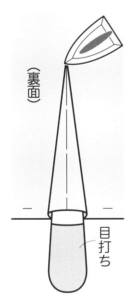

※ 特に布地が分厚い場合は、③④の方法では縫い代がたたみにくいので、上から$\frac{1}{2}$の位置に切り込みを入れて縫い代を開き、切り込み位置から先は星止め（57ページ参照）をして縫い代を落ち着かせます。

③ ダーツがゴロゴロしてしまうので、ダーツの縫い代に切り込みを入れます。切り込みは上から$\frac{2}{3}$の位置に入れます。

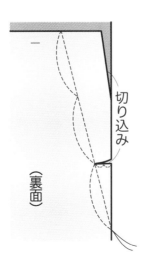

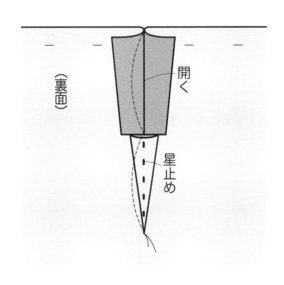

■透ける布の場合

ダーツを縫った後、縫い代を0.7〜0.8cmに切り揃え、2枚一緒にロックミシンまたはジグザグミシンをかけて縫い代の始末をします。縫い代は片側に折ります。

ロックミシンまたはジグザグミシン

（裏面）

■ほつれ易い布の場合

① 表面から見た時に平らな感じにしたいけれど、布地がほつれ易いために切り込みが入れられない場合は、バイアス地に裁断した表布と一緒に縫います。バイアス布はダーツの先より2cm長い物を用意します。

∅×2
∅
ミシン
バイアス布
（表布またはスレキ）
2
（裏面）

② 縫い終わったら、バイアス布とダーツの間をアイロンで開きます。ダーツの分量が少なく、縫い代を開きにくい時にも用いる方法です。

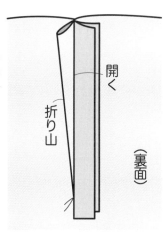

開く
折り山
（裏面）

■ウエストダーツ

ウエストライン（WL）で一番太く、上下方向へ細くなっているダーツをこう呼びます。ダーツの先が両方向にあります。

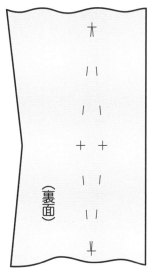

（裏面）

① このダーツは2回に分けて縫います。ウエストラインから片方の先に向かってミシンで縫い、次にもう一方の先に向かってミシンで縫います。ウエストラインで2cm程縫い目が重なるようにします。各ダーツの先は他のダーツと同じで返し縫いはせず、糸を結びます。

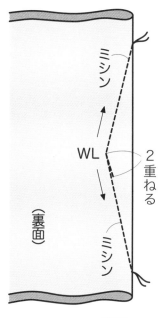

ミシン
WL
2重ねる
ミシン
（裏面）

② 縫い終わったら、ウエストライン上でダーツの縫い代に切り込みを入れます。その後、布の厚さに合わせたダーツの縫い代始末をします。

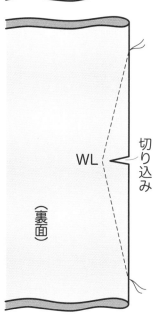

WL
切り込み
（裏面）

ギャザーの縫い方

■ギャザーを寄せる方法

ギャザーはぐし縫い（55ページ参照）やミシンを使って寄せます。ここではミシンを使ったギャザーの寄せ方を紹介します。

① ミシンの上糸の調子をゆるめにし、粗いミシン目で2本平行にミシンで縫います。

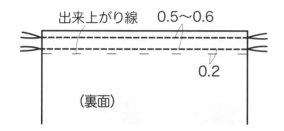

② 下糸を切らないように引いて、ギャザーを寄せます。出来上がりの寸法まで縮めたら、糸を2本一緒に結んでおきます。

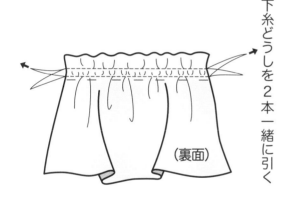

③ 縫い代のギャザーをアイロンでつぶします。縫い代のみにアイロンをかけるようにします。

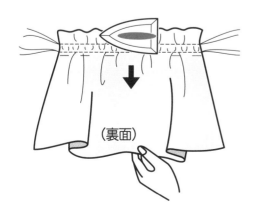

④ ギャザーを寄せた物とミシンで縫い合わせる時は、ギャザーを寄せた方を上にして、目打ちでギャザーを送り込みながら縫います。

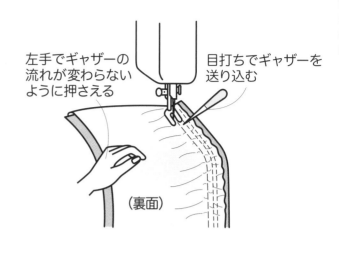

■立体的なギャザーの寄せ方

ギャザーを立体的に見せたい時は、波形にぐし縫いまたはミシン縫いをします。こうするとギャザーがより強調されます。

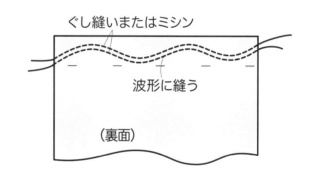

↓

テープのつけ方

装飾を目的として使いますが、布端の始末を兼ねた使い方もします。縫製時のスピードアップにもなりますので、併せて紹介します。

本体は普通に出来上がりまで仕立てて、テープを上からミシンでとめます。

■カーブにつける方法

ゆるやかなカーブにテープをつける時はつける箇所に合わせて、アイロンであらかじめテープにくせをつけておきます。

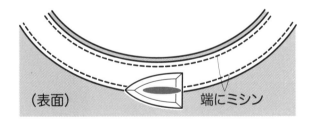

カーブがきつい箇所は内カーブ側のテープの端をぐし縫いし、ぐし縫いの糸を引いていせ込み、ミシンでとめます。

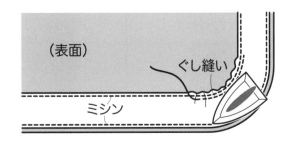

■角につける方法

はじめにテープを縫って角を作ります。

① テープの表面どうしを合わせて折り、斜めにテープをミシンで縫います。テープのわになっている所を0.3cm残して、切り込みを入れます。

② 切り込みを入れた所を開いて、縫い目にアイロンをかけます。

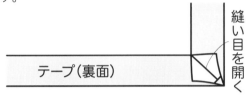

③ テープの角と本体の角を合わせて乗せ、両端をミシンで縫います。

■山道テープのつけ方

細い幅の山道テープをつける時は、テープの真ん中をミシンで縫いつけます。

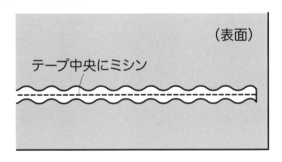

太い幅の山道テープをつける時は、真ん中1本のミシンではめくれたり、折れたりしてしまいますので、テープの両端をミシンで縫います。

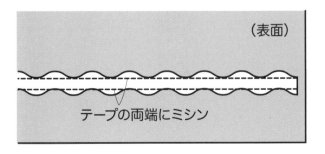

■ブレードのつけ方

ブレードはテープに比べて厚みがあり、凹凸があります
ので、同系色の糸を使ってまつりつけます。

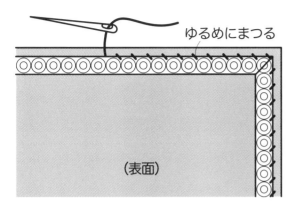

ゆるめにまつる
（表面）

■布端の始末を兼ねた使い方

テープをつける事によって、同時に布端の始末もしてし
まう合理的な方法です。

① 厚手の布には適しませんが、薄手の布には便利な使
　い方です。本体は縫い代をつけずに裁断し、見返し
　の縫い代で本体をくるみ、しつけをします。

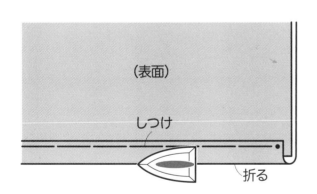

（表面）
しつけ
折る

② テープの端を本体の端に合わせて置き、テープの両
　端をミシンで縫います。

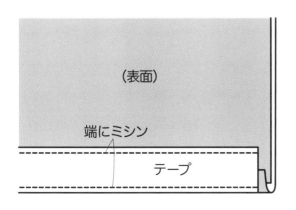

（表面）
端にミシン
テープ

■メートライン（中央に溝のある縁どり用のテープ）を使う

① 見返しと本体は出来上がり線で裁断しておきます。2
　枚がずれないように布端をミシンで縫います。

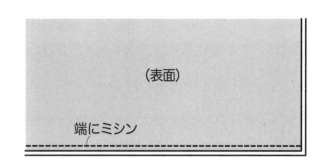

（表面）
端にミシン

② メートラインの中央の溝が、布端にくるように乗せ
　てしつけをします。

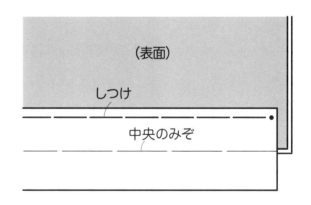

（表面）
しつけ
中央のみぞ

③ メートラインを半分に折り返し、端をミシンで縫っ
　てとめます。ミシン目が裏面のメートラインからは
　ずれないように注意しましょう。

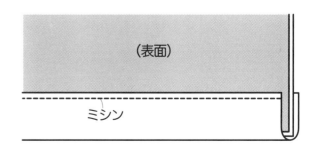

（表面）
ミシン

パイピング

パイピングとは衿まわりや身頃の切り替え線等の縫い目線上に、装飾的に用いられる細い線状の布のことです。縁どりとは違い、2枚の布と布との間にバイアス布を挟んで縫います。コードの入ったパイピングテープを使う場合は、ファスナー押さえ金を使います。市販のコードパイピングを使うとより簡単に作れます。

■布端につける方法
（ファスナー押さえ金を使います）

① バイアス布を二つ折りにしてコードをくるむようにし、コードのきわをミシンで縫い、パイピングテープを作ります。

② 裏側になる布の表面にパイピングテープを乗せてしつけをします。粗いミシン目で縫っても良いです。

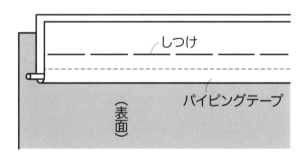

③ 表側になる布をパイピングテープの上に裏面を上に向けて置き、出来上がり線に沿ってミシンで縫います。

④ 表側になる布をミシン目から折り上げ、アイロンで折り目をしっかりつけます。

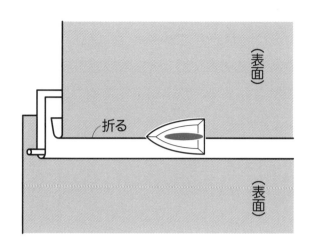

⑤ 裏側になる布を折り上げます。

⑥ 表面から折り目の端をミシンで縫います。

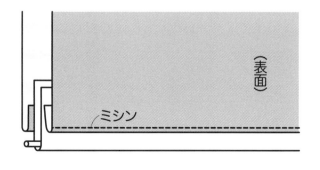

■切り替え線上につける方法

① 土台となる布の表面にパイピングテープを乗せ、しつけをします。

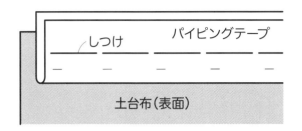

② パイピングの上に乗せる布の縫い代を出来上がり線に沿って折ります。

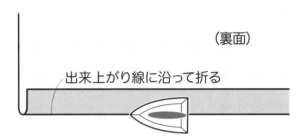

③ パイピングテープの上に②の布を乗せて、しつけでしっかりととめます。

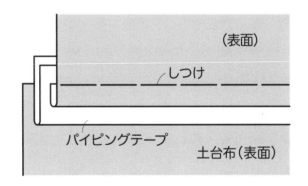

④ 表側から端を3枚一緒にミシンで縫います。その後、しつけを抜きます。

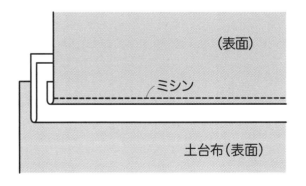

■カーブにつける方法

カーブでパイピングテープが不足しないように、ゆとりを入れます。

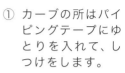

① カーブの所はパイピングテープにゆとりを入れて、しつけをします。

② パイピングテープを間に挟み、本体の表面どうしを合わせてミシンで縫います。

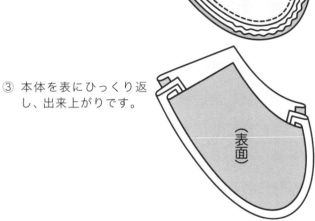

③ 本体を表にひっくり返し、出来上がりです。

■ファスナー押さえ金

パイピングテープの中にコードが入っている場合は、本体と高さが異なり縫いずらいので、ファスナー押さえを使うとミシンがかけやすくなります。

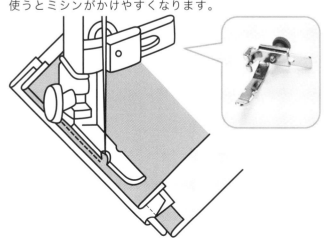

タックとピンタック

タックは布の一部をつまむことで、つまんで縫いとめるだけで後はひだとして残しておきます。中でもピンのように細い(0.2〜0.3cm位)幅を一定の間隔でつまみ縫いしたタックをピンタックと呼んでいます。ピンタックは厚手の布地には向かない技法ですので、なるべく薄手の布地を用いるようにしましょう。

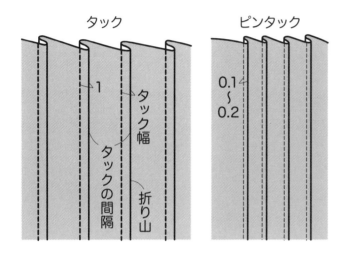

② 布目を正しくし、裏面からへらで折り山に印をつけます。

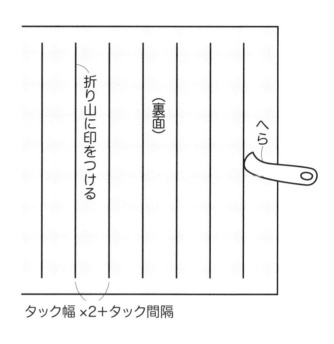

タック幅 ×2+タック間隔

③ 表面からタックの山1つ1つにアイロンをかけて折ります。

■タック・ピンタックの縫い方
① 印をつける位置に対して、タックがどのように縫われるか、展開した図です。

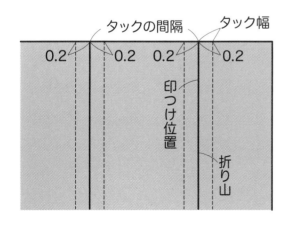

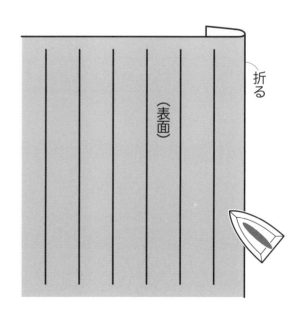

④ タックの山で布を折りながら、タック幅の所にミシンをかけます。

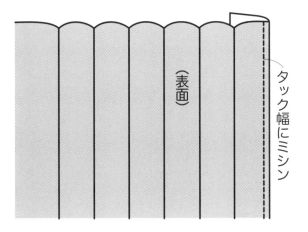

⑤ タックを全部縫い終わったところです。タックの幅が揃うようにしましょう。

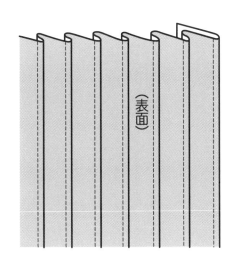

⑥ もう一度、タックの山と縫い目にアイロンをかけます。

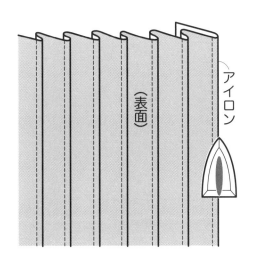

※タックが身頃全体に入る場合は、だいたいの寸法に身頃を裁断し、先にタックを縫ってしまいます。その後、正しく裁断します。このように、先にだいたいの寸法で裁断する事を「粗裁ち」といいます。

① まず、型紙上で1ヶ所切り開き線を決め、型紙を切ります。

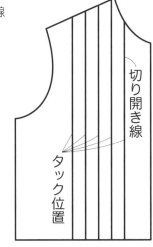

② 図のように型紙をタックの本数分だけ離して布地の上に置き、だいたいの大きさに裁断します。

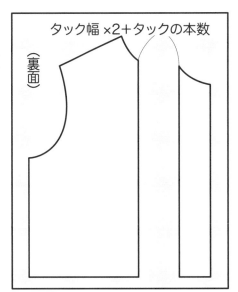

③ タックの縫い方の通りに縫い、縫い終わったら型紙を置き、縫い代をつけて裁断し直します

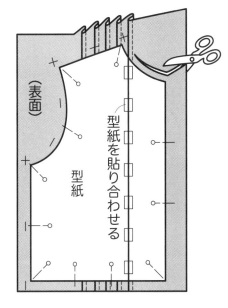

プリーツ

ひだ、折り目の事で、端から端まで折り目が消えずに
くっきりとひだがたたまれたものをいいます。

■ プリーツの種類

ワンウェイプリーツ

一方方向に折られたプリーツです。片返しひだ、車ひだ、
追いかけひだとも呼ばれています。

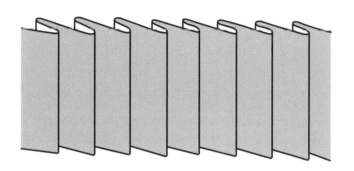

ボックスプリーツ

表側ではひだ山が左右に外向きに折られ、裏側では陰ひだ
山が突き合せになったプリーツの事です。箱ひだとも呼ば
れています。

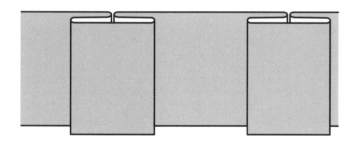

インバーテッドプリーツ

表側ではひだ山が突き合せになり、裏側では陰ひだ山が左
右に外向きに折られたプリーツの事です。裏側はボックス
プリーツになっています。

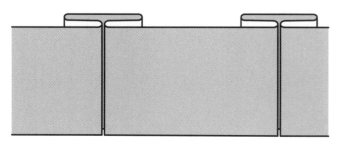

アコーディオンプリーツ

ひだ山がほとんどまっすぐに立っている細いプリーツの事
です。楽器のアコーディオンの蛇腹の折り目に似ている事
からこの名前がつきました。

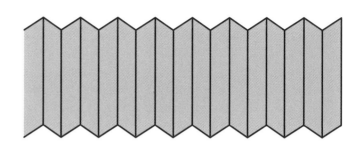

■部分名称

表ひだ山‥表側から見える折り目。
陰ひだ山‥裏側から見える折り目。
陰ひだ‥ひだをたたんだ時に表面に現れない部分のこと。
製図では斜線が引いてある部分です。

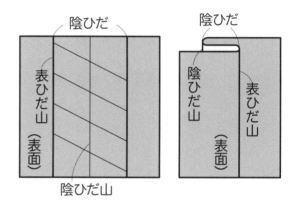

■印つけ

薄地の場合はへらで、厚地の場合は切りじつけで印をつけ
ます。

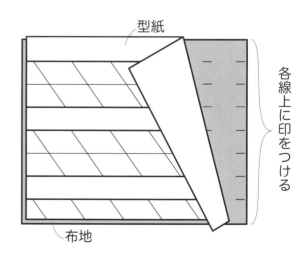

■プリーツのたたみ方

① アイロンマットの上に裏面を上に向けて置き、表ひだ山の印位置で裏面どうしを合わせて折ります。

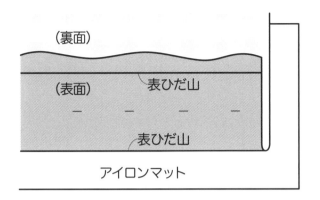

② 表ひだ山の布をぴんと張って、まち針で何ヵ所かアイロンマットにとめます。

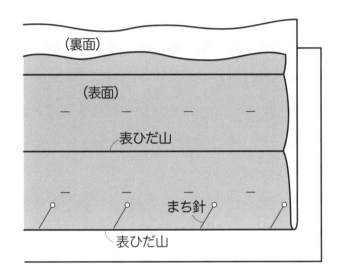

③ ひだ山に水分を軽く与えてアイロンをかけ、折り目をつけます。アイロンは押さえるように、少しずつ場所を移動させてかけます。（水じみが出来る布地の場合は、水分を与えずにアイロンをかけます）

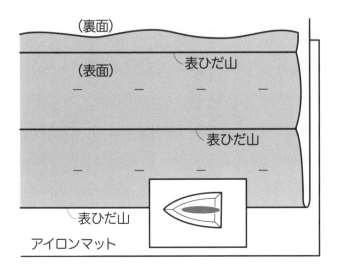

④ 表面を上にして布を置き、陰ひだ山に折り目をつけます。（②〜③参照）

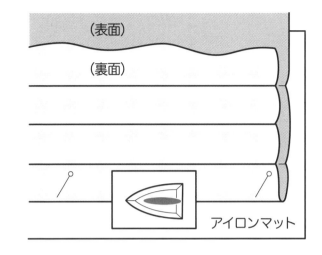

⑤ 指定された方向にひだを折り、裏面からもう一度アイロンをかけます。

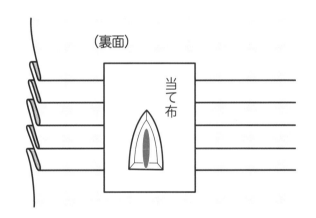

⑥ このままでは作っている間に、ひだが崩れやすく作りにくいので、数ヵ所を図のように陰ひだまで通してしつけでとめます。

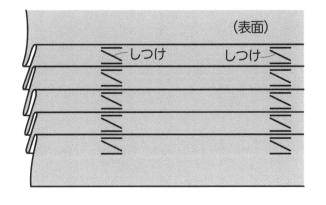

シャーリング

好みの間隔を空けて何本かギャザーを寄せ、立体的な陰影をつける装飾的なテクニックです。手法としては手縫い、ミシン縫いで作る伸縮性のないタイプ、ゴムテープやシャーリングテープを使用して作る伸縮性のあるタイプがあります。用途に合わせた仕立て方をしましょう。

■手縫いまたはミシンでする方法

ぐし縫いまたはミシンで縫う方法です。この方法でシャーリングを寄せた物は伸縮が無く、固定されています。この場合も洋服に仕立てる時は粗裁ちをし、シャーリングをしてから、正しく裁断し直します。（裁断の仕方は87ページ参照）

① チャコで同じ間隔でシャーリングの本数の印をつけます。

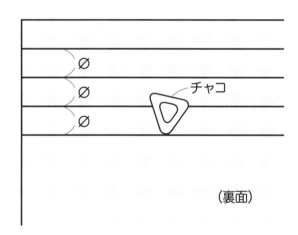

(裏面)

② 印の上をぐし縫いまたはミシンで縫います。ミシンで縫う時はミシン目を大きくし、上糸調子をゆるめます。

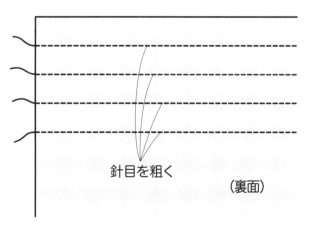

針目を粗く　　(裏面)

③ 指定の寸法まで糸を引いてギャザーを寄せます。糸を1つにまとめて引くと流れが揃ってきれいに出来ます。

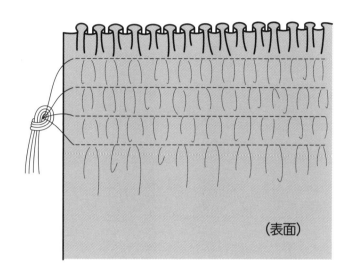

(表面)

④ ギャザーを寄せたら裏面からギャザーの布の出っぱっているところを半返し縫い（55ページ参照）をしてとめます。表面から、装飾的に配色の良い糸でとめても良いでしょう。

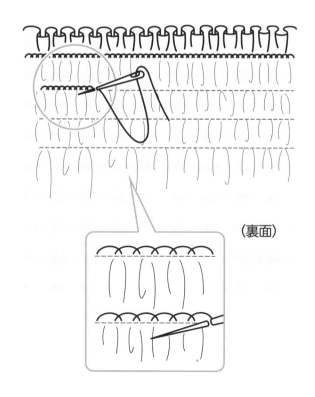

(裏面)

■ゴムテープを通す方法

この方法はゴムテープを通して作りますので、伸縮がききます。

① 当て布を裁断します。シャーリングをする幅に縫い代をつけて裁断します。当て布の幅は本体とのバランスやゴムテープの太さによって変わります。

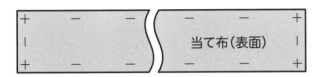

当て布（表面）

② 当て布の縫い代を、出来上がり線に沿ってアイロンで折ります。

出来上がり線に沿って折る（表面）

③ 本体の裏面のシャーリング位置に当て布を置き、ゴムテープを通す間隔にミシンをかけます。

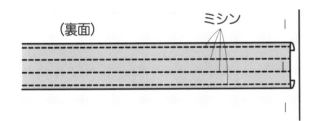

（裏面）　ミシン

④ それぞれにゴムテープを通します。

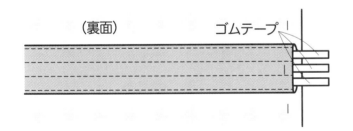

（裏面）　ゴムテープ

⑤ ゴムテープを均等に引っ張ってギャザーを寄せ、ゴムテープの端を縫い代にミシンで縫いとめます。

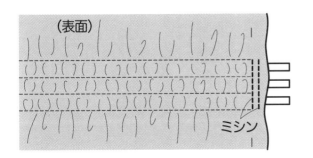

（表面）　ミシン

■市販のシャーリングテープを使う方法

この方法も伸縮がききます。シャーリングテープはテープ状になったゴムテープで、伸ばしながら布地に縫いつける事でシャーリングが簡単に出来ます。

シャーリングテープの拡大図

① テープと布地に合印をつけます。

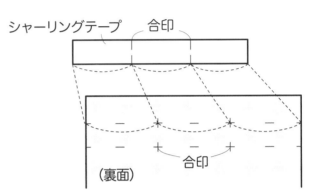

シャーリングテープ　合印

（裏面）　合印

② テープを布地の裏面に乗せ、合印を合わせてまち針でとめます。

③ テープを伸ばしながら、テープの両端をミシンで縫います。

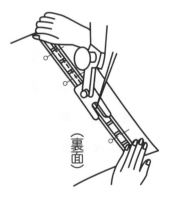

（裏面）

■シャーリングテープを何本かつける時

テープを何本か使う時は、テープとテープの間隔は少なくともテープ幅分はあけるようにします。

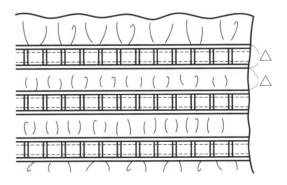

ボタンとボタンホール

■ボタンホールの大きさの決め方

ボタンホールはボタンの直径に厚み分をプラスした大きさにします。丸以外の形のボタンは一番長い所の寸法に厚みをプラスします。厚みのあるボタンはボタンの直径に厚み分の$\frac{1}{3}$をプラスし、ボタンホールの大きさにします。

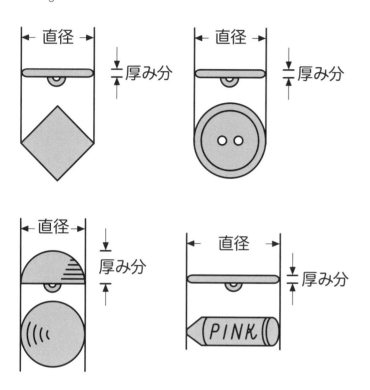

横穴の場合

ボタンつけ位置と結んだ線上に作ります。前中心より前端側へ0.2～0.3cm出した位置からボタンホールの寸法を取ります。

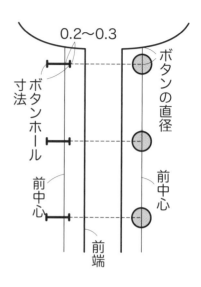

縦穴の場合

ボタンつけ位置と結んだ線に直角に作ります。ボタンをつける位置より0.2～0.3cm上に上がった位置からボタンホール寸法を計ります。

■ボタンホールの位置の決め方

ボタンホールには横穴と縦穴があります。横穴の場合が多いですが、デザインによっては縦穴にします。打ち合わせは女性物は右前、男性物は左前にしますが、男女兼用の場合は左前にします。上側の身頃にボタンホールを作ります。

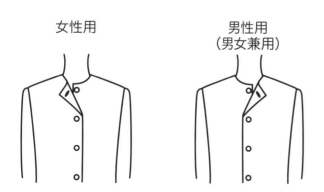

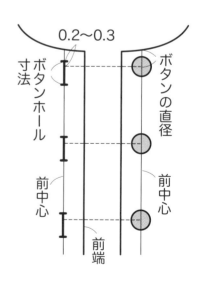

■ボタンのつけ方

糸足をつけるボタンのつけ方

ボタンと布地の間を渡っている糸のことを糸足といいます。ボタンを布地にピッタリとつけてしまうと、布の厚み分が不足して、ボタンがかけずらいので糸足をつけます。

① 裏面から針を入れるとボタンつけ位置がずれやすいので、表面から針を十字に入れて縫い、位置を決めます。

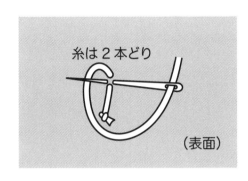

② ボタンの裏側から針を入れ、糸を渡して布地に針を刺して糸を引きますが、糸足分として布地の厚み分だけ糸をゆるませておきます。

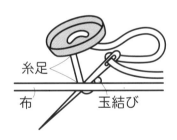

③ ②を3〜4回繰り返します。

④ ボタンと布地の間に渡っている糸に、上からすき間なく糸を巻いていきます。

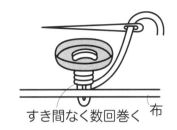

⑤ 糸を下まで巻き終わったら、糸でわを作り、そのわに針を通してしっかりととめます。

⑥ 針を裏面に出します。

⑦ 玉止めを作ったら、針を表面に出し、玉止めの玉を布に引き込むようにしっかりと引き、糸を切ります。

足つきボタンのつけ方

ボタンの裏面に糸を通す出っぱりのついたボタンを「足つきボタン」といいます。このままピッタリとつけても良さそうですが、動きがないとボタンをとめにくいので、少し糸足をつけます。

① 針は表面から入れ、糸が十字になるように縫い、位置を決めます。玉結びはしません。

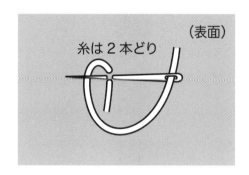

② ボタンの足に糸を通して、針を布地に刺して糸を引きますが、糸足分として少しだけ糸をゆるませておきます。

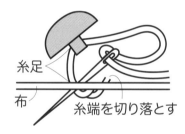

③ ②を2〜3回繰り返します。

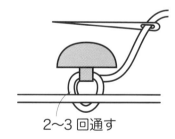

④ ボタンと布地の間に渡っている糸に2〜3回糸を巻きます。

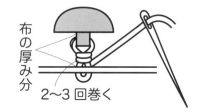

⑤ 糸でわを作り、そのわに針を通してしっかりととめます。

⑥ 針を裏面に出し玉止めを作ったら、針を表面に出し、玉止めの玉を布に引き込むようにしっかりと引き、糸を切ります。

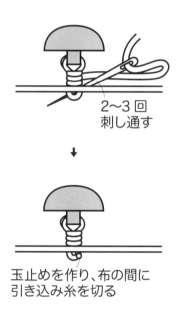

飾りボタンのつけ方

飾りボタンをつける時はボタンに糸足をつけません。糸足をつけるとボタンの重みで下がってしまいます。ボタンの穴への糸の渡し方は他のつけ方と同じです。

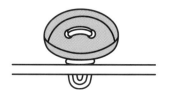

力ボタンをつける場合

厚い布地にボタンをつける場合、布地を傷めないように小さいボタン（力ボタン）を見返し側に一緒につけます。

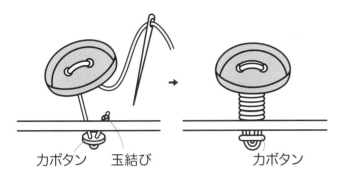

力ボタン　玉結び　　力ボタン

四つ穴ボタンの糸の渡し方

四つ穴ボタンには色々な糸の渡し方があります。一般的には、表布と同系色の糸で平行に2本糸が渡るようにしますが、色の違う糸で糸を渡してアクセントにしても良いでしょう。

くるみボタンの作り方

くるみボタンは市販のキットを使えば簡単に作る事が出来ますが、ここでは、キットを使わず、ボタンを布でくるむ作り方を紹介します。

① ボタンの直径の2倍の大きさの布地を用意し、0.2cm内側をぐるりとぐし縫いします。

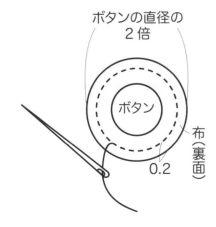

ボタンの直径の2倍

ボタン

布（裏面）

0.2

② 糸を引き締めて、ボタンの外回りから0.2cmくらい入った所から針を出します。

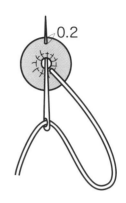

0.2

③ 図のような順序で裏面を糸で埋めていきます。

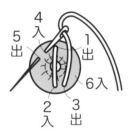

4入　1出
5出　6入
2入　3出

④ 糸をとめて出来上がりです。市販のボタンをつける時と同じように糸足をつけてつけます。

表側　　裏側

スナップのつけ方

スナップはボタンあきより簡単にとめはずしが出来るので子ども服などによく使います。重ねた時に上になる方(上前)にスナップの凸を、下になる方(下前)に凹をつけます。

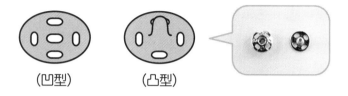

（凹型）　（凸型）

① 玉結びを作り、一針小針に縫います。ここをスナップの中心にします。

1針縫う
玉結び

② 1回ずつ糸のわに針をくぐらせて、とめます。1つの穴に3回ぐらい糸を通すようにします。

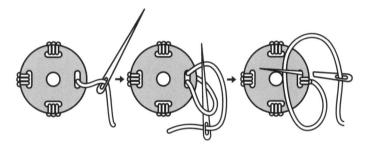

③ 全部の穴に糸がかかったら、玉止めをします。

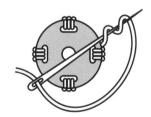

④ スナップの下を通して反対側に糸を出し、玉止めの玉をスナップの下に入れ、糸を切ります。凸も同じ方法でつけます。

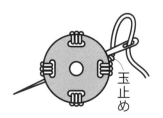

玉止め

スナップを布でくるむ場合

スナップの色を目立たせたくない時に用いられる方法です。薄地や透ける布地の時に使います。表布と同色の裏地等薄い布地でスナップをくるみます。

① スナップの2倍の大きさの布を用意し、0.2cm内側をぐるりとぐし縫いします。布の中心に目打ちで穴を開けます。

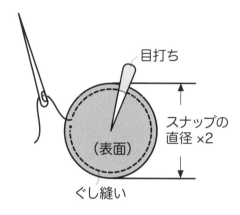

目打ち
スナップの
直径×2
（表面）
ぐし縫い

② 凸型の方は目打ちで開けた穴から凸部分を出し、凹型の方は穴をへこみに合わせます。

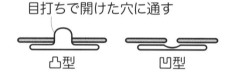

目打ちで開けた穴に通す
凸型　　凹型

③ ぐし縫いをした糸を引き締めてとめます。

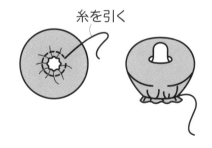

糸を引く

④ スナップをつける時は、布の厚み分だけ浮きやすくなるので、糸を強く引いて浮かないように気をつけます。

カギホックのつけ方

カギホックには金属板で出来た大きい物と針金で出来た小さい物(スプリングホック)の2種類あります。金属板で出来た物を「前かん」とも呼びます。重ねた時に上になる方にカギ形をつけ、下になる方にＩ形の受け金具をつけます。

■カギホックのつけ方

上前側　　　　　下前側

① ウエストベルト等にしっかりととめつけたいので、糸は2本どりにします。

糸は2本どり

② 1回1回糸のわに針を通します。

③ 糸を引き締めます。端から順序よく②③を繰り返します。

④ カギ形の方は表側まで針目が出ないようにし、Ｉ形の方は裏側まで糸を通して縫います。

表まで針目が出ないようにする　　裏まで通す

■スプリングホックのつけ方

上前側　　　　　下前側

スプリングホックもカギホックと同じようにつけます。穴の部分だけに糸を渡したのでは、安定が悪いので図のように、横に糸を渡して固定します。

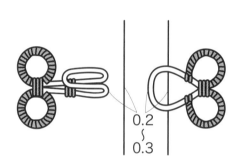

0.2
~
0.3

布地が薄い場合などは下になる方に糸ループを使う事もあります。糸ループの大きさはカギホックの幅に0.3cm位を加えた幅にします。(糸ループの作り方は59ページ参照)

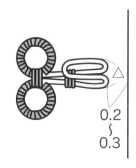

0.2
~
0.3

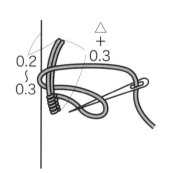

△
+
0.3

0.2
~
0.3

ボタンホールの作り方

糸は穴糸を使い、糸の長さはボタンホールの大きさの25～30倍くらいにします。

■片止め穴かがり

良く使われるボタンホールの作り方です。横穴の時に使います。

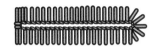

① ボタンホールの大きさにミシンで縫い、中心に切り込みを入れます。ほつれ易い布の場合は内側もミシンで縫い埋めます。

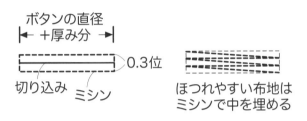

ボタンの直径
＋厚み分
0.3位
切り込み　ミシン
ほつれやすい布地はミシンで中を埋める

② ①のミシン目の上に図の順序に糸を渡します。これが芯糸になります。

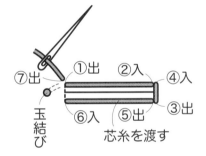

⑦出　①出　②入　④入
⑥入　⑤出　③出
玉結び
芯糸を渡す

③ 針を切り込みの下から入れて芯糸のきわに出し、糸のわを針先にかけて糸を引き締めて切り込みの位置に結び目が来るようにします。

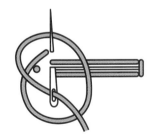

④ これを繰り返し、片方の角まで続けます。

結び目を起こしながらかがる

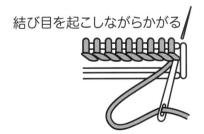

⑤ 角は3～4針で反対側の角に行くように放射状にかがります。

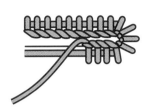

⑥ 反対側を③の要領で次の角までかがります。最後までかがり終わったら、最初のかがり目をすくい、最後の針目のきわに針を出して糸を引き締めます。

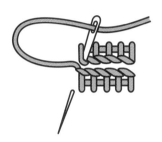

⑦ 穴かがりの幅に揃えて、縦に平行に2本糸を渡します。

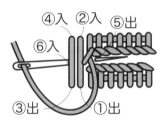

④入　②入　⑤出
⑥入
③出　①出

⑧ 次に横に2本糸を渡します。

⑨ 糸は裏面に出して、かがり目に通して1針返し縫いをして、糸を切ります。

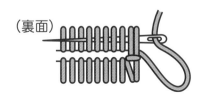

（裏面）

■両止め穴かがり

縦穴の時に用いられる方法です。両端にとめが入りますので丈夫になります。

① ボタンホールの大きさにミシンで縫い、中心に切り込みを入れます。ほつれ易い布の場合は内側もミシンで縫い埋めます。

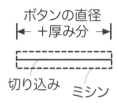

ボタンの直径
＋厚み分

切り込み　ミシン

② ①のミシン目の上に長い辺のみ表面から糸が見えるように糸を渡します。これが芯糸になります。

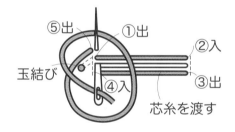

⑤出　①出
玉結び　②入
④入　③出
芯糸を渡す

③ 角までかがります。かがり方は98ページ③と同様です。

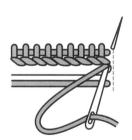

④ 角までかがったら、かがりの幅に揃えて縦に糸を2本渡します。

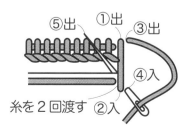

⑤出　①出　③出
④入
糸を2回渡す　②入

⑤ 次に横に2本糸を渡します。

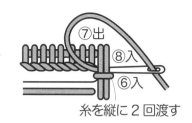

⑦出
⑧入
⑥入
糸を縦に2回渡す

⑥ 角のかがり目に表面から針を入れ、引き抜きます。

⑦ 針は横に渡っている糸の下をくぐらせます。

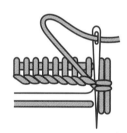

⑧ 糸を引き出し、反対側をかがります。

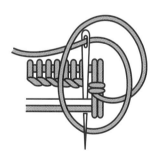

⑨ 最後までかがったら、とめをします。とめ方は98ページ⑧⑨と同様にします。

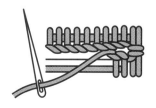

布地別の扱い方

キルティング地

■布地について
2枚の布地の間に綿（ポリエステル綿やドミット芯）をはさみ、ミシンで縫い合わせてある布地です。木綿から化繊で出来た物まであり、バッグからジャケット、コートの裏布としてまで用途は様々です。近年では直線にミシンをかけた物だけでなく、ハート形にミシン目で模様を描いた物もあります。

■デザイン上の注意点
あまり切り替え線の多いデザインは向きません。布の厚みにもよりますが、布地に張りがありますので直線的なデザインが合います。

■地直しの方法
布地が曲がっている場合はまっすぐにします。

■裁断する時の注意点
ミシン目が大きい場合は柄合わせの必要があります。布地に厚みがあり、弾力もありますので、よく切れる布切りばさみを使い、布地の厚みに対して直角にはさみの刃を当てるようにします。

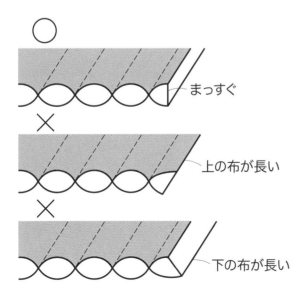
○ まっすぐ
× 上の布が長い
× 下の布が長い

■印つけの仕方
切りじつけをすると、布地の中に糸が入ってしまいますので、チョークやチョークペーパーを使って印をつけます。

■アイロンのかけ方
アイロンは布の厚みをつぶさないように、長時間1ヶ所に圧力を加えないようにします。

■縫い方のポイント
ミシン針は11番、ミシン糸はポリエステル糸60番を使います。特に厚手の布地の場合にはミシン針は14番、ミシン糸はポリエステル糸50番を使います。
縫い代の始末はロックミシンまたはジグザグミシンをかけます。縫い代がごろごろして気になる場合には縫い代部分の綿を抜きます。

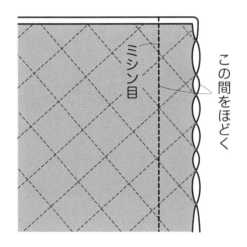
ミシン目
この間をほどく

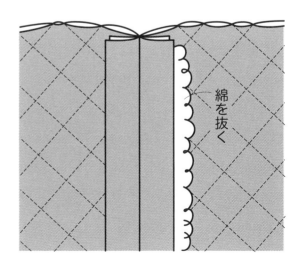
綿を抜く

フリース

■布地について
フリースは両面起毛の布地で、素材はポリエステルの物が多いです。保湿性、速乾性に優れていて肌触りがよく、軽くて温かい事からアウトドア向けの素材として人気があります。最近は様々なアイテムに用いられ、扱い易いので手作りの素材としても向いています。

■デザイン上の注意点
保温性に優れていますので、冬物に向いています。軽さもこの布地の持ち味ですので軽く仕上がるように裏布はつけず、芯もなるべく使いません。

■地直しの方法
布目が曲がっていたら、手で直しておく程度で構いません。水につけたり、スチームアイロンをかける必要はありません。

■裁断する時の注意点
起毛されていますが、特に毛足の流れがありませんので差し込んで裁断できますが、毛足が長い場合には一方方向に裁断します。布地の表と裏が分からなくなってしまった場合は色が濃く、毛並みが整っている方が表です。

■印つけの仕方
パウダータイプのチャコや水性チャコペンを使って、印をつけるのがスピーディで良いでしょう。しかし、布地に厚みがありますので2枚重ねて印をつけるのは困難です。1枚ずつしっかりと印つけをしましょう。

■アイロンのかけ方
ポリエステルの素材の温度でアイロンをかけます。また、あまり広範囲に圧力を加えますと、毛足がつぶれてしまうおそれがありますので、アイロンの先を使って縫い代を開くようにしましょう。

■芯地について
ほとんど使う事はありませんが、使う場合はストレッチ素材用の芯地を使います。

■縫い方のポイント
ミシン針は11番、ミシン糸はポリエステル糸60番を使います。特に厚手の布地の場合にはミシン針は14番、ミシン糸はポリエステル糸50番を使います。伸縮性が強い場合にはニット用針11番、ニット用ミシン糸50番を使います。
布端がほつれないのでロックミシンまたはジグザグミシンをかけて縫い代の始末をする必要はありませんが、縫い代端を縁どり始末すると一段ときれいに仕上がります。
縫い代が重なると縫い目の落ち着きが悪くきれいに仕上がりませんので、衿は1枚仕立てにすると良いでしょう。衿の端は縁どりや飾りミシンで始末をします。同様に見返しもあまりつけませんがつける場合は同様の始末をすると良いでしょう。ボタンホールは補強の布地をつけてから作ります。

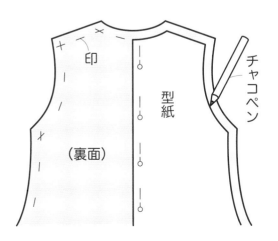

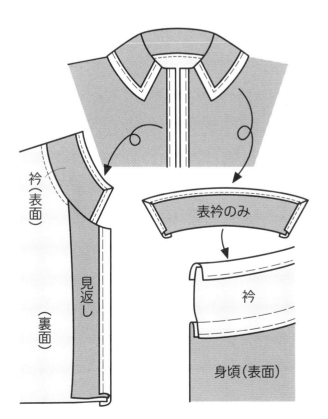

ベルベット

■布地について

ベルベットは深みのある光沢と優雅な美しさが持ち味の布地です。フォーマルなワンピースやスーツなどに用いられています。昔はベルベットと言えば絹素材の物だけでしたが、近年は絹だけでなく、レーヨンやポリエステル素材、絹との混紡素材など様々です。加工して模様をつけた型押しベルベットなどもあります。別珍やコーデュロイも素材は違いますが同じ扱いをします。

■デザイン上の注意点

扱いの面倒な点は縫っている時に布地がずれ易い事、縫い目がつれ易く縫い目線上にしわが寄ったようになってしまう事、1度つぶれてしまった毛足は元に戻らないので、縫い直しが出来ない事。それに伴い、アイロンがけにも注意が必要です。しかし、ベルベットの中にも比較的縫い易いものもあります。このような特徴から、布地を選ぶ時には、お店の方に相談して縫い易い布地を選ぶようにします。切り替え線は最小限にしてベルベットの陰影を生かすデザインを考えましょう。あきはボタンあきはなるべく避けて、ループあきやコンシールファスナーあきにします。ポケットも切り替え線や脇の縫い目線を利用して作る方が作り易いです。

■地直しの方法

布地を購入したら、折り目をつけないようにします。裁断するまでの間は折り目がつかないように適当な幅にたたみ、片方の耳に3～4カ所糸を通し、糸を結んで輪を作り、吊るしておきます。しわが無ければ地直しの必要はありませんが、しわがある場合は裏面からスチームアイロンを浮かせて蒸気を軽くかけます。

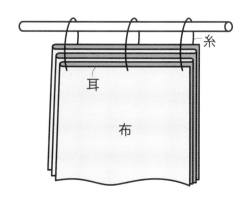

■裁断する時の注意点

毛並みのある布地なので一方方向に裁断します。普通は布地の色が濃く見える逆毛で裁断します。逆毛に裁断するという事は、着用した時に毛並みが下から上に流れるという事です。その逆をなで毛と言います。重ねて裁断するとずれてしまうので、1枚ずつ裁断します。

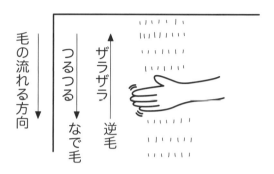

■印つけの仕方

印はチョークで 布地の裏面に毛足をつぶさないようにつけます。チョークでは印が消えてしまって不鮮明な場合は、1枚ずつ裏面から土台の布だけをすくうように、縫いじつけをします。

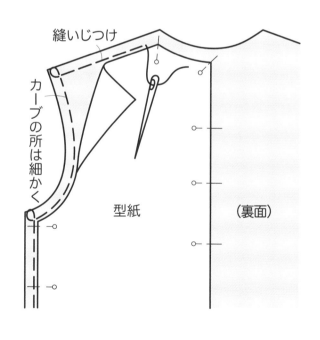

■縫い方のポイント

布地の表面どうしを合わせてまち針でとめます。布地が
ずれないように縫い合わせる印の所を指先で押して布地
の毛足をかみ合わせてからしつけをします。しつけ糸は
ぞべ糸か絹ミシン糸を使い、3目に1度の割合で返し縫
いをします。また、針の跡が残りますので、しつけの位
置は出来上がりの印より0.2cm位縫い代側にします。

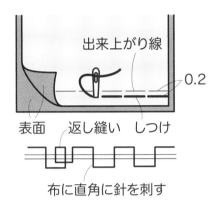

ミシン針は9番または11番、糸は絹ミシン糸の50番を
使います。ミシン目はやや大きめに（3cmに10針ぐら
い）にします。ミシンの抑え金の調節ができる機種の場
合は圧力を弱くし、糸調子も上下共にゆるくします。布
の下にハトロン紙を敷き、布地を引っ張りながら、なで
毛の方向にミシンで縫います。縫い終わったら、ハトロ
ン紙を取ります。一度に縫える部分は途中でとめずに、
一気に縫います。

また、ベルベット専用の縫いずれ防止のアタッチメント
を利用するとより縫い易くなります。裏布をつけない場
合は縫い代にロックミシンまたはジグザグミシンをかけ
て始末します。

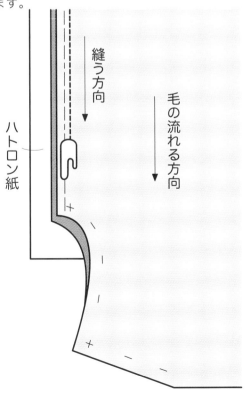

■アイロンのかけ方

アイロンがけで最も大切な事は毛足をつぶさない事で
す。専用のアイロンがけ用具のピンボード（細い針が出
ている板状の物）を用意しましょう。縫い代を開く時は
ピンボードか共布を敷き、その上に布地を裏面を上にし
て置きます。裏面から縫い目のみに水分を与え、アイロ
ンの先を使ってかけます。縫い代の当たりが出ないよう
に縫い代の間に厚紙を挟んで、アイロンをかけます。そ
の他の所は裏面からスチームアイロンを浮かせぎみにし
てかけます。アイロンの温度は土台になっている布地の
温度に合わせます。

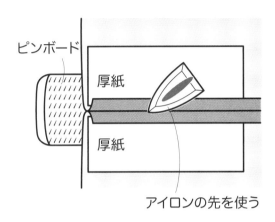

ニット地

■布地について

この布地の特徴はなんと言っても伸縮性がある事です。Tシャツなどに用いるスウェットや天竺ニット、上着の袖口、裾などに用いるリブニット、ジャージー、スムースなどがあり、素材も綿100％の物から混紡の物まで様々です。布地の厚さも薄手の物から厚手の物まであり、布幅も平編みの比較的幅の広い物もあれば、輪編みの物もありますので、布幅に合わせて必要寸法を見積もります。伸縮の仕方も色々で作りたいデザインによってはロックミシンでないと作れない物もあります。

平編み

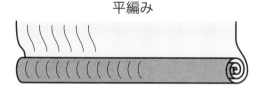

輪編み

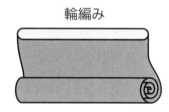

■デザイン上の注意点

目のつまった伸縮性の少ない物の場合は普通の布地と同じ考え方で良いでしょう。伸縮性のある布地を家庭用ミシンで作る場合は体にぴったりフィットとしたデザインは避けましょう。伸縮性のあるニット用の糸を使っても、伸縮率が高いと布の伸びに糸の伸びが追いつかず、糸が切れてしまうからです。体にフィットしたデザインで作りたい場合やあきのないTシャツのような物を作りたい場合は、3本糸または4本糸のロックミシンを使うと簡単にきれいに作る事が出来ます。

■印つけの仕方

伸縮性があり布目が動き易いので型紙には合い印を入れておき、布地にもしっかりと印をつけます。チョークやチャコペンを使います。縫い代に0.2～0.3cmの深さで切り込みを入れて合印としても良いです。

■地直しの方法

一般的に平編みの物と輪編みの物があり、地直しは必要としませんが、編み目が伸びている事があるので一日平らな所に広げて置いて伸びている分を自然に元に戻します。

平らに置く

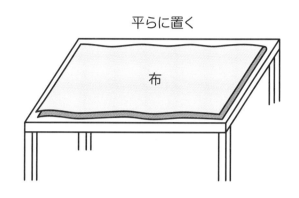

布

■裁断する時の注意点

糸端を引っ張ってみて、ほつれにくい方を裾側にして、一方方向に裁断します。布目が動き易いので、布全体を広げられる平らな所で布を広げ、伸ばしたり引っ張ったりしないように静かに型紙を乗せて裁断します。特に布端が丸まり易い布地は、ロータリーカッターとカッターボードを使うと裁断し易くなります。

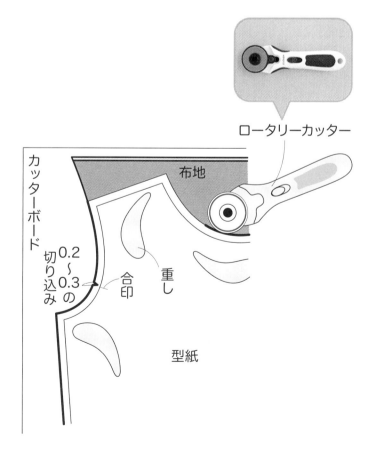

ロータリーカッター

カッターボード

布地

0.2～0.3の切り込み

合印

重し

型紙

■芯地と裏布の選び方

表布が伸縮しますので、芯地、裏布とも伸縮性のある物を選びます。芯地は見返しやカフスなど表布が伸縮するのをとめたい所に使用します。肩線には伸び止めテープを使って形崩れを防ぎます。

■アイロンのかけ方

アイロンの温度はかける素材の温度に合わせ、押さえるようにかけます。アイロンを滑らせると布地が伸びてしまいますので注意しましょう。直接アイロンをかけると光ってしまいますので必ず当て布をします。

■縫い方のポイント

家庭用ミシンで作る場合

ゆるみが多く、体にフィットしていないジャケットやベストなどの羽織り物は、家庭用ミシンで縫う事も出来ます。伸縮する布地なので糸はニット用糸50番を使用します。ミシン針は薄地にはニット用針9番・厚地にはニット用針11番を使います。針先が痛んでいると布地を傷め易いので注意しましょう。また、ニット用の針は普通のミシン針と区別しずらいので、きちんと区別して保管するようにしましょう。

糸調子は上下ともにゆるめにします。押さえ金は滑りの良いテフロン押さえを使用すると良いでしょう。また、押さえ金の圧力を調節できる機種の場合は圧力を弱くします。縫う速度を一定に保ち、縫い糸に余裕を持たせるため布を軽く引っ張りながら普通の針目（3cmに15針ぐらい）で縫います。

肩線や袖ぐりなど伸ばしたくない所の縫い方

① 接着テープの中心が肩線になるように貼ります。
② 表面どうしを合わせて身頃の肩線を縫います。

テープ
ミシン
テープ
テープの中心に印がくるように貼り、ミシンで縫う
（裏面）

縫い代の始末

ほつれにくい布地であれば必要ありませんが、ロックミシンまたはジグザグミシンをかけても構いません。薄地の場合は2枚一緒に縫い代の始末をします。

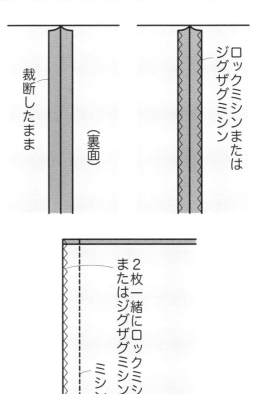

裁断したまま
（裏面）
ロックミシンまたはジグザグミシン
2枚一緒にロックミシンまたはジグザグミシン
ミシン

裾の始末

裁ち端にロックミシンまたはジグザグミシンをかけてから、奥をゆるくまつるかミシンで縫って始末をします。

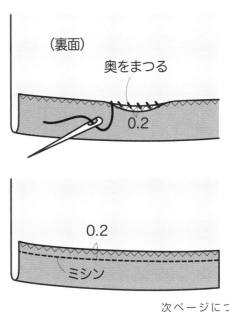

（裏面）
奥をまつる
0.2
0.2
ミシン

次ページにつづく▶

ロックミシンで作る場合

布端の裁ち目かがりをしながら地縫いが出来る3本糸、4本糸のロックミシンを使います。

＜まち針のかわりにクリップを＞
ロックミシンをかける時はまち針のかわりに洋裁用クリップ（洗濯バサミでも代用可）を使います。ロックミシンは布地をカットしながら縫うので、まち針を取り忘れて縫ってしまうと布地をカットするメスを傷め、故障の原因になります。

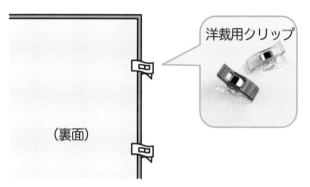

洋裁用クリップ

（裏面）

縫い方の基礎

＜縫い始め＞
① 押さえ金を下ろし、空縫いをします。
　 空縫いをして出来た縫い目を空環といいます。

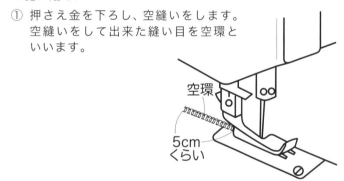

空環

5cm
くらい

② 下ろしたままの押さえ金の前を指で持ち上げ、押さえ金の下に布地をはさみ、縫います。

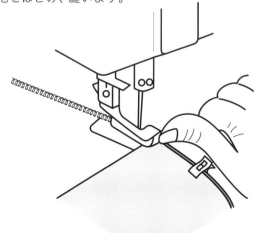

＜縫い終わり＞
布地を縫い終わったらそのまま空縫いをして、空環を10cm位作り、半分くらい残して切ります。

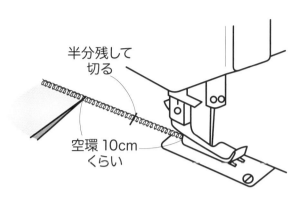

半分残して
切る

空環 10cm
くらい

＜糸端（空環）の始末＞
空環を針穴の大きい刺しゅう針などに通し、縫い目の中を2〜3cm通し、針を表に出し空環を切ります。

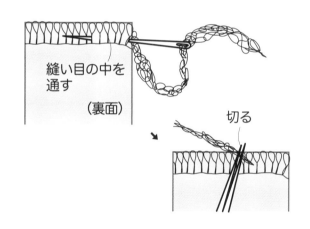

縫い目の中を
通す

（裏面）

切る

ロックミシン

3本糸、4本糸のロックミシンは布端の裁ち目かがりをしながら地縫いが出来るとても便利なミシンです。体にフィットしたデザインやあきのないTシャツのような物などほとんどの物は縫う事が出来ます。一方、2本糸のロックミシンは裁ち目かがりのみをするミシンで、地縫いは出来ません。

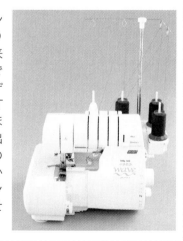

ツーフェイス

■布地について
ツーフェイスはそれぞれを表面に出来る布地です。織りや色柄の違った2枚の布、または同じ布2枚が糸でとじ合わされたり、接着剤で貼り合わされて、1枚の布地になっています。だいたいはがして2枚の布地に分けられますが、物によっては出来ない物もありますので購入時に確かめて下さい。

■デザイン上の注意点
2枚の布地の両方を効果的に生かすデザインを考えます。両側を表面として着られるように作るのか、または片方だけを表面として着られるようにするのかを決めます。それによって縫い方が違ってきます。両側を表面として着られるように仕立てる事を「リバーシブル仕立て」といいます。

■地直しの方法
当て布をしてスチームアイロンを軽くかけ、布目を正しくします。

■裁断する時の注意点
仕立て方によって縫い代の幅が変わってきますので、どのような仕立て方をするのか決めてから裁断します。

■印つけの仕方
切りじつけでは2枚にはがした時に糸が抜けてしまうので、表面と決めた方に1枚ずつ型紙を置き、表面の布地だけをすくって、縫いじつけ(42ページ参照)をします。糸はミシン糸またはスパン手縫い糸を使います。

■縫い方のポイント
ツーフェイスの布は、布をはがしながら作っていく独特な作り方をします。縫い代の始末の方法ではがす場所や寸法も違ってきます。はがし過ぎると仕上がった後、はがした所が浮き上がって美しくありませんので必要以上にはがさないようにしましょう。片方しか着ない場合は、裏なしの普通の縫い方で仕立てて縫い代の始末をきれいにすると良いでしょう。

布のはがし方

① はがす前に、出来上がり線より内側に縫い代幅に0.5cm(布の厚み分)を加えた寸法を測り、粗いミシン目で縫います。このミシン目は出来上がったら取り除きます。

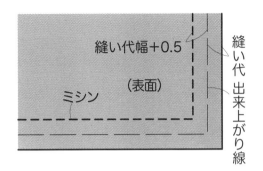

② 縦地をはがす場合は、2枚の布をとじ合わせている糸をミシン目の位置まで手で1〜2本ずつ引き抜きます。接着剤でついている場合もミシン目までゆっくりと、少しずつはがします。

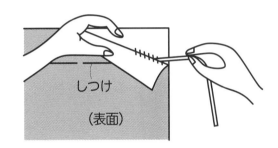

③ 横地をはがす時は小さなはさみを使って、とじ合わせている糸をミシン目の位置まで切ります。布地まで切らないようにする事と布地を伸ばさないように、無理をせず丁寧にゆっくりと間の糸を切りましょう。布についている糸は取り除きます。接着剤でついている場合もミシン目までゆっくりと少しずつはがします。

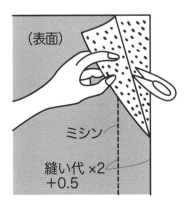

次ページにつづく▶

リバーシブル仕立てに用いる縫い方

割り仕立て

① 出来上がり線より内側に縫い代の幅に0.5cm（布の厚み分）を加えた寸法を測り、粗いミシン目で縫います。

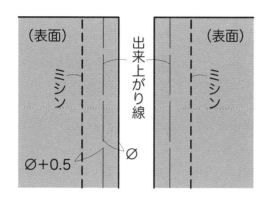

② ミシン目の位置まで布地をはがします。

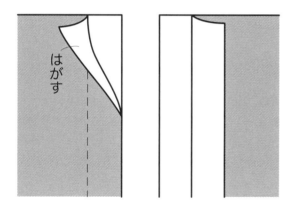

③ 1枚の布地の片方をA面、もう片方をB面とします。A面の表面どうしを合わせて、B面をよけて、ミシンで縫います。

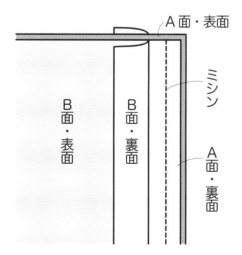

④ 縫い代を開きます。アイロンをかけて、縫い代が浮かないようにします。

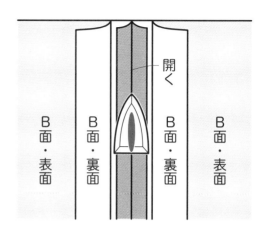

⑤ B面のはがした布を内側に折ります。左右のB面布の折り山がA面の縫い目線上にくるように折り、アイロンでしっかりと折り目をつけます。

⑥ 折り山を細かく渡しまつり（58ページ参照）で縫い合わせます。その後、①のミシン目を取ります。

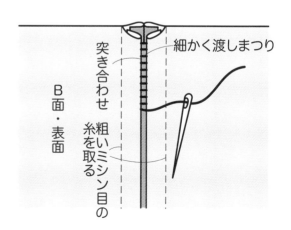

折り伏せ仕立て

① 図のように縫い代をくるむ側の縫い代幅を広くして布地を裁ち、A面どうしを合わせてミシンで縫います。

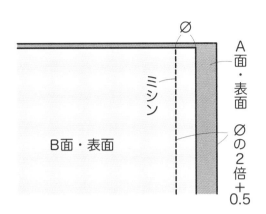

② 縫い代をアイロンで開きます。

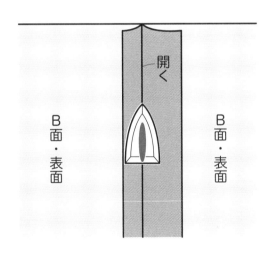

③ 幅の広い方の縫い代のみ部分的に布地をはがします。

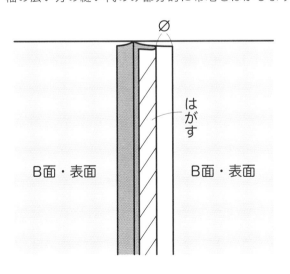

④ ③ではがした部分の縫い代のみを切り取ります。

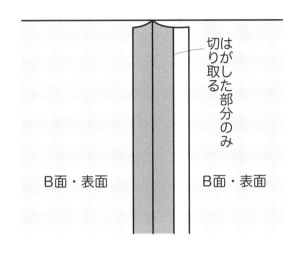

⑤ A面側からアイロンをかけて、縫い代を片方に折ります。

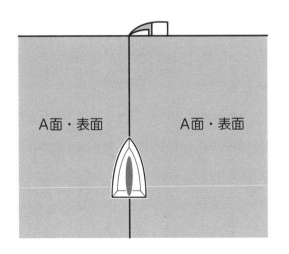

⑥ B面に返して広い縫い代で他の縫い代をくるみ、縫い代幅を整えてミシンで縫います。

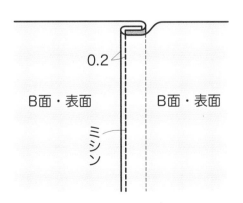

合成皮革

■布地について

皮のように見える本皮以外の物を指します。土台の布に特殊な加工をして皮のように見せています。天然皮革に対して、軽くて色むらがないのが利点ですが、通気性はありません。また、合成皮革ではありませんがビニールコーティングされた布も同じ扱い方をします。

■デザイン上の注意点

合成皮革は柔軟性に欠けますので、ドレープなどの柔らかさを表現するデザインには向きません。

■地直しの方法

地直しの必要はありません。しわが目立つ所のみ、裏面から当て布をしてドライアイロンをかけます。

■裁断する時の注意点

針の穴の跡が残ってしまいますので、シーチングで仮縫いを行い、補正をして完全な型紙にしてから裁断します。布端がほつれる心配がないので、縫い代は最小限の幅にして一枚ずつ裁断します。

■印つけの仕方

一枚ずつチョークかサインペンで印をつけます。ルレットやヘラで印をつけると跡が残ってしまうので、絶対してはいけません。

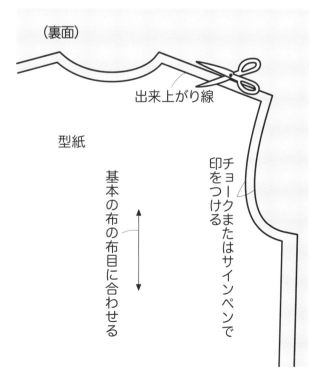

■縫い方のポイント

この布地は針の穴が残ってしまうため、縫い直しが出来ません。慎重に縫いましょう。糸はポリエステル60番あるいは絹ミシン糸50番を使用します。ミシン針は14番あるいは皮革専用の針を使います。ミシン目は普通の布地より大きめにし、縫い始めと縫い終わりは返し縫いをしないで、糸を引き出し結びます。押さえ金はテフロン加工してある押さえ金を使い、ハトロン紙を敷いて縫うと縫い易くなります。縫う方向に少し引っ張って縫うと良いでしょう。「上送り押さえ」というミシンアタッチメントを使うと縫い易くなります。しつけも出来ませんのでセロハンテープでとめて、しつけのかわりにします。洋裁用クリップも便利で使い易いです。

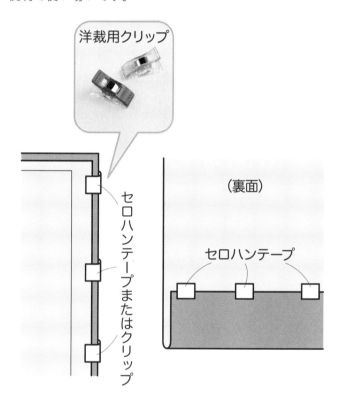

■アイロンのかけ方

アイロンの温度は基本の布と塗布されている素材によって変わりますので、その温度に合わせてかけて下さい。多くは低温でドライアイロンが向いています。低温のドライアイロンもかけられないようなら、縫い代を指で開き、木づちで叩いて平らにします。縫い代が戻らないようにゴムのりや両面接着テープで貼ります。

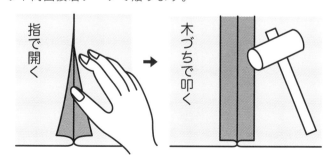

フェイクファー

■布地について
天然の毛皮以外を全てこのように呼びます。縫いぐるみなどに使うボアもこの仲間に入ります。土台が布地で出来ているので扱い易く、毛皮に比べて安価なため気軽に使用できます。毛皮に似せた物の他、天然では出せない色のものなど、フェイクファーならではの楽しみ方があります。

■デザイン上の注意点
毛足の持ち味を大切にしたいので、切り替え線の多いデザインは向きません。ボリュームが出ますので、丈等を決める時は毛足の長さも考慮します。

■地直しの方法
地直しの必要はありません。上から重さをかけると毛足がつぶれてしまいますので、保管には注意しましょう。

■裁断する時の注意点
毛並みの方向を確認して一方方向に裁断します。一般的になで毛(着た時に毛が上から下へ流れる方向)に裁断します。型紙は左右全てを用意し、1枚ずつ裁断します。毛足を切らないように注意しながら、裏面からカッターで土台の布だけを裁断します。カッターを持った手で布地を押さえ、反対の手で布地を引っ張るようにして刃を当てて上台の布地を切ると切り易くなります。

■印つけの仕方
基本の布地に鉛筆またはチョークで印をつけます。

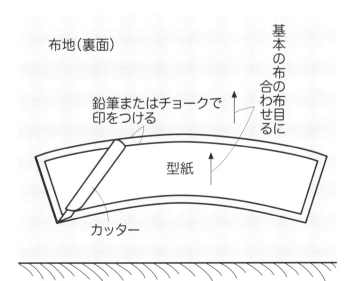

布地(裏面)

鉛筆またはチョークで印をつける

型紙

カッター

基本の布の布目に合わせる

■アイロンのかけ方
アイロンはかけられませんので、指で開くようにします。

■芯地について
ほとんど使う場合はありませんが使う場合はストレッチ素材用の芯地を使います。

■縫い方のポイント
土台の布地によって変わりますが、糸はポリエステル糸60番を使い、ミシン針は本物に近いフェイクファーの場合は皮革専用の物を、そうでない場合は11番のミシン針を使います。
目打ちで毛を中に入れ込むようにして、ミシンで縫います。布がずれ易いので必ずしつけをします。更に、まち針でとめるとずれにくくなります。ミシンは毛足の流れと同じ方向にかけると縫い易いです。

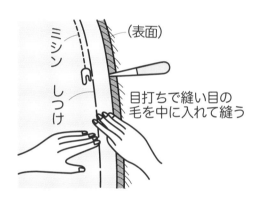

(表面)

ミシン

しつけ

目打ちで縫い目の毛を中に入れて縫う

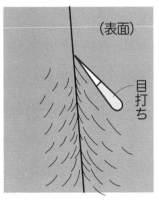

(表面)

目打ち

縫い終わったら表側から一緒に縫ってしまった毛を目打ちか毛皮ブラシを使って引き出します。

縫い目が厚くなってしまう場合は縫い代の毛を切ります。

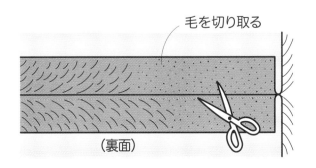

毛を切り取る

(裏面)

透ける素材

■布地について
ジョーゲットやシフォンのように柔らかくて透ける布地と、オーガンジーやチュールのように張りがあって透ける物とがあります。いずれも絹であったり、化学繊維であったりと素材は様々です。フォーマルウエアだけでなく、街着にも様々なシーンの洋服に使われています。

■デザイン上の注意点
軽い感じと透け感を生かしたデザインを考えましょう。アンダードレスと組ませて透け感を楽しみましょう。

■地直しの方法
布目が曲がっていれば、軽く手で引っ張って布目を正す程度で構いません。

■裁断する時の注意点
ハトロン紙を広げた布地に見立て、布目を揃えて型紙を配置して写します。布目を合わせてハトロン紙の上に表布を置き、まち針でとめます。裁断する時はハトロン紙と一緒に切り取ります。

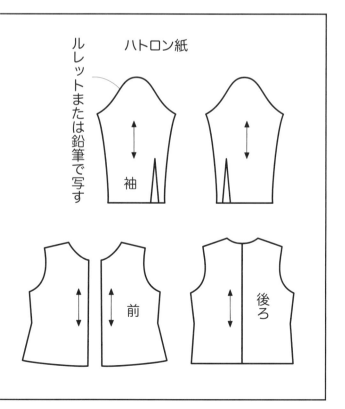

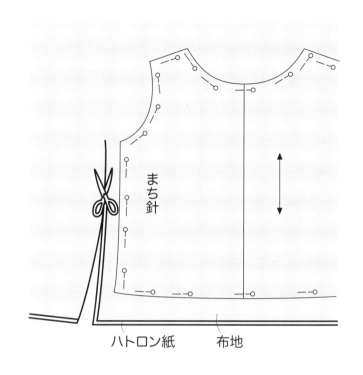

■印つけの仕方
ハトロン紙にとめた状態で、縫いじつけ（42ページ参照）で印をつけます。縫い終わったらハトロン紙を取り除きます。

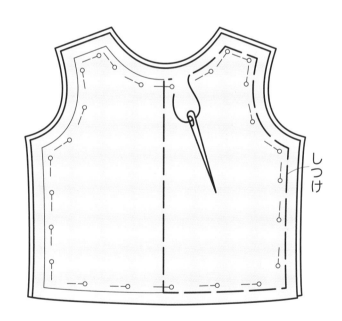

■縫い方のポイント
ミシン糸はポリエステル糸90番を使い、ミシン針は9番を使います。ミシンの糸調子はゆるめにして、ミシン目は細かくします。ミシンで縫う時は必ずハトロン紙を敷いて一緒に縫います。縫い終わったら紙は取り除きます。縫い代が透けて見えるのできれいに縫い代の始末をするのが重要です。

袋縫いで始末

① 縫い代を0.7〜0.9cmに切り揃えます。

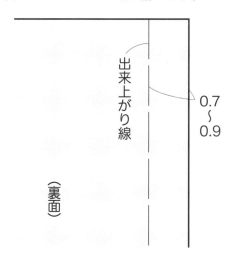

② 裏面どうしを合わせて、出来上がり線より0.4〜0.5cm縫い代側をミシンで縫います。

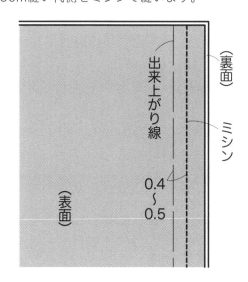

③ 表面どうしを合わせて折り、出来上がり線をミシンで縫います。

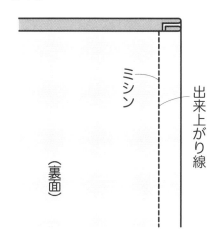

縫い代をくるんで始末

① 一方の縫い代の幅を0.4〜0.5cmに、もう一方を1.2〜1.5cmにします。

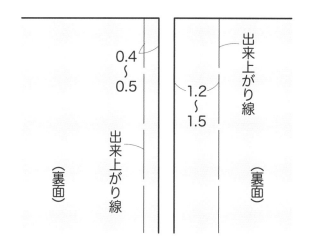

② 表面どうしを合わせて、出来上がり線をミシンで縫います。

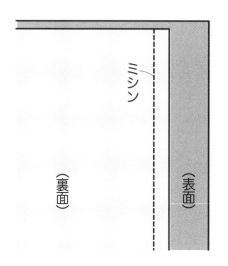

③ 幅の広い方の縫い代を折り、ミシン目のきわにまつります。

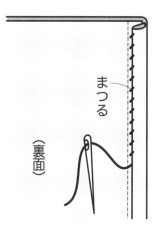

次ページにつづく▶

▶透ける素材（つづき）

別布でくるんで始末

① 縫い代幅の6倍のバイアステープを用意し、裏面どうしを合わせて二つに折ります。縫い代の幅は0.5cm位にします。

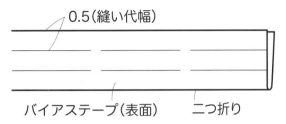

0.5（縫い代幅）
バイアステープ（表面）　　二つ折り

② 表面どうしを合わせてミシンで縫う時に、一緒にバイアステープを縫います。

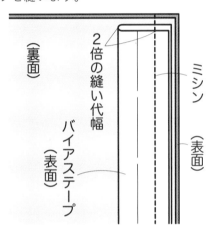

（裏面）
2倍の縫い代幅
バイアステープ（表面）
ミシン
（表面）

③ 布の端をくるむようにバイアステープを折り、ミシン目のきわにまつります。

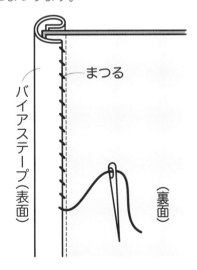

まつる
バイアステープ（表面）
（裏面）

■アイロンのかけ方

素材に合わせて、アイロンの温度を調節します。当て布をして、アイロンを滑らせないように押さえるようにかけます。

ロックミシンまたはジグザグミシンをかけて始末

① 表面どうしを合わせて、出来上がり線をミシンで縫います。

② 縫い代の端に2枚一緒にロックミシンまたはジグザグシンをかけます。縫い代の幅は0.4〜0.5cmにします。

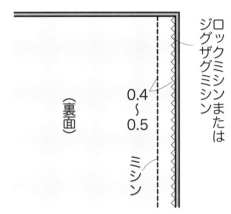

（裏面）
0.4〜0.5
ジグザグミシンまたはロックミシン
ミシン

■芯地と裏布の選び方

透ける事を考えて、芯地も同色のオーガンジーや共布を使います。

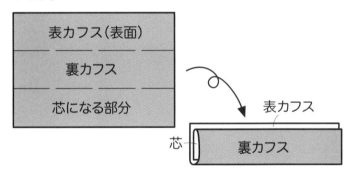

表カフス（表面）
裏カフス
芯になる部分
表カフス
芯
裏カフス

裏布は透けさせたくない部分につけます。表布より濃いめの同系色の裏布を使うのが一般的ですが、表布と重ねてみて好みで選びましょう。普通は裏布の縫い代は着用した時に身体につかないように始末しますが、透ける布地の場合は縫い代が透けるのを避けるため身体側にします。脱ぎ着する時に縫い代が体にふれるので丁寧に始末します。

バイアステープでくるむ
裏布（裏面）

部分縫い編

洋服作りによく出てくる縫い方を一つずつ詳しく解説します。各部分の名称と基礎知識も掲載しましたので参考にして下さい。

各部分の名称

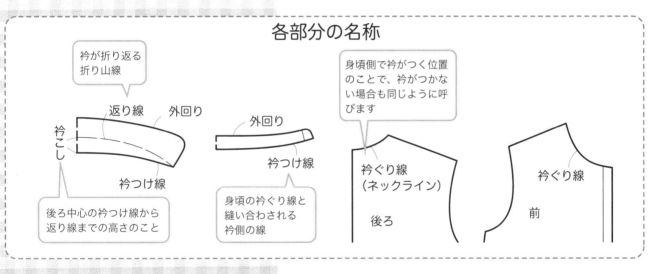

衍が折り返る折り山線

返り線　外回り

衍こし

衍つけ線

後ろ中心の衍つけ線から返り線までの高さのこと

外回り

衍つけ線

身頃の衍ぐり線と縫い合わされる衍側の線

身頃側で衍がつく位置のことで、衍がつかない場合も同じように呼びます

衍ぐり線（ネックライン）

後ろ

衍ぐり線

前

縫い方の見方

色について

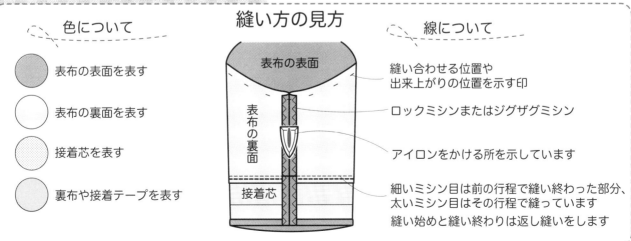

表布の表面を表す

表布の裏面を表す

接着芯を表す

裏布や接着テープを表す

表布の表面

表布の裏面

接着芯

線について

縫い合わせる位置や出来上がりの位置を示す印

ロックミシンまたはジグザグミシン

アイロンをかける所を示しています

細いミシン目は前の行程で縫い終わった部分、太いミシン目はその行程で縫っています
縫い始めと縫い終わりは返し縫いをします

衿ぐりと衿の作り方

衿なし・袖なしA（見返しで始末）

衿ぐり見返し、袖ぐり見返しを使って、衿ぐり、袖ぐりの始末をする方法です。バイアステープよりもしっかりと仕上がります。肩の幅が狭いと見返しが重なってしまうので見返しの幅に注意しましょう。

1 身頃を裁断する

衿ぐり、袖ぐりには1cmの縫い代をつけて裁断します。

前（表面）

2 見返しを裁断し、縫う

2-① 見返しは肩線に縫い目を入れると厚くなってしまうので、肩線で突き合わせにして、見返しを裁断します。

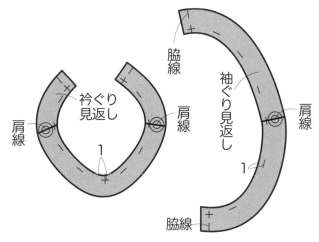

衿ぐり見返し　肩線　脇線　袖ぐり見返し　肩線　脇線

2-② 見返し裏面にアイロンで接着芯を貼ります。

2-③ 裁ち端にロックミシンまたはジグザグミシンをかけて始末します。

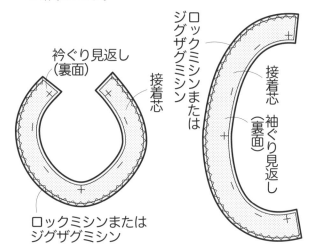

衿ぐり見返し（裏面）　接着芯　ロックミシンまたはジグザグミシン　接着芯　袖ぐり見返し（裏面）　ロックミシンまたはジグザグミシン

3 身頃の肩線を縫う

3-① 前身頃と後ろ身頃の表面どうしを合わせて、肩線を縫います。

3-② アイロンで縫い代を開きます。

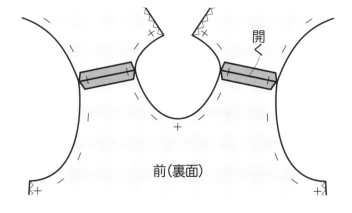

開く　前（裏面）

※ミシン縫いの縫い始めと縫い終わりは、返し縫いをします。

4 身頃と見返しを縫う

4-① 袖ぐり見返し、衿ぐり見返しと身頃の表面どうしを
それぞれで合わせ、ミシンで縫います。

4-② カーブの所の縫い代に切り込みを入れます。

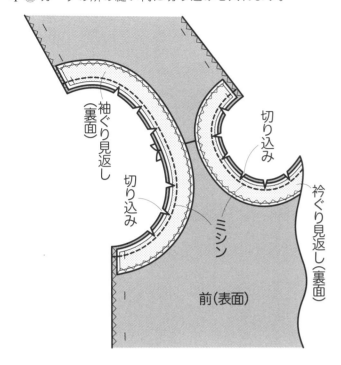

5 見返しを身頃の裏面にひっくり返す

5-① 4-①のミシン目にアイロンをかけます。

5-② 縫い代をアイロンで開きます。

5-③ 見返しを身頃の裏側に返します。見返しは表から
見えないように0.1〜0.2cm控えて整えます。

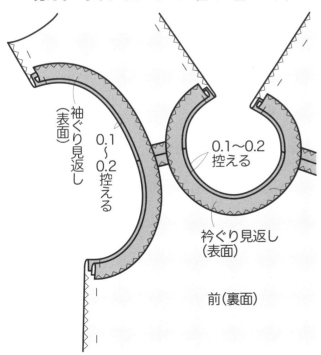

6 脇線を縫う

6-① 前身頃と後ろ身頃の表面どうしを合わせ、見返しま
で続けて脇線をミシンで縫います。このとき、袖ぐ
りの縫い代は見返し側に片返しにします。

6-② 脇線の縫い代はアイロンで開きます。

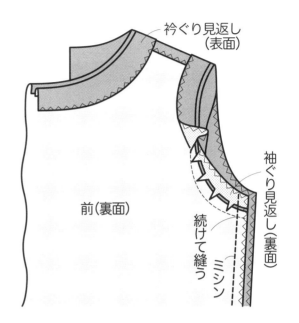

7 ミシンをかけ、見返しをまつりとめる

7-① 衿ぐり、袖ぐりのまわりをミシンで縫い、見返しを
身頃にとめます。

7-② 肩線の縫い代と脇線の縫い代に見返しを軽くまつ
ります。

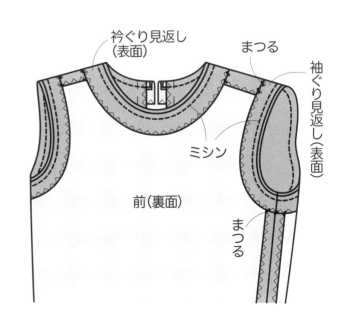

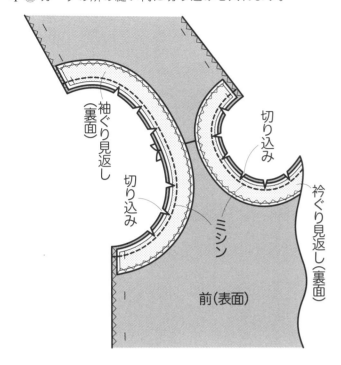袖ぐり見返し（裏面）　切り込み　切り込み　ミシン　切り込み　衿ぐり見返し（裏面）　前（表面）

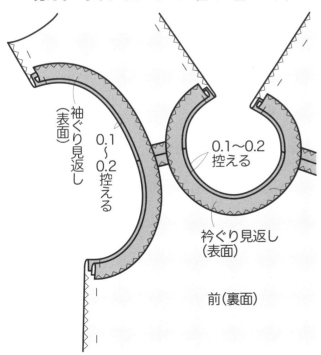袖ぐり見返し（表面）　0.1〜0.2控える　0.1〜0.2控える　衿ぐり見返し（表面）　前（裏面）

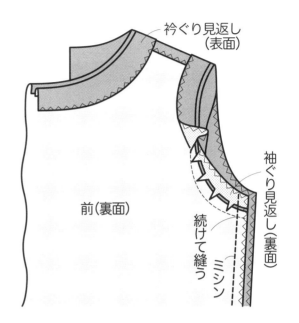衿ぐり見返し（表面）　前（裏面）　袖ぐり見返し（裏面）　続けて縫う　ミシン

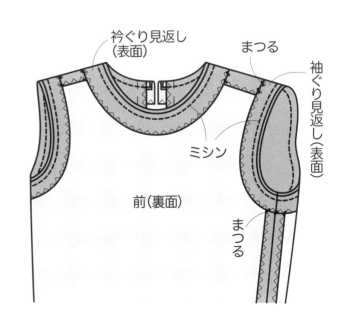衿ぐり見返し（表面）　まつる　袖ぐり見返し（表面）　ミシン　前（裏面）　まつる

（右側縦書き）部分縫い編　衿ぐりと衿の作り方　●衿なし・袖なしA（見返しで始末）

117

衿なし・袖なしB（バイアステープで始末）

衿ぐり、袖ぐりをバイアステープを使って始末する方法です。バイアステープは共布でも市販の物でも構いません。薄手の布地に適しており、軽い仕上がりになります。

1 バイアステープを作る

バイアステープにアイロンでカーブをつけます。あまり強く引っ張って、バイアステープを細くしないように注意しましょう。

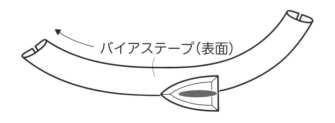

バイアステープ（表面）

2 身頃を裁断する

衿ぐり、袖ぐりには0.5cmの縫い代をつけて身頃を裁断します。裁断時に布を伸ばさないように注意しましょう。

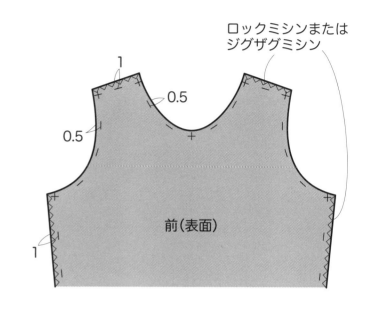

ロックミシンまたはジグザグミシン

1

0.5

0.5

前（表面）

1

3 身頃の肩線と脇線を縫う

3-① 前身頃と後ろ身頃の表面どうしを合わせて、肩線と脇線をミシンで縫います。

3-② 縫い代をアイロンで開きます。

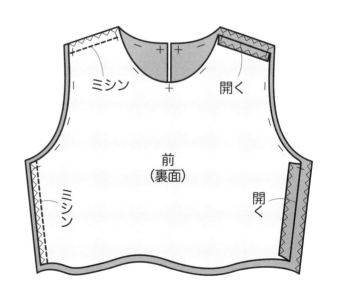

ミシン　　開く

前（裏面）

ミシン　　開く

　※ミシン縫いの縫い始めと縫い終わりは、返し縫いをします。

4 バイアステープを縫いつける

4-① 身頃の出来上がり線とバイアステープの折り目を合わせます。このとき、カーブはバイアステープを少し伸ばしぎみにして合わせます。袖ぐりのバイアステープは脇線で重ねます。

4-② バイアステープの折り目をミシンで縫います。

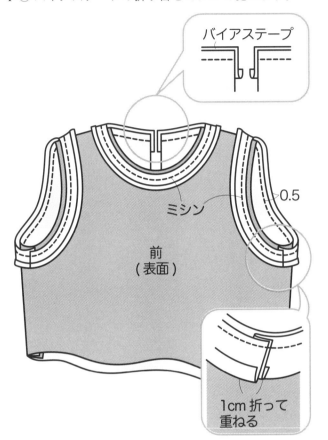

バイアステープ

ミシン

0.5

前
(表面)

1cm折って
重ねる

5 バイアステープを身頃の裏面にひっくり返す

5-① 4-②のミシン目からバイアステープを身頃の裏面側にひっくり返します。

5-② 衿ぐり、袖ぐりの出来上がり線にアイロンをかけ、バイアステープが表から見えないように0.1〜0.2cm控えて整えます。

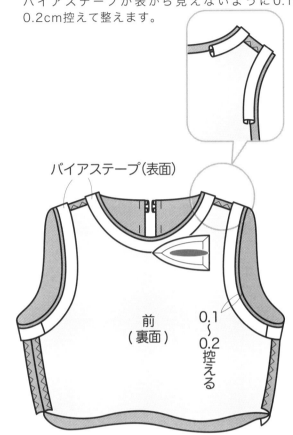

バイアステープ(表面)

前
(裏面)

0.1〜0.2控える

4-③ 袖ぐり、衿ぐりの縫い代に切り込みを入れます。カーブの強い所には多めに入れます。

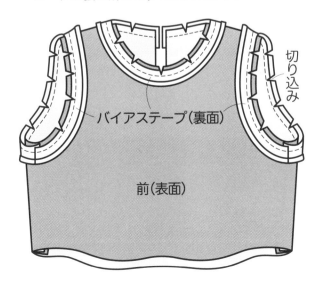

バイアステープ(裏面)

切り込み

前(表面)

5-③ バイアステープの端を身頃にまつりとめます。(表側からバイアステープの端にミシン目がかかるようにミシンをかけても良いです)

バイアステープ
(表面)

まつる

前
(裏面)

119

衿なし・袖なしC
（続け裁ち見返しで始末）

衿ぐりと袖ぐりの見返しが続け裁ちの見返しで始末する方法です。しっかりとした仕上がりになります。前か後ろどちらかが全部開いていないと仕立てられませんので注意して下さい。

1 前見返しに接着芯を貼る

1-① 前見返しの裏面にアイロンで接着芯を貼ります。

1-② 見返しの裁ち端の始末をします。

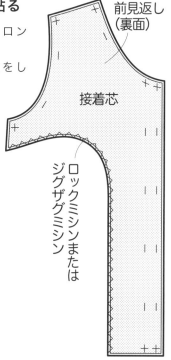

前見返し（裏面）
接着芯
ロックミシンまたはジグザグミシン

2 後ろ見返しに接着芯を貼る

後ろ見返しも前見返しと同様に接着芯を貼り、裁ち端の始末をします。

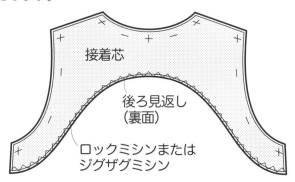

接着芯
後ろ見返し（裏面）
ロックミシンまたはジグザグミシン

3 見返しの肩線を縫う

3-① 見返しの表面どうしを合わせて肩線を縫います。

3-② 縫い代をアイロンで開きます。身頃の肩線も同様に縫います。

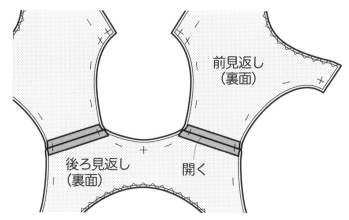

前見返し（裏面）
後ろ見返し（裏面）
開く

4 見返しと身頃を縫い合わせる

見返しと身頃の表面どうしを合わせて、衿ぐり、袖ぐりを出来上がり線どおりに縫います。

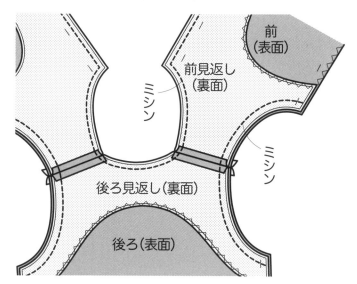

前（表面）
前見返し（裏面）
ミシン
ミシン
後ろ見返し（裏面）
後ろ（表面）

※ミシン縫いの縫い始めと縫い終わりは、返し縫いをします。

5 縫い代を折る

5-① 縫い代に切り込みを入れます。

5-② 出来上がり線に沿って縫い代をアイロンで見返し
側に折ります。

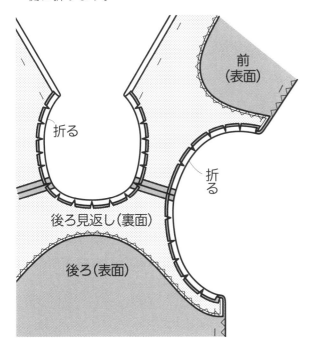

6 見返しを表にひっくり返す

6-① 後ろ身頃を図のように肩線の間から通して引き出
します。

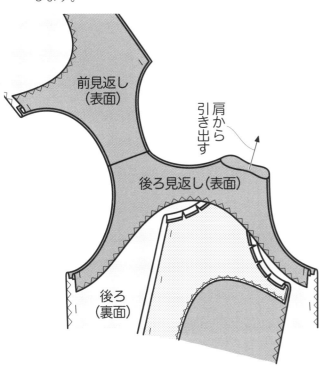

6-② 両方の見返しを表に返したら、アイロンで形を整え
ます。見返しが身頃の表から見えないようします。

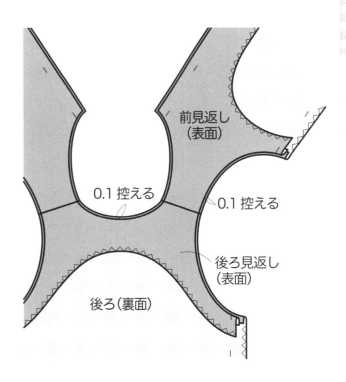

7 脇線を縫い、衿ぐり・袖ぐりにミシンをかける

7-① 前身頃と後ろ身頃の表面どうしを合わせ、見返しま
で続けて縫います。

7-② 縫い代をアイロンで開きます。

7-③ 見返しを落ち着かせるため、衿ぐりと袖ぐりに表側
からミシンをかけます。

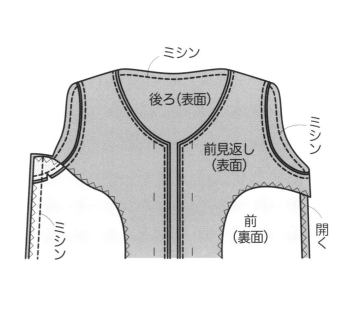

衿なし・袖なし・あきなしA

衿ぐり、袖ぐりにミシンがかけられ、まつる手間が省けます。布地が薄地で肩幅が広めのデザインの場合にこの方法を用いる事が出来ます。布地が厚い場合や肩幅が狭い場合はひっくり返りませんので、他の方法で仕立てます。

1 前見返しを作る

1-① 前見返しの裏面にアイロンで接着芯を貼ります。

1-② 見返しの裁ち端にロックミシンまたはジグザグミシンをかけます。

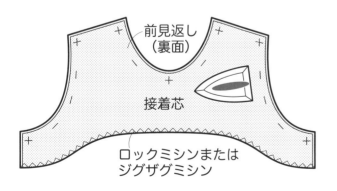

前見返し
（裏面）

接着芯

ロックミシンまたは
ジグザグミシン

2 後ろ見返しを作る

後ろ見返しにも前見返しと同じように接着芯を貼り、ロックミシンまたはジグザグミシンをかけます。

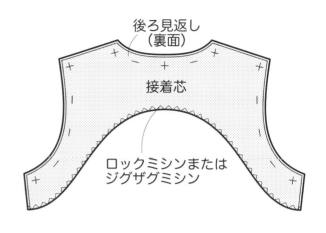

後ろ見返し
（裏面）

接着芯

ロックミシンまたは
ジグザグミシン

3 前見返しと後ろ見返しを縫い合わせる

3-① 前見返しと後ろ見返しの表面どうしを合わせ、肩線を縫います。

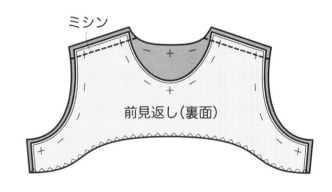

ミシン

前見返し（裏面）

3-② 縫い代をアイロンで開きます。

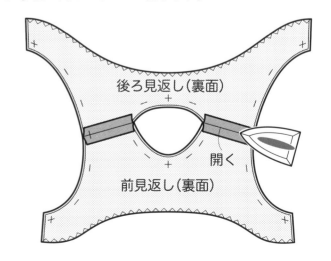

後ろ見返し（裏面）

開く

前見返し（裏面）

※ミシン縫いの縫い始めと縫い終わりは、返し縫いをします。

4 身頃の肩線を縫い合わせる

4-① 前身頃と後ろ身頃の表面どうしを合わせ、肩線をミシンで縫います。

4-② 縫い代をアイロンで開きます。

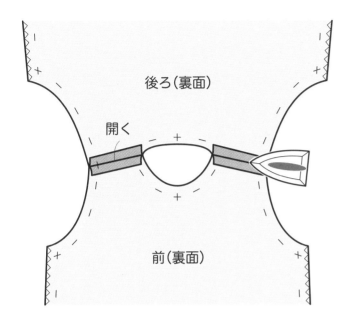

5 見返しと身頃を縫い合わせる

5-① 見返しと身頃の表面どうしを合わせ、衿ぐりをミシンで縫います。

5-② 縫い代に切り込みを入れます。

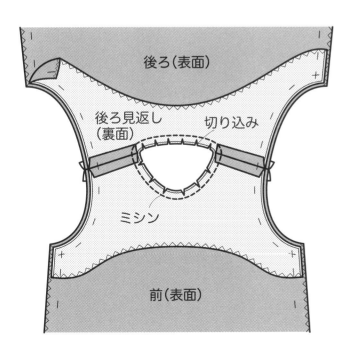

6 見返しを表にひっくり返す

6-① 見返しを身頃の裏面にひっくり返します。

6-② 衿ぐりにアイロンをかけ、形を整えます。この時、表側から見返しが見えないように気をつけます。

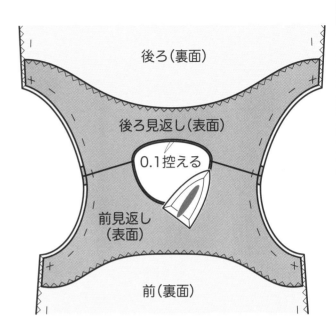

7 左側の袖ぐりの表面どうしを合わせる

右側の袖ぐりをくるむように布をまわし、A点、B点の表面どうしをそれぞれ合わせます。

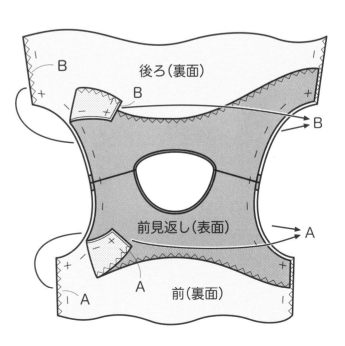

次ページにつづく▶

8 右側の袖ぐりを縫う

8-① 7で合わせた袖ぐりをミシンで縫います。この時、右側の本体や見返しを縫わないように注意しましょう。

8-② カーブの縫い代に切り込みを入れます。

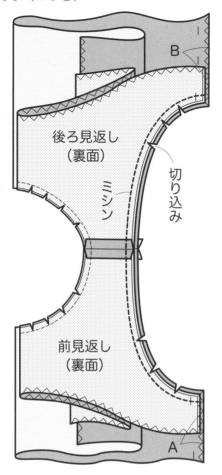

10 アイロンで形を整えます

表に返したら、左側の袖ぐりをアイロンで整えます。この時、表側から見返しが見えないように気をつけます。

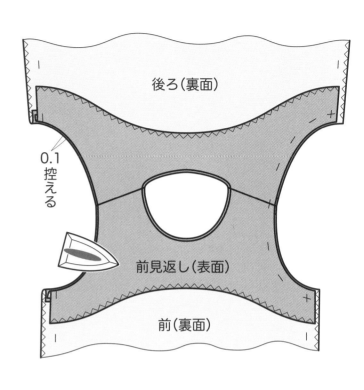

9 見返しを表に返す

矢印の方向から中をくぐらせて、表面にひっくり返します。

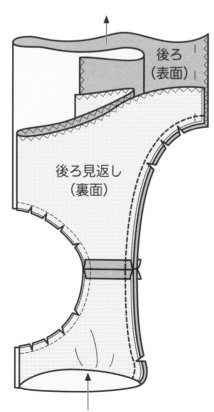

11 右側の袖ぐりを縫う

11-① 先ほどとは逆に左側の袖ぐりをくるむように、C点、D点の表面どうしをそれぞれ合わせます。

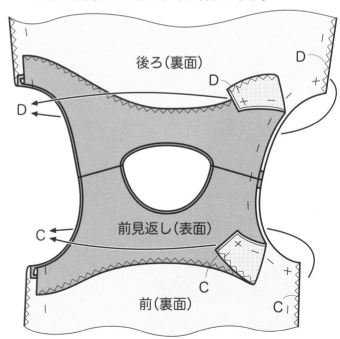

11-②①で合わせた袖ぐりをミシンで縫います。カーブの縫い代に切り込みを入れます。

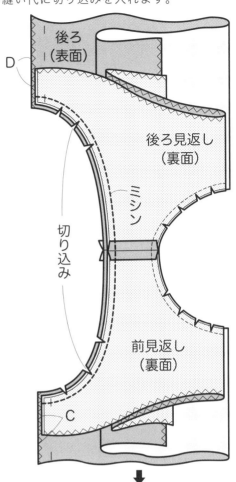

11-③9と同じように身頃を引き出して表に返し、アイロンで袖ぐりの形を整えます。このとき、表側から見返しが見えないように気をつけます。

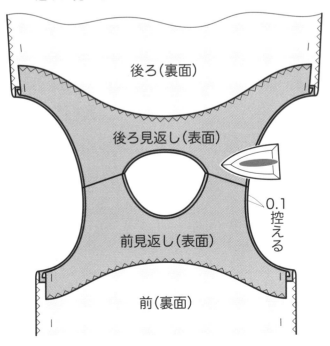

12 脇線を縫う

12-①前と後ろの表面どうしを合わせ、脇線を見返しまで続けて縫います。

12-②縫い代をアイロンで開きます。

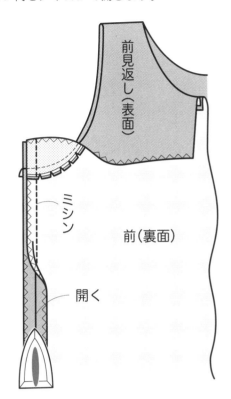

13 衿ぐり、袖ぐりにミシンをかける

見返しを落ち着かせるため、衿ぐりと袖ぐりに表側からミシンをかけます。分かり易いように裏面から見た図を書いてありますが、ミシンは表からかけて下さい。

衿なし・袖なし・あきなしB

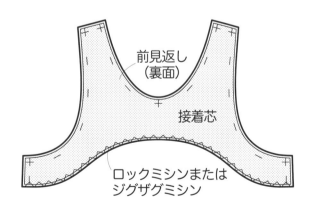

衿ぐりと袖ぐりを続けた見返しで始末する方法です。この方法ですと、あきがなく、肩幅が狭いデザインでも続け裁ちの見返しで始末が出来ます。

1 前見返しを作る

1-① 前見返しの裏面にアイロンで接着芯を貼ります。

1-② 見返しの裁ち端にロックミシンまたはジグザグミシンをかけます。

前見返し
（裏面）

接着芯

ロックミシンまたは
ジグザグミシン

2 後ろ見返しを作る

前見返しと同様に接着芯を貼り、裁ち端の始末をします。

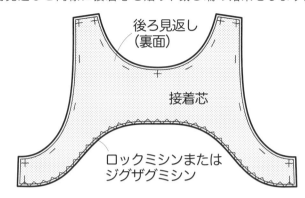

後ろ見返し
（裏面）

接着芯

ロックミシンまたは
ジグザグミシン

3 見返しの脇線を縫う

3-① 見返しの表面どうしを合わせて、脇線を縫います。

3-② 縫い終わったら縫い代をアイロンで開きます。

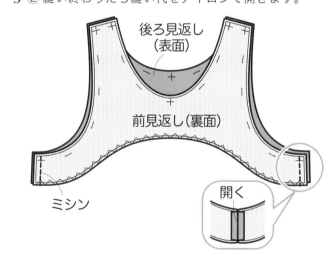

後ろ見返し
（表面）

前見返し（裏面）

ミシン

開く

4 身頃の脇線を縫う

4-① 身頃の表面どうしを合わせて、脇線を縫います。

4-② 縫い代をアイロンで開きます。

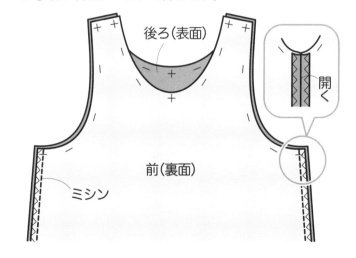

後ろ（表面）

前（裏面）

ミシン

開く

　※ミシン縫いの縫い始めと縫い終わりは、返し縫いをします。

5 見返しと身頃を縫い合わせる

5-① 見返しと身頃の表面どうしを合わせて、衿ぐりと袖ぐりを縫います。肩線から5cmぐらいは縫わないで残しておきます。

5-② 衿ぐり、袖ぐりの縫い代に切り込みを入れます。

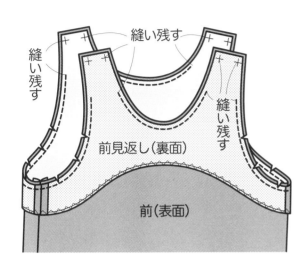

6 見返しを表にひっくり返す

6-① 見返しを表にひっくり返し、アイロンで形を整えます。

6-② 縫い残した部分も出来上がり線に沿って折って、形を整えます。

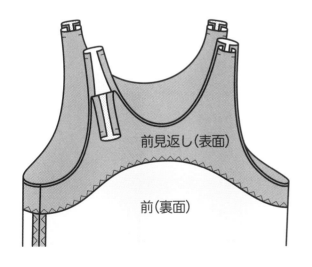

7 身頃の肩線を縫う

7-① 前身頃と後ろ身頃の表面どうしを合わせて、肩線を縫います。

7-② 肩線の縫い代をアイロンで開きます。

7-③ 衿ぐりと袖ぐりの縫い代を出来上がり線に沿ってふたたび折ります。

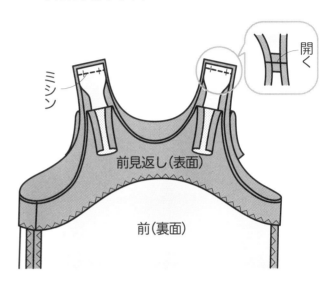

8 見返しの肩線をまつる

8-① 見返しの肩線を出来上がり線で折り、突き合わせてまつります。

8-② 衿ぐり、袖ぐりの縫い残しておいた所を細かくまつります。

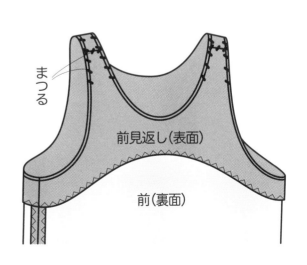

ラウンドネックライン

丸くなった衿ぐりの総称です。くりの深い物から浅い物まで様々です。ここでは前あきのデザインの作り方を紹介します。

1 後ろ衿ぐり見返しを作る

1-① 後ろ衿ぐり見返しを裁断します。

1-② 見返しの裏面にアイロンで接着芯を貼ります。

1-③ 見返し端にロックミシンまたはジグザグミシンをかけます。

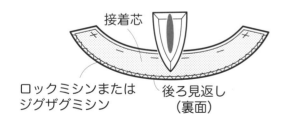

接着芯

ロックミシンまたは
ジグザグミシン

後ろ見返し
（裏面）

2 前見返しを作る

前見返しも後ろ見返しと同じように作ります。

ロックミシンまたはジグザグミシン

前見返し
（裏面）

接着芯

3 前見返しと後ろ見返しを縫い合わせる

3-① 前見返しと後ろ見返しの表面どうしを合わせ、肩線を縫います。

3-② 縫い代をアイロンで開きます。

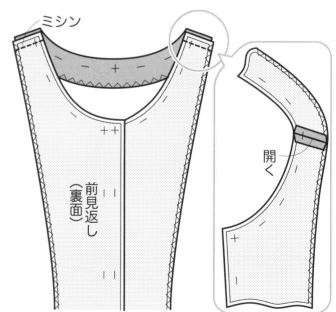

ミシン

前見返し
（裏面）

開く

　※ミシン縫いの縫い始めと縫い終わりは、返し縫いをします。

4 見返しと身頃を縫い合わせる

4-① 身頃の肩線を縫います。

4-② 縫い代をアイロンで開きます。

4-③ 見返しと身頃の表面どうしを合わせて、裾から前端、衿ぐりまでぐるりとミシンで縫います。

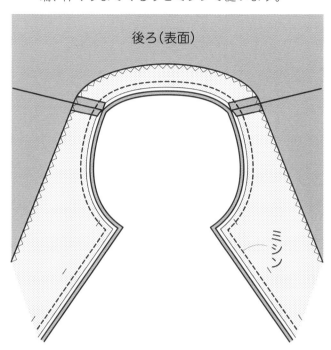

後ろ（表面）

ミシン

5 縫い目にアイロンをかける

5-① 4-③の縫い目にアイロンをかけます。

5-② 縫い代に切り込みを入れます。カーブの強い所は間隔を狭くして切り込みを入れます。

5-③ アイロンで縫い代を開きます。

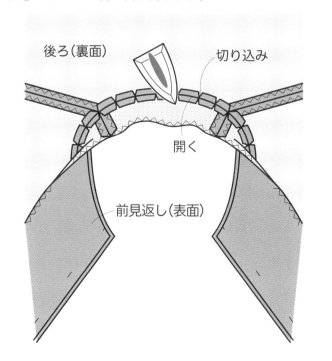

後ろ（裏面）　切り込み

開く

前見返し（表面）

6 見返しを表にひっくり返す

6-① 見返しを表にひっくり返します。

6-② 前端、衿ぐりの形をアイロンで整えます。この時、見返しが表から見えないようにします。

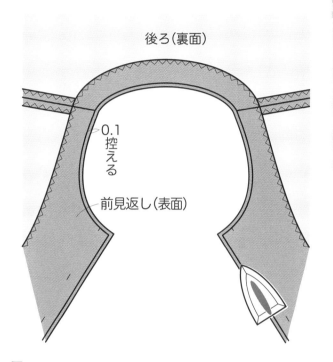

後ろ（裏面）

0.1
控
え
る

前見返し（表面）

7 見返しを固定する

見返しを落ち着かせるためミシンをかけます。分かり易いように裏面から見た図を書いてありますが、ミシンは表からかけます。ミシンをかけない場合は見返し側から星止めをします。星止めの仕方は、131ページを参考にします。

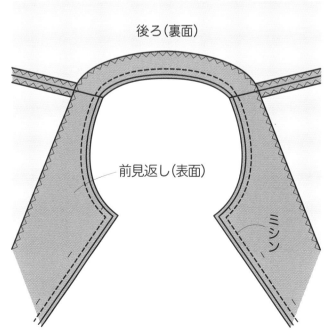

後ろ（裏面）

前見返し（表面）

ミシン

Vネックライン

V字に開いたネックラインです。バイアス地になる部分が多いので伸ばさないよう注意して仕立てましょう。

2 見返しを作る

2-① 前見返しと後ろ見返しを裁断します。

2-② 見返しの裏面に接着芯をアイロンで貼ります。

2-③ 裁ち端にロックミシンまたはジグザグミシンをかけます。

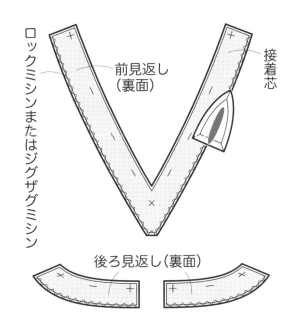

ロックミシンまたはジグザグミシン

前見返し（裏面）

接着芯

後ろ見返し（裏面）

1 衿ぐりに接着テープを貼る

身頃の裏面に接着テープ（テープ状になった接着芯）をアイロンで貼ります。接着テープは縫い代に貼るのではなく、出来上がり線の上に貼ります。Vの先の所には力布（補強布）として接着芯を貼ります。

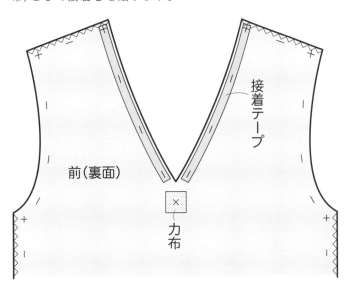

前（裏面）

接着テープ

力布

3 前見返しと後ろ見返しを縫い合わせる

3-① 前見返しと後ろ見返しの表面どうしを合わせ、肩線を縫います。

3-② 縫い代をアイロンで開きます。

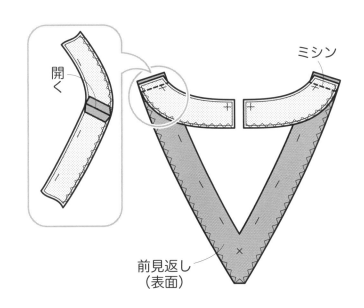

開く

ミシン

前見返し（表面）

4 身頃の肩線を縫う

身頃の肩線を見返しと同じように縫い合わせます。あきがある場合はこの工程であきを作ります。

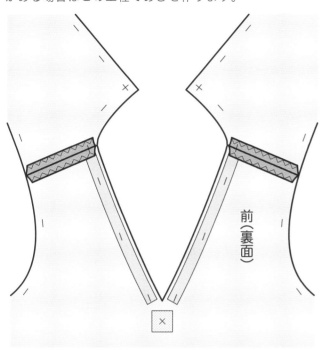

5 見返しと身頃を縫い合わせる

5-① 見返しと身頃の表面どうしを合わせをて、衿ぐりをミシンで縫います。

5-② Vの先の縫い代にミシン目ぎりぎりまで切り込みを入れます。カーブの縫い代にも切り込みを入れます。

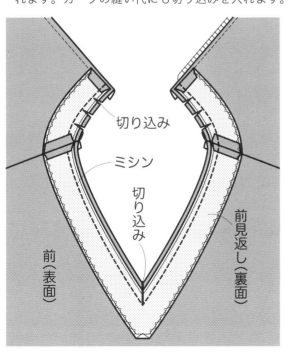

6 見返しをひっくり返す

6-① 見返しを身頃の裏面に返します。

6-② アイロンで衿ぐりの形を整えます。V字の先の所は、見返しを軽く引っ張りながらアイロンをかけるときれいに仕上がります。

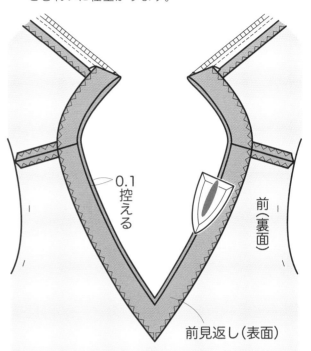

7 見返しを固定する

このままでは見返しが浮いてしまうので、縫い代に星止めをします。衿ぐりにぐるりとミシンをかけても良いでしょう。

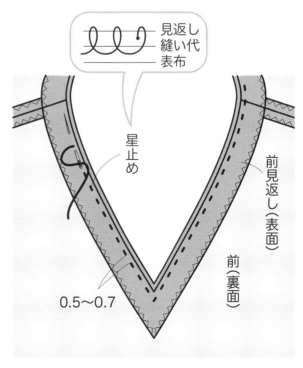

スクエアネックライン

四角にあいた衿ぐりです。衿ぐりの深さは、前を深くしても良いですし、後ろを深くしてもどちらでも構いません。角の始末をきれいに仕上げて、角をはっきりさせます。

1 角に力布を貼る

衿ぐりの角になる所に力布（補強布）の接着芯をアイロンで貼ります。

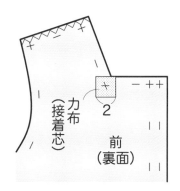

力布（接着芯）

2

前（裏面）

2 見返しを作る

2-① 前見返しと後ろ見返しを裁断します。

2-② 見返しの裏面に接着芯をアイロンで貼ります。

2-③ 裁ち端にロックミシンまたはジグザグミシンをかけます。

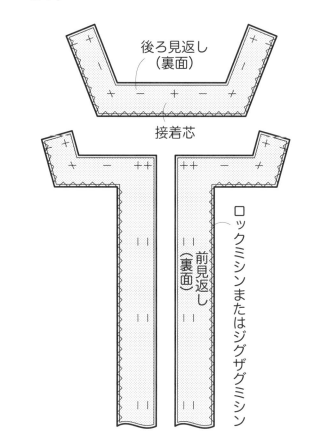

後ろ見返し（裏面）

接着芯

前見返し（裏面）

ロックミシンまたはジグザグミシン

3 見返しの肩線を縫う

前見返しと後ろ見返しの表面どうしを合わせ、肩線を縫います。

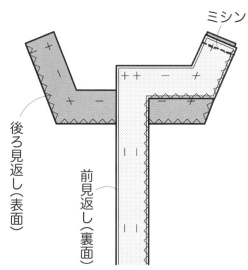

ミシン

後ろ見返し（表面）

前見返し（裏面）

　※ミシン縫いの縫い始めと縫い終わりは、返し縫いをします。

4 見返しの縫い代を開く

3の縫い目にアイロンをかけ、縫い代を開きます。

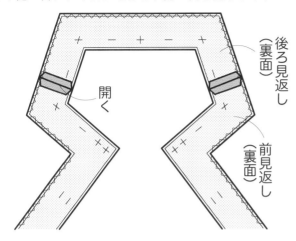

5 身頃の肩線を縫う

身頃の肩線も見返しと同じように縫います。

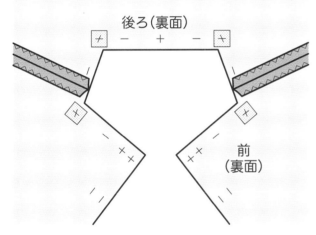

6 見返しと身頃を縫い合わせる

6-① 身頃と見返しの表面どうしを合わせ、裾から前端、衿ぐりまでぐるりとミシンで縫います。

6-② 角の縫い代にミシン目ぎりぎりまで切り込みを入れます。これが角をきれいに仕上げるポイントになります。

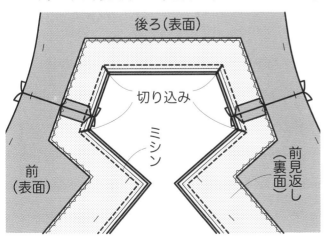

7 見返しをひっくり返す

7-① 見返しを身頃の裏面側にひっくり返します。

7-② アイロンで衿ぐりの形を整えます。角の所は引きぎみにしてアイロンをかけるとスッキリ仕上がります。また、見返しは身頃の表から見えないようにします。

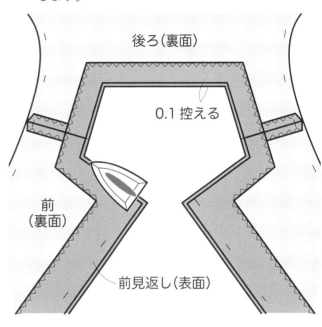

8 見返しを固定する

見返しを落ち着かせるため表面からミシンをかけます。ミシンをかけたくない場合は、星止めをしてもよいでしょう。

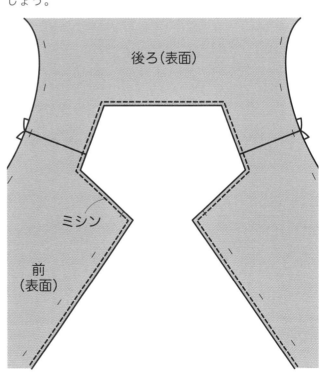

シャツカラー

縫い代の始末にバイアステープを使わない仕立て方です。手間は省けますが、厚手の布地には向きません。

1 衿を裁断する

衿を2枚裁断します。縫い代は2枚とも同じ寸法にします。1枚を表衿、もう1枚を裏衿と決めます。

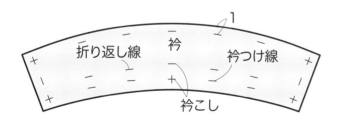

2 接着芯を貼る

裏衿の裏面に接着芯をアイロンで貼ります

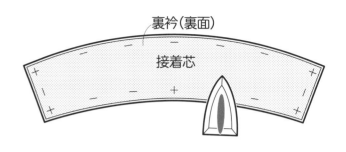

3 表衿の縫い代を折る

3-① 図の位置に切り込みを入れます。

3-② 切り込みを入れた位置から出来上がり線に沿って、縫い代を表衿の裏面にアイロンで折ります。

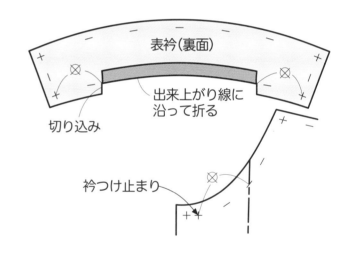

4 衿のまわりを縫う

4-① 表衿と裏衿の表面どうしを合わせ、まち針かしつけでとめます。

4-② 出来上がり線に沿ってミシンで縫います。

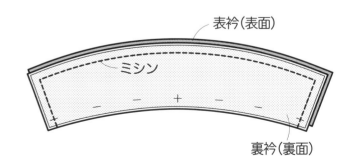

5 縫い目にアイロンをかける

5-① 4-②で縫ったミシン目にアイロンをかけます。

5-② 衿先の縫い代を図のように切り取ります。

5-③ アイロンで縫い代を裏衿側に折ります。

7-③ 見返しを前端線で折ります。

7-④ 前端から見返し端までミシンで縫います。

7-⑤ 図の位置に切り込みを入れます。

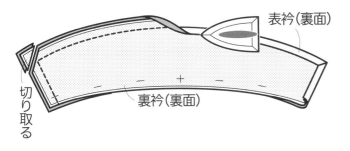

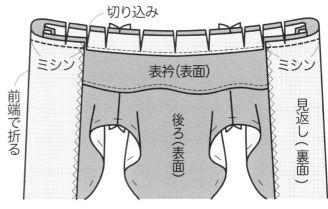

6 衿を表にひっくり返す

衿を表側にひっくり返し、まわりにミシンをかけます。

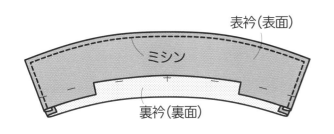

8 衿ぐりをミシンで縫う

8-① 見返しを表面にひっくり返します。

8-② 縫い代を衿の中に入れてミシン目が隠れるように表衿をかぶせアイロンで整えます。

8-③ 折り目のきわをミシンで縫います。

7 衿を身頃につける

7-① 裏衿と身頃の表面どうしを合わせます。

7-② 衿の端から端までミシンで縫います。

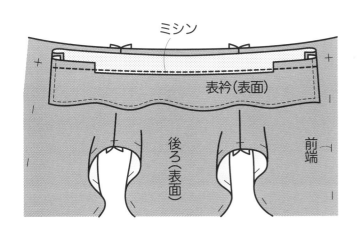

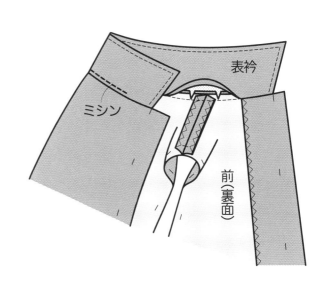

フラットカラー

衿こしがほとんどなく、衿ぐりにそった衿をこう呼びます。かわいらしい印象ですので子ども服にもよく使われます。衿幅や外回りを変化させ色々な形を作ることが出来ます。

1 衿を裁断する

衿を2枚裁断します。縫い代は2枚とも同じ寸法にします。1枚を表衿、もう1枚を裏衿と決めます。バイアス地になる部分が多いので、印つけの時に伸ばさないように注意しましょう。

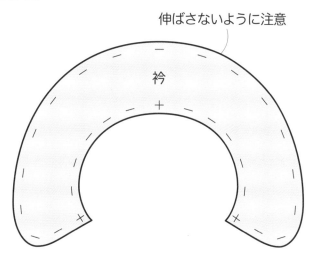

伸ばさないように注意

衿

2 衿の裏面に接着芯を貼る

裏衿の裏面に接着芯をアイロンで貼ります。接着芯を貼る時は後ろ中心を貼ってから、左右にアイロンで押さえるようにして貼っていきます。

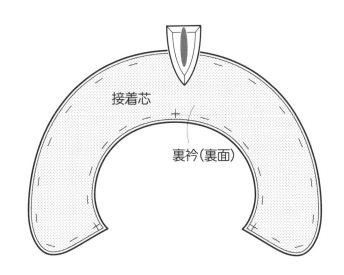

接着芯

裏衿(裏面)

3 衿どうしを縫い合わせる

3-① 表衿と裏衿の表面どうしを合わせて、衿つけ線を残してまわりをミシンで縫います。カーブの所は布を回しながら縫いましょう。

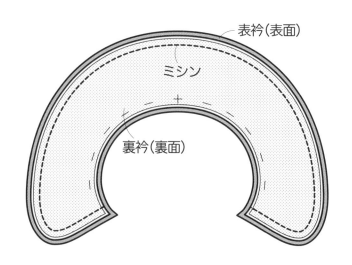

表衿(表面)

ミシン

裏衿(裏面)

　※ミシン縫いの縫い始めと縫い終わりは、返し縫いをします。

3-② ミシン目にアイロンをかけます。

3-③ 縫い代を細く（0.5cmぐらいに）切ります。アイロンで裏衿側に折ります。衿先のカーブの所は、厚紙で作った型紙を当てて折ります。

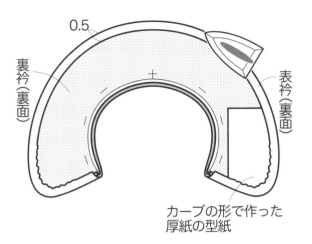

0.5

裏衿（裏面）

表衿（裏面）

カーブの形で作った
厚紙の型紙

4 衿を表にひっくり返す

4-① 衿を表にひっくり返します。

4-② もう一度出来上がり線にアイロンをかけて形を整えます。

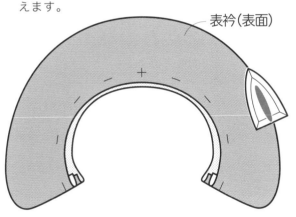

表衿（表面）

5 ミシンをかける

衿のまわりにミシンをかけます。カーブが多い衿なのでゆっくりと縫いましょう。

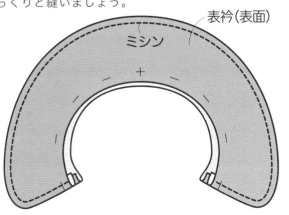

表衿（表面）

ミシン

6 身頃に衿をつける

6-① 身頃の表面と裏衿が合うように置き、印を合わせてまち針でとめます。

6-② 見返しを前端から身頃側に折ります。

6-③ 残りの部分にバイアステープを置きます。

6-④ 衿つけ線にしつけをします。

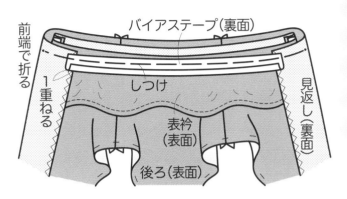

前端で折る

1重ねる

バイアステープ（裏面）

しつけ

見返し（裏面）

表衿（表面）

後ろ（表面）

6-⑤ しつけの位置をミシンで縫います。

6-⑥ カーブ部分の縫い代に切り込みを入れます。

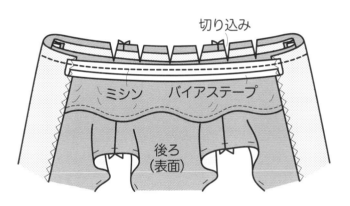

切り込み

ミシン　バイアステープ

後ろ（表面）

7 見返しを表にひっくり返す

7-① 見返しが表になるようにひっくり返します。

7-② バイアステープを折り、衿ぐりの縫い代をくるんで、身頃にまつります。

7-③ 衿つけ止まりから前端にミシンをかけます。

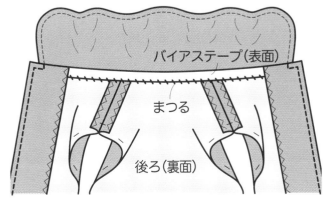

バイアステープ（表面）

まつる

後ろ（裏面）

スタンドカラー

首に沿って立つ衿の総称です。マオカラー、チャイナカラーもこの仲間に入ります。衿の幅は様々でブラウスやジャケットなどに用いられます。

1 衿を裁断する

衿を2枚裁断します。縫い代は2枚とも同じ寸法にします。1枚を表衿、もう1枚を裏衿と決めます。

2 衿に接着芯を貼る

衿の裏面に接着芯をアイロンで貼ります。

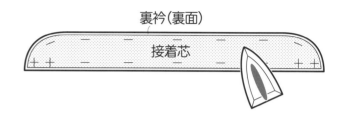

裏衿(裏面)
接着芯

3 衿を縫う

表衿と裏衿の表面どうしを合わせ、衿のまわりを縫います。衿つけ側の縫い代は残し、出来上がり線の印から印までをミシンで縫います。

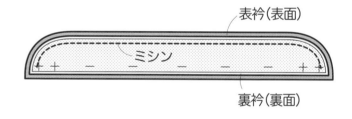

表衿(表面)
ミシン
裏衿(裏面)

4 裏衿の衿つけ線の縫い代を折る

裏衿の衿つけ線の縫い代をアイロンで図のように折ります。

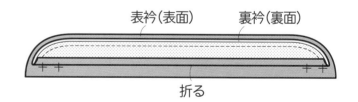

表衿(表面)　　裏衿(裏面)
折る

5 裏衿をひっくり返す

5-① 衿のまわりの縫い代を出来上がり線に沿って裏衿
　　側にアイロンで折ります。

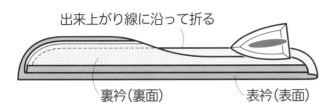

出来上がり線に沿って折る

裏衿(裏面)　　　　表衿(表面)

5-② 衿を表にひっくり返します。

5-③ アイロンで形を整えます。

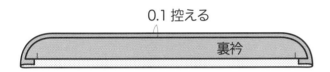

0.1 控える

裏衿

6 身頃に衿をつける

6-① 身頃と表衿の表面どうしを合わせて置き、衿ぐりを
　　ミシンで縫います。裏衿はよけておき、表衿のみミ
　　シンで縫います。

6-② 縫い代に切り込みを入れます。

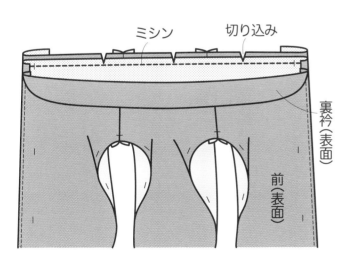

ミシン　　　　切り込み

裏衿(表面)

前(表面)

7 裏衿を身頃にまつる

7-① 衿を起こします。

7-② 衿ぐりの縫い代を衿の中に入れます。

7-③ 裏衿を6で縫ったミシン目のきわにまつります。

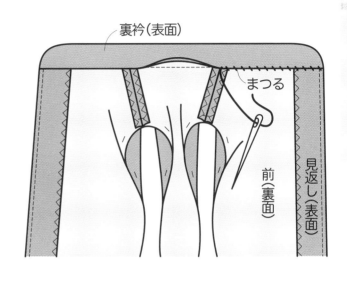

裏衿(表面)

まつる

前(裏面)

見返し(表面)

7-④ 衿のまわりにミシンをかけます。

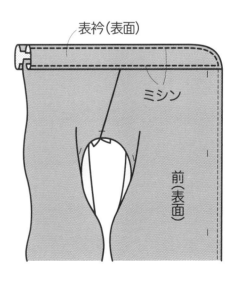

表衿(表面)

ミシン

前(表面)

台衿つきシャツカラー

紳士物のワイシャツに使われている衿で、台衿と上衿の2つの部分から出来ています。紳士物に限らず、婦人服から子ども服まで幅広く用いられているデザインです。

2 衿に接着芯を貼る

裏上衿の裏面と表裏台衿の裏面にアイロンで接着芯を貼ります。

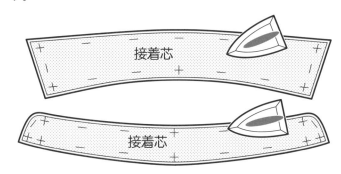

接着芯

接着芯

3 上衿を縫う

3-① 上衿の表面どうしを合わせて、衿のまわりをミシンで縫います。衿つけ部分は縫いません。

3-② 角の縫い代を図のように斜めに切り落とします。

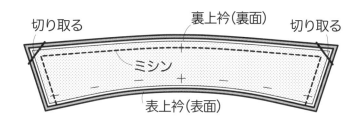

切り取る　　　　　　裏上衿(裏面)　　切り取る
ミシン
表上衿(表面)

1 衿を裁断する

この衿は上衿部分と台衿部分で構成されています。上衿2枚、台衿2枚を裁断します。

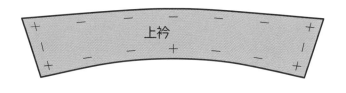

上衿

台衿

4 上衿を表にひっくり返す

4-① 3で縫ったミシン目にアイロンをかけます。

4-② 縫い代を出来上がり線に沿って裏衿側に折ります。

4-③ 表にひっくり返します。

4-④ アイロンをかけて形を整えます。

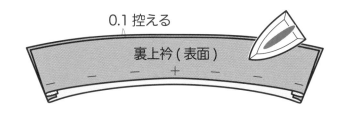

0.1 控える

裏上衿(表面)

4-⑤ 表上衿からミシンをかけます。

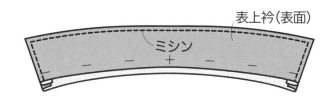

表上衿(表面)
ミシン

　※ミシン縫いの縫い始めと縫い終わりは、返し縫いをします。

5 上衿と台衿を縫い合わせる

5-① 裏台衿の衿つけ線の縫い代を出来上がり線に沿って裏側に折ります。

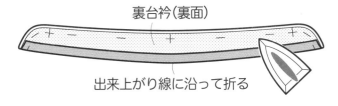

裏台衿(裏面)

出来上がり線に沿って折る

5-② 表台衿と裏衿の表面どうしを合わせて置きます。

5-③ その上に表上衿と裏台衿の表面どうしを合わせて置きます。

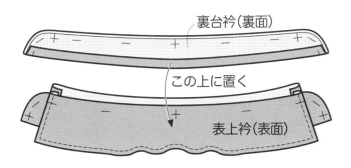

裏台衿(裏面)

この上に置く

表上衿(表面)

5-④ 台衿のまわりを縫います。衿つけ線の出来上がりまで縫います。

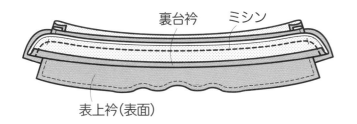

裏台衿　ミシン

表上衿(表面)

6 台衿を表にひっくり返す

6-① 縫い目にアイロンをかけます。

6-② 台衿を表にひっくり返します。

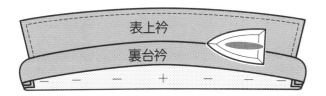

表上衿

裏台衿

7 衿を身頃につける

表台衿と身頃の表面どうしを合わせ、衿つけ線を縫います。端から端までミシンで縫います。

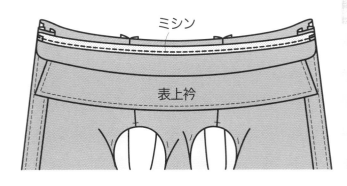

ミシン

表上衿

8 台衿を身頃につける

8-① 台衿を起こします。

8-② 裏台衿を縫い代にかぶせるようにします。

8-③ しつけをします。

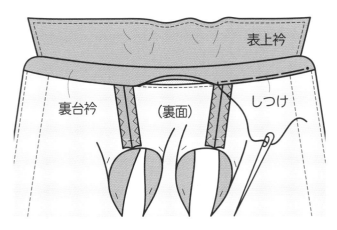

表上衿

裏台衿　　(裏面)　　しつけ

8-④ 台衿のまわりをミシンで縫います。ミシンで縫う時に一緒に裏台衿を縫います。裏台衿のミシンがはずれないように注意しましょう。

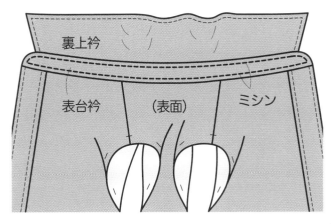

裏上衿

表台衿　(表面)　ミシン

変形台衿つきシャツカラー

衿こしの部分を切り替えて作る衿です。見た目は
普通のシャツカラーと変わりませんが、切り替え
る事によって衿こしをしっかりと仕立てる事がで
きます。中肉から厚手の布地に向いています。

1 衿を裁断する

この衿は、上衿部分と台衿部分で構成されています。上衿
2枚、台衿2枚を裁断します。

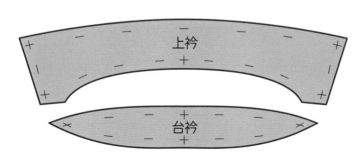

2 接着芯を貼る

2-① 裏上衿の裏面にアイロンで接着芯を貼ります。

2-② しっかりと仕立てたい場合は、表裏台衿に出来上がり
線の大きさに裁断した接着芯を貼ります。その上か
ら、台衿と同じ大きさの接着芯を貼ります。

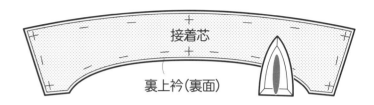

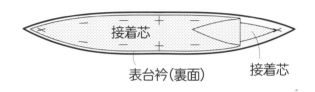

3 上衿と台衿を縫う

3-① 裏上衿と表台衿の表面どうしを合わせて、切り替え線
を縫います。(以後、裏衿とします。)

3-② 同様に表上衿と裏台衿を縫います。(以後、表衿としま
す。)

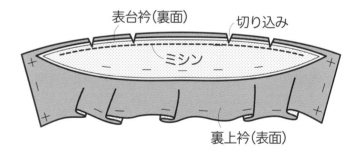

4 縫い代を開く

4-① ミシン目にアイロンをかけます。

4-② 表衿、裏衿の縫い代をアイロンで開きます。

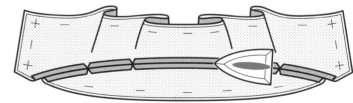

※ミシン縫いの縫い始めと縫い終わりは、返し縫いをします。

5 台衿にミシンをかける

表衿、裏衿の台衿部分の縫い目線のきわにミシンをかけます。

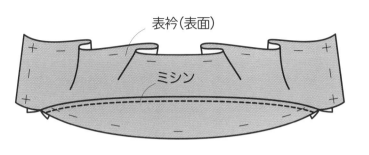

表衿(表面)
ミシン

6 表衿と裏衿を縫う

表衿と裏衿の表面どうしを合わせて、衿のまわりを縫います。

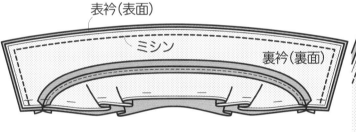

表衿(表面)
ミシン
裏衿(裏面)

7 衿を表に返し、ミシンをかける

7-① ミシン目にアイロンをかけます。
7-② 衿を表にひっくり返します。
7-③ アイロンで衿の形を整えます。
7-④ 衿のまわりに表衿側からミシンをかけます。

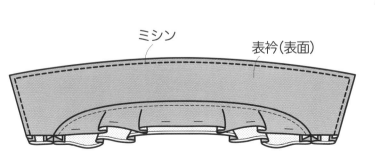

ミシン
表衿(表面)

8 見返しを作る

見返しの肩線を縫い、縫い代を開きます。身頃の肩線も同じように縫い、縫い代を開いておきます。

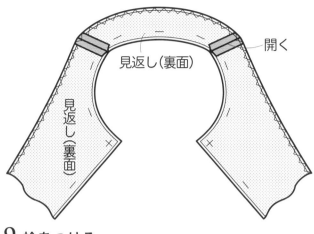

見返し(裏面)
開く
見返し(裏面)

9 衿をつける

9-① 身頃と見返しの表面どうしを合わせ、その間に表衿の上に見返しがくるように衿をはさんで縫います。
9-② 前端・衿ぐりと続けてミシンで縫います。
9-③ 縫い代に切り込みを入れます。

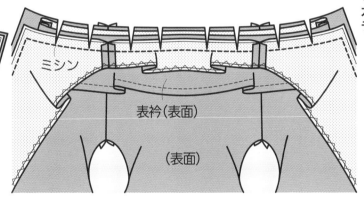

ミシン
表衿(表面)
(表面)

10 衿ぐりにミシンをかける

10-① 9の縫い目にアイロンをかけます。
10-② 見返しを身頃の裏面に返します。
10-③ 前端から続けて衿ぐりの縫い目のきわにミシンをかけます。

ミシン

ボーカラー

衿から続いて出た布地をリボン結びにして着る
ボーカラーです。タイカラーよりも華やかな感じ
のする衿で、薄手の柔らかい布地に向いたデザイ
ンです。

1 衿を裁断する

同じ寸法で2枚裁断します。

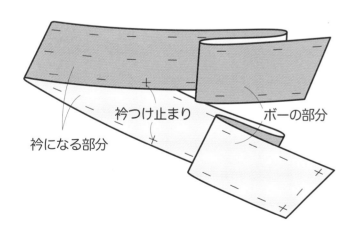

衿になる部分
衿つけ止まり
ボーの部分

2 衿部分に接着芯を貼る

裏衿の裏面の身頃につく部分（衿つけ止まりまで）に接着芯
をアイロンで貼ります。接着芯は柔らかく仕上がる物を選
びましょう。

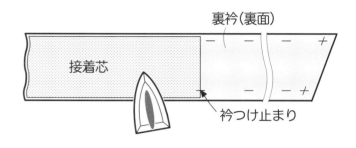

接着芯
裏衿（裏面）
衿つけ止まり

3 衿を縫う

3-① 表衿と裏衿の表面どうしを合わせて、衿のまわりをぐ
るりとミシンで縫います。ミシンは衿つけ止まりの
位置でとめます。

3-② 縫い終わったら角の部分の縫い代を切り取り、衿つけ
止まりの位置の縫い代に切り込みを入れます。

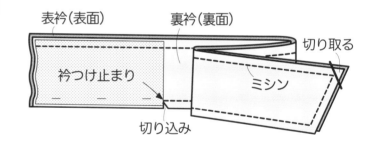

表衿（表面）
裏衿（裏面）
切り取る
衿つけ止まり
ミシン
切り込み

3-③ ミシン目の上にアイロンをかけます。

3-④ ミシン目に沿って縫い代を裏衿側に折ります。

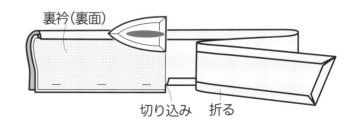

裏衿（裏面）
切り込み　折る

4 衿を表にひっくり返す

4-① 表にひっくり返します。

4-② 表衿と裏衿の縫い目がピッタリ合うようにしながらアイロンをかけます。

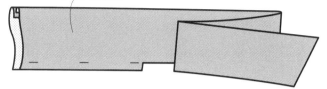

表衿(表面)

5 身頃の衿ぐりを縫う

5-① 見返しと身頃の表面どうしが合うように前端で折ります。

5-② 前端から衿つけ止まりまでミシンで縫います。

5-③ 衿つけ止まりの位置に切り込みを入れます。

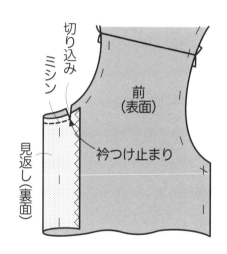

切り込み

ミシン

前(表面)

見返し(裏面)

衿つけ止まり

5-④ 見返しを身頃の裏面に返します。

5-⑤ 衿ぐりと前端をアイロンで整えます。

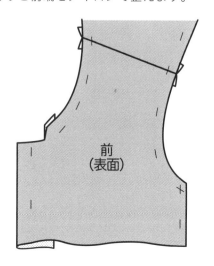

前(表面)

6 衿を身頃につける

身頃と裏衿の表面どうしを合わせて、左右の衿つけ止まりの間をミシンで縫います。この時、表衿はよけて、裏衿(接着芯の貼ってある方)だけを縫います。

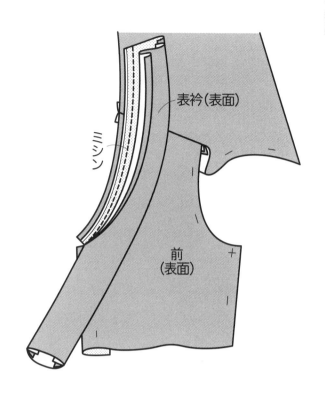

表衿(表面)

ミシン

前(表面)

7 表衿を身頃にまつる

7-① 縫い代をすべて衿側に入れ、縫い代をはさむようにします。

7-② ミシン目のきわに表衿を細かくまつります。

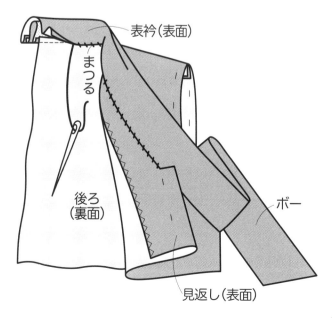

表衿(表面)

まつる

後ろ(裏面)

ボー

見返し(表面)

ロールカラー

首を巻くように衿こしが立って折り返っている衿をいいます。ここでは柔らかく仕立てる方法を紹介します。衿はバイアス地に裁ち、芯を使わずに仕立てます。

1 衿を裁断する

　首に沿うようにしたいので、衿はバイアス地に裁断します。また、衿の外まわりに縫い目をつけたくないので表衿と裏衿を続けて裁断します。

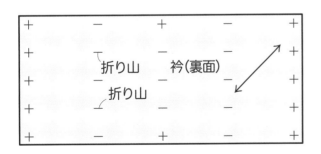

2 衿を縫う

2-① 衿の表面どうしを合わせて2つに折ります。

2-② 衿つけ側の縫い代を2枚一緒にしつけ糸でぐし縫い（55ページ参照）します。

2-③ ぐし縫いした糸を少し（1cmぐらい）引き、布地が波うっている所をアイロンで上から押さえて平らにします。

2-④ その後、ぐし縫いの糸は抜いてしまいます。

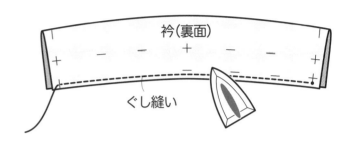

2-⑤ アイロンで衿の外まわりを少し伸ばします。手前に布を引くようにして、アイロンをかけます。

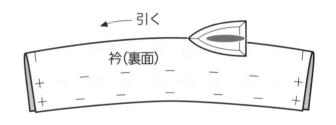

2-⑥ 衿の両端を出来上がり線までミシンで縫います。

　※ミシン縫いの縫い始めと縫い終わりは、返し縫いをします。

3 表衿の縫い代を折る

表衿の縫い代を出来上がり線に沿って折ります。

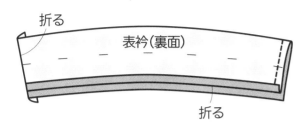

折る
表衿(裏面)
折る

4 衿を表にひっくり返す

衿を表にひっくり返し、アイロンで形を整えます。

表衿(表面)

5 衿を身頃につける

5-① 身頃と裏衿の表面どうしを合わせて、衿ぐりを縫います。この時までに身頃のあきは作っておきます。

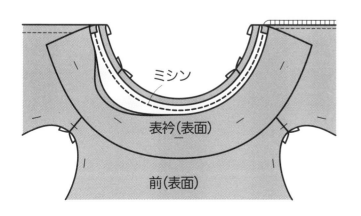

ミシン
表衿(表面)
前(表面)

5-② 衿を起こし、折り山で身頃の表側に折ります。

5-③ 折り山に巻きじつけ(56ページ参照)をして、折り山を固定させ、表衿のゆとりをみます。

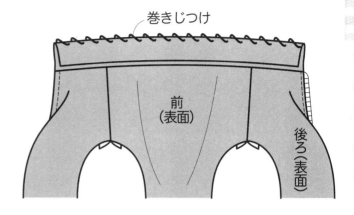

巻きじつけ
前(表面)
後ろ(表面)

6 表衿を身頃にまつる

6-① 表衿のゆとりを見ながら、縫い目のきわに細かくまつります。

6-② まつり終わってから折り山の巻きじつけをした糸を取ります。

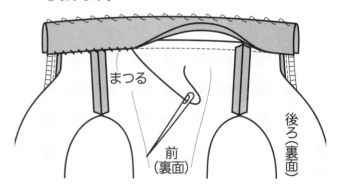

まつる
前(裏面)
後ろ(裏面)

7 カギホックをつける

このままでは衿が開いてしまうので後ろ中心にカギホックをつけます。

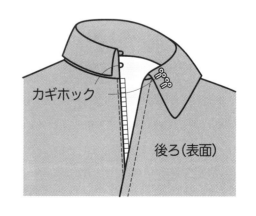

カギホック
後ろ(表面)

オープンカラー

開衿とも呼ばれ、年令、性別を問わず、広く永く愛用されています。ここでは1枚仕立てのブラウスの仕立て方を紹介します。

1 衿を裁断する

衿を2枚同じ寸法で裁断します。

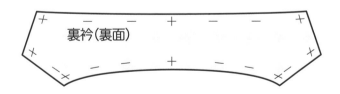

裏衿（裏面）

2 裏衿に接着芯を貼る

裏衿の裏面に接着芯をアイロンで貼ります。

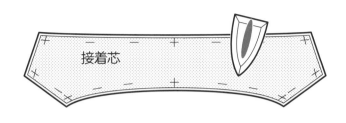

接着芯

3 衿を縫う

表衿と裏衿の表面どうしを合わせて、A点からB点までミシンで縫います。

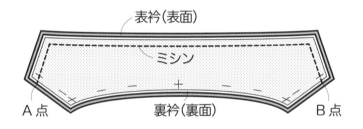

表衿（表面）
ミシン
A点　裏衿（裏面）　B点

4 衿を表にひっくり返す

4-① 3のミシン目にアイロンをかけます。

4-② 表に返して、裏衿が表衿から見えないようにアイロンで整えます。

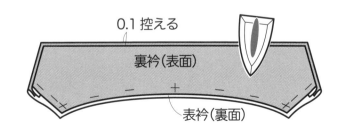

0.1 控える
裏衿（表面）
表衿（裏面）

5 身頃と見返しを縫う

5-① 身頃と見返しの表面どうしを合わせて、印までミシンで縫います。

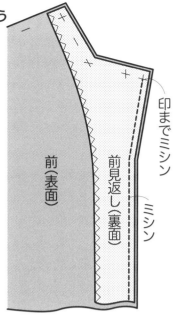

前(表面)　前見返し(裏面)　印までミシン　ミシン

5-② 縫い代をアイロンで開きます。

5-③ 見返しを身頃の裏側にひっくり返します。

5-④ 表側から見返しが見えないようにアイロンで整えます。

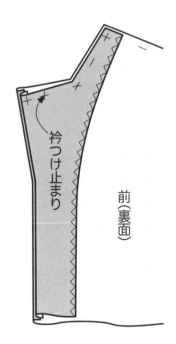

衿つけ止まり　前(裏面)

6 見返しの肩線を縫う

6-① 後ろ衿ぐり見返しと前見返しの肩線を縫います。

6-② 縫い代をアイロンで開きます。

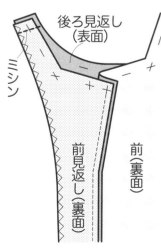

後ろ見返し(表面)　ミシン　前見返し(裏面)　前(裏面)

7 衿を身頃につける

7-① 身頃の肩線を縫う。

7-② 身頃の表面と裏衿が合うように置きます。

7-③ その上に、見返しの裏面が上になるように置き、しつけをします。

7-④ 端から端まで衿ぐりをミシンで縫います。

7-⑤ 縫い代に切り込みを入れます。

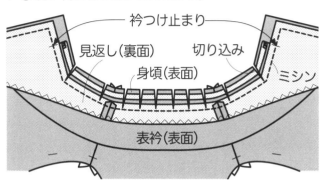

衿つけ止まり　見返し(裏面)　切り込み　身頃(表面)　ミシン　表衿(表面)

8 見返しを表にひっくり返す

8-① 7-④の縫い目にアイロンをかけます。

8-② 衿、見返しの縫い代を身頃側に倒します。

8-③ 見返しを身頃の裏側にひっくり返します。

8-④ 図のようにミシンで縫います。

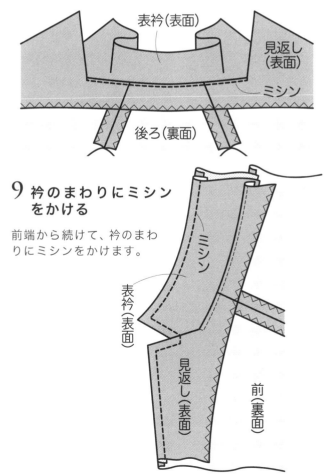

表衿(表面)　見返し(表面)　ミシン　後ろ(裏面)

9 衿のまわりにミシンをかける

前端から続けて、衿のまわりにミシンをかけます。

ミシン　表衿(表面)　見返し(表面)　前(裏面)

オブロングカラー

オブロングとは長方形という意味で、衿のまわりがひと続きになり開いた衿です。衿元に縫い目が見えるのが特徴です。

1 表衿と裏衿を裁断する

1-① 表衿は後ろ中心をわにして裁断します。
1-② 裏衿はバイアス地で2枚裁断します。

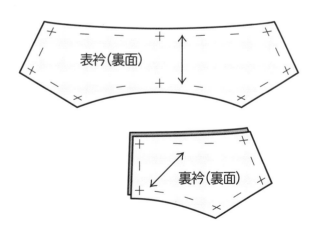

2 裏衿の後ろ中心線を縫う

2-① 裏衿の表面どうしを合わせ、後ろ中心をミシンで縫います。

2-② 後ろ中心の縫い目をアイロンで開きます。

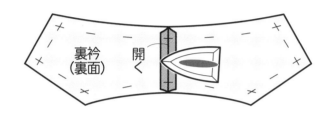

3 表衿に接着芯を貼る

表衿の裏面に接着芯をアイロンで貼ります。

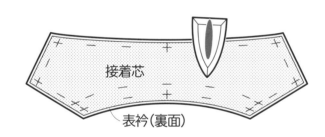

4 見返しに接着芯を貼る

4-① 前見返しの裏面に、接着芯をアイロンで貼ります。
4-② 見返し端はロックミシンまたはジグザグミシンをかけて始末をします。(裏布がつく時は必要ありません。)

5 身頃と裏衿を縫う

5-① 身頃と裏衿の表面どうしを合わせ、しつけをします。

5-② 端から端までミシンで縫います。

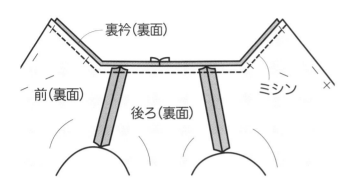

6 縫い代を開く

6-① 5-②で縫ったミシン目にアイロンをかけます。

6-② 縫い代を開きます。

6-③ 角になる縫い代には切り込みを入れます。

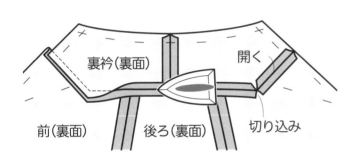

7 見返しと表衿を縫う

7-① 見返しと表衿の表面どうしを合わせ、ミシンで縫います。

7-② アイロンで縫い代を開きます。

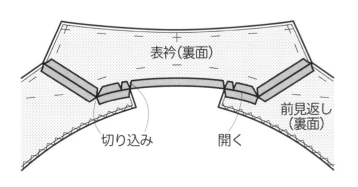

8 表衿と裏衿を縫い合わせる

裏衿・身頃と表衿・見返しの表面どうしを合わせて、裾から衿まわりをぐるりとミシンで縫います。

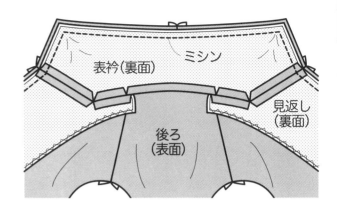

9 見返し・衿を表にひっくり返す

9-① 8で縫ったミシン目にアイロンをかけます。

9-② 見返し・表衿を表にひっくり返します。

9-③ 返り止まりから上は表衿側から裏衿が見えないように、返り止まりから下は表から見返しが見えないようにアイロンで形を整えます。

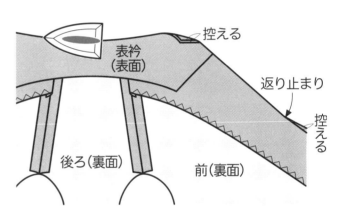

10 見返しをまつる

表衿の後ろ衿ぐりと見返しの肩線を身頃にまつりつけます。

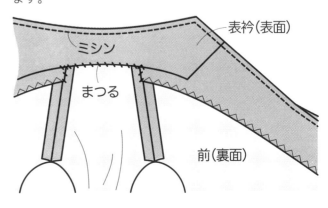

フリルカラー

衿ぐりに幅の広いフリルをつけて作ります。なるべく薄手の布地を選び、1枚で仕立てます。布地によって、フリルの幅やギャザー分量を調節しましょう。

1 フリルを裁断する

バイアス地、たて地、よこ地等布目によって雰囲気が変わってきますので、デザインに合わせて布目を選びましょう。

2 フリルの裁ち端の始末をする

2-① 出来上がり線の印より0.2cm外側をミシンで縫います。

2-② ミシン目のきわから縫い代を切り取ります。

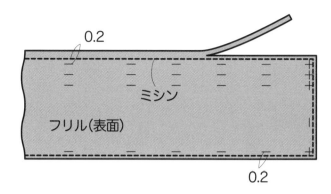

2-③ ミシン目を芯にしながら、細かく撚りぐけ(72ページ参照)をします。表に出る縫い目は出来るだけ小さくします。

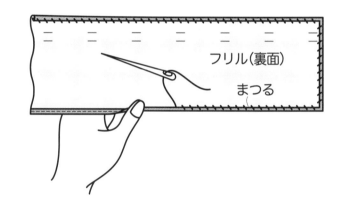

3 フリルをつけ寸法に縮める

3-① 衿つけ線の縫い代にぐし縫いをします。ミシンの縫い目を一番大きくして縫っても良いでしょう。

※ミシン縫いの縫い始めと縫い終わりは、返し縫いをします。

3-② ぐし縫いの糸を引いて、フリルを衿ぐりのつけ寸法まで縮めます。ギャザーが均等に寄るようにします。

5 身頃にフリルをつける

5-① フリルの裏面と身頃の表面を合わせて置きます。

5-② フリルを衿ぐりの形に合わせて乗せ、全体のギャザーの寄せ具合を見ながらまち針でとめていきます。

5-③ しつけをします。

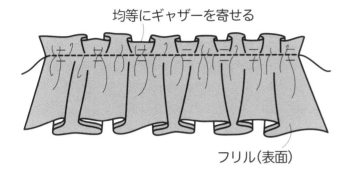

均等にギャザーを寄せる

フリル（表面）

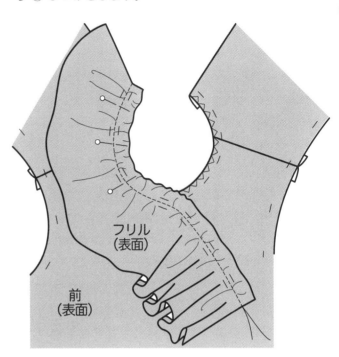

フリル（表面）

前（表面）

5-④ フリルのギャザーがずれてしまわないよう注意しながら、ミシンで縫います。

5-⑤ 縫い終わったら、しつけの糸、ぐし縫いの糸を抜き取ります。

4 身頃の肩線を縫う

4-① 身頃の肩線を縫い、後ろ中心のあきの始末をしておきます。

4-② 衿ぐりはロックミシンまたはジグザグミシンで始末します。

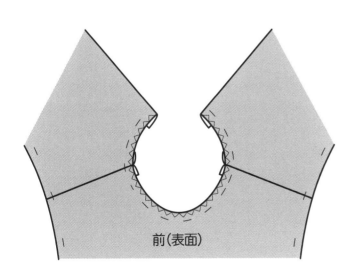

前（表面）

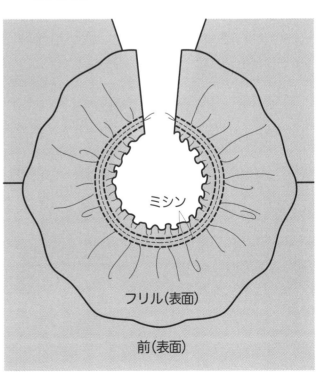

ミシン

フリル（表面）

前（表面）

カスケードカラー

カスケードとは滝の意味で、衿ぐりから出るドレープで滝が流れているような雰囲気を出しています。1枚で軽く仕立てます。柔らかい布地に向くデザインです。

1 衿を裁断する

後ろ中心をわで裁断する事は出来ませんので、左右対称に2枚裁断します。

衿(裏面)

2 衿の後ろ中心を縫う

2-① 衿の表面どうしを合わせ、後ろ中心をミシンで縫います。

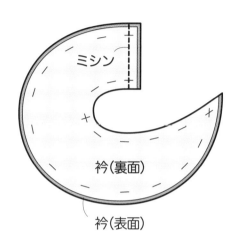

ミシン

衿(裏面)

衿(表面)

2-② ミシン目にアイロンをかけます。

2-③ その後、アイロンで縫い代を開きます。布地が薄い場合など、アイロンの温度に気をつけましょう。

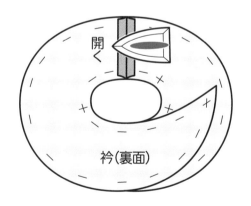

開く

衿(裏面)

3 衿の外まわりを縫う

衿の外まわりを三つ折り端ミシン (70ページ参照) で始末をします。特にバイアス地になっている部分は、伸ばさないように注意しましょう。

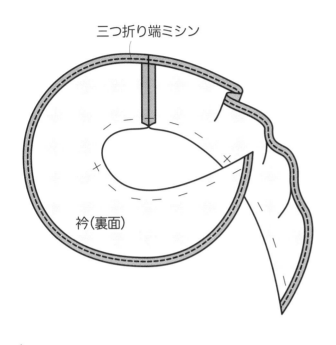

三つ折り端ミシン

衿(裏面)

4 身頃に衿を置く

4-① 身頃の肩線を縫います。

4-② 身頃の表面と衿の裏面を合わせて置き、まち針でとめます。

4-③ フレアの感じを見ながら、印より0.2cm縫い代側をミシンで縫います。

4-④ 衿がつれている所に切り込みを入れ、衿ぐりに合わせます。

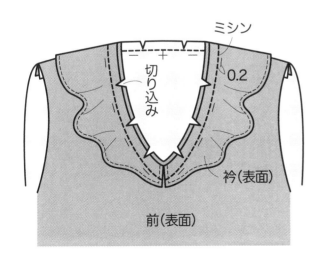

ミシン

切り込み

0.2

衿(表面)

前(表面)

5 身頃に衿をつける

5-① 衿の上にバイアステープを乗せます。

5-② 衿ぐりをミシンで縫います。衿ぐりを伸ばさないように注意して下さい。

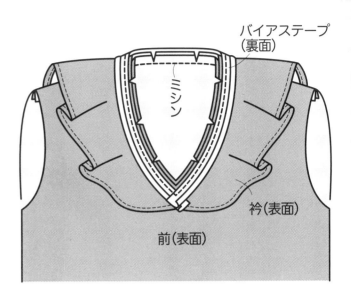

バイアステープ(裏面)

ミシン

衿(表面)

前(表面)

6 バイアステープを身頃にまつる

6-① バイアステープを身頃の裏面側に折り、縫い代を包み込みます。

6-② 細かくまつります。

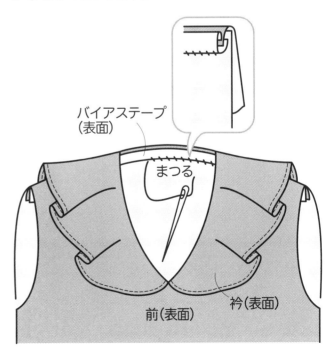

バイアステープ(表面)

まつる

衿(表面)

前(表面)

フード

フードは頭をゆったり覆っているずきんの事をいい、衿ぐりに縫いつけられた物と取り外しが出来る物とがあります。ここでは、衿ぐりに縫いつけるタイプの物の縫い方を紹介します。

1 フードを裁断する

フードを左右対称に2枚裁断します。

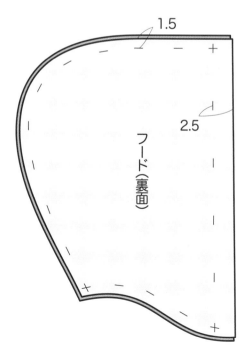

2 フードの中心を縫う

2-① フードの表面どうしを合わせてミシンで縫います。

2-② 2枚一緒にロックミシンまたはジグザグミシンをかけて縫い代の始末をします。

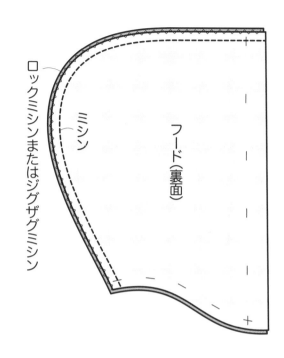

2-③ 縫い代は表から見て右側にアイロンで折ります。

2-④ 縫い代を落ち着かせるため表側からミシンをかけます。

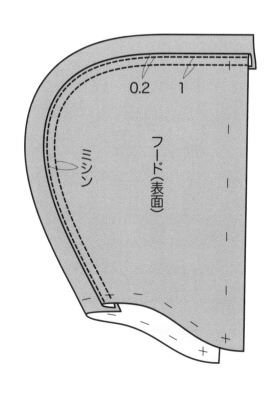

※ミシン縫いの縫い始めと縫い終わりは、返し縫いをします。

3 ひも通し穴を作る

3-① ひも通し穴を作る位置に力布(接着芯)を貼ります。力布は見返しを出来上がりに折った時、隠れる大きさにします。

3-② はと目穴、もしくはボタンホールを作ります。

3-③ 前端にロックミシンまたはジグザグミシンをかけて、裁ち端の始末をします。

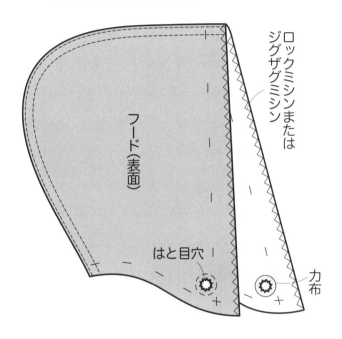

4 前端を縫う

4-① 前端の縫い代を出来上がり線に沿って裏側に折ります。

4-② 縫い代のきわをミシンで縫います。

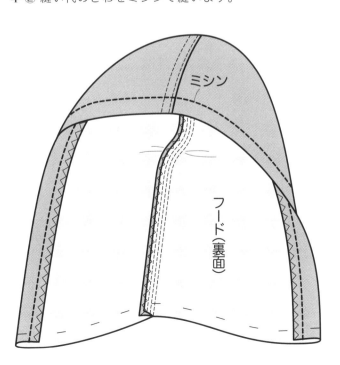

5 身頃にフードをつける

5-① 身頃とフードの表面どうしを合わせてまち針ととめます。

5-② 見返しを前端でフード側に折ります。

5-③ 衿ぐりをぐるりとミシンで縫います。

5-④ 縫い代に2枚一緒にロックミシンまたはジグザグミシンをかけて始末します。

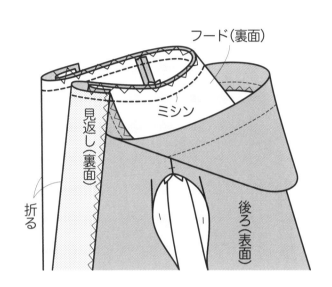

5-⑤ フードを起こし、縫い代を身頃側に折ります。

5-⑥ 前端から衿ぐりまで続けてミシンで縫います。

5-⑦ ひも通し穴からひもを通します。

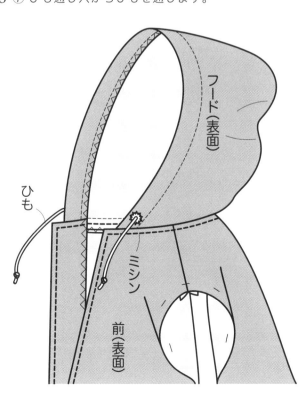

あきの作り方

一般的なあき

ブラウスやワンピースなど最もよく見られるあきの仕立てです。ここでは見返しを別に裁断していますが、前端をわにして見返しを続けて裁断しても良いでしょう。

1 見返しを裁断する

見返しを裁断します。見返し端は縫い代をつけずに裁断します。それ以外には1cmの縫い代をつけます。

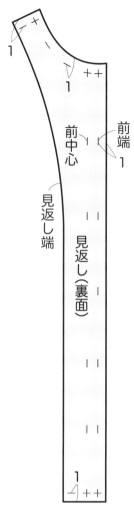

前中心

前端

見返し端

見返し（裏面）

2 見返しに接着芯を貼る

2-① 見返しの裏面に接着芯をアイロンで貼ります。見返しを続けて裁断した場合も見返しには接着芯を貼ります。

2-② 見返し端はロックミシンまたはジグザグミシンをかけて始末します。

ロックミシンまたはジグザグミシン

接着芯

見返し（裏面）

　※ミシン縫いの縫い始めと縫い終わりは、返し縫いをします。

3 身頃と見返しを縫い合わせる

3-① 身頃と見返しの表面どうしを合わせ、前端線と裾線にミシンをかけます。

3-② 身頃の裾の縫い代を図のように切り取ります。

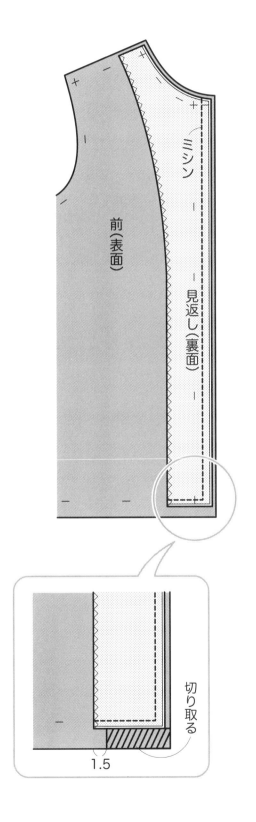

前（表面）

ミシン

見返し（裏面）

切り取る

1.5

4 見返しを身頃の裏面にひっくり返す

4-① ミシン目にアイロンをかけてから、縫い代を開きます。

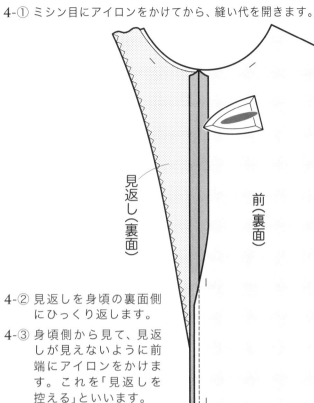

見返し（裏面）

前（裏面）

4-② 見返しを身頃の裏面側にひっくり返します。

4-③ 身頃側から見て、見返しが見えないように前端にアイロンをかけます。これを「見返しを控える」といいます。

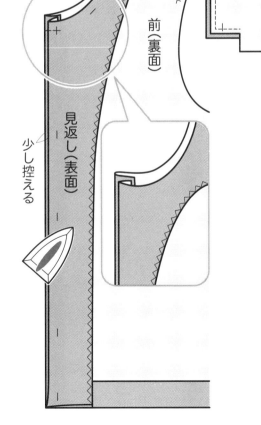

前（裏面）

見返し（表面）

少し控える

前立てあき

前立てとは、前身頃の前端につける細長い布のことです。ここでは前立てを上前身頃に別裁ちでつける方法を説明します。

1 上前身頃を裁断する

上前を裁断します。前端から1cmの縫い代をつけます。

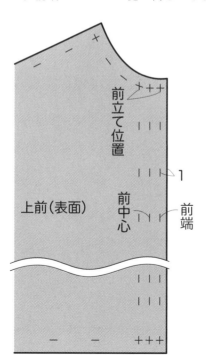

前立て位置

上前(表面)

前中心

前端

1

2 前立てを裁断する

前立てを裁断します。前立てのまわりに1cmの縫い代をつけます。

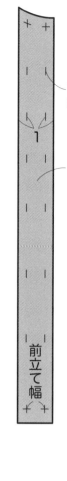

前端

前立て(表面)

前立て幅

3 前立てに接着芯を貼る

3-① 前立ての裏面に接着芯をアイロンで貼ります。

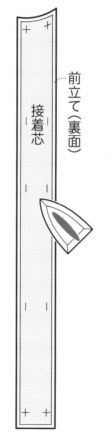

接着芯

前立て(裏面)

3-② 前立ての縫い代を図のようにを出来上がり線に沿って、アイロンでしっかり折ります。

前端

前立て(裏面)

縫い代

出来上がり線に沿って折る

　※ミシン縫いの縫い始めと縫い終わりは、返し縫いをします。

4 前立てと身頃を縫い合わせる

4-① 身頃の裏面と前立ての
　表面を合わせて、前端
　にミシンをかけます。

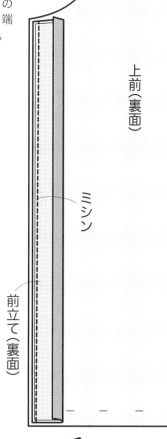

上前（裏面）

ミシン

前立て（裏面）

4-② ミシン目にアイロンを
　かけてから、縫い代を
　開きます。

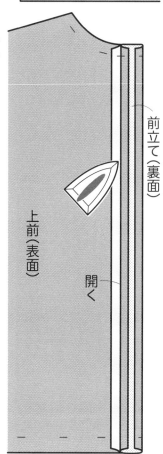

前立て（裏面）

上前（表面）

開く

5 前立てを身頃の表面にひっくり返す

5-① 前立てを身頃の表
　面にひっくり返
　し、アイロンをか
　けます。

5-② 前立ての両端にミ
　シンをかけ、身頃
　に縫いつけます。

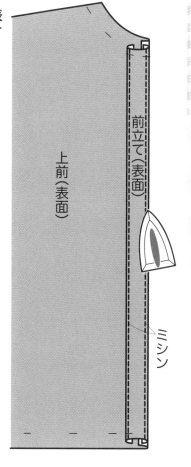

上前（表面）

前立て（表面）

ミシン

6 下前身頃を作る

6-① 下前身頃には図のように見返しを続けて裁断し、接
　着芯を貼ります。

6-② 見返しを裏面側にアイロンで折り、見返し端にミシ
　ンをかけます。

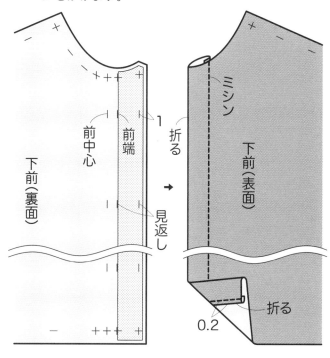

下前（裏面）

前中心

前端

見返し

折る

ミシン

下前（表面）

折る

0.2

ループあき

ボタンに布ループをかけて着るループあきです。ボタンは厚みのある物やくるみボタンを利用すると着脱がし易いです。下前身頃は158ページを参照し、見返しをつけて仕立てます。

1 布ループを作る

1-① バイアスに裁断した布（73ページ参照）を縫い合わせ、布ループを作ります。この時、布がよじれないように注意します。使用する全部の布ループの長さを1本で作り、後から使用する長さに切り分けます。

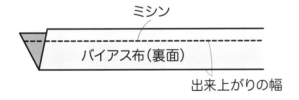

ミシン

バイアス布（裏面）

出来上がりの幅

1-② 縫い代を細く切ります。
1-③ 布ループの端に図のように糸を縫いつけます。

切り取る

バイアス布（裏面）

1-④ 針穴側からループの中を通して反対側に出します。

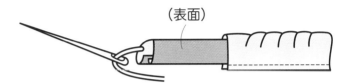

バイアス布（裏面）

1-⑤ 糸を引っ張り、布ループをひっくり返します。市販されている「ループ返し」を使うとさらに簡単に出来ます。（11ページ参照）

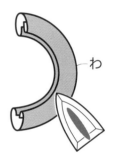

（表面）

1-⑥ 布ループを1個分の長さにカットします。
1-⑦ 縫い目のある方を内側にしてアイロンでカーブをつけます。

わ

2 上前と上前見返しを裁断する

上前と上前見返しを裁断します。布ループを挟むので、上前見返しは別に裁断し、接着芯を貼ります。

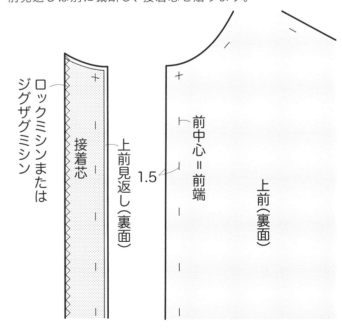

ロックミシンまたはジグザグミシン

接着芯

上前見返し（裏面）

前中心＝前端

上前（裏面）

1.5

162　※ミシン縫いの縫い始めと縫い終わりは、返し縫いをします。

3 布ループを身頃に しつけでとめる

上前のつけ位置に布ループを置き、しつけをします。布ループの内側の寸法をボタンの直径に合わせ、カーブの先を前端線から0.2cm出します。

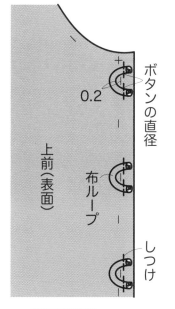

ボタンの直径
0.2
上前（表面）
布ループ
しつけ

4 身頃と見返しを縫い合わせる

4-① 上前見返しと上前の表面を内側に合わせ、前端線より0.3cm外側にミシンをかけます。

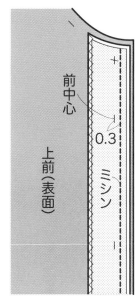

前中心
0.3
上前（表面）
ミシン

4-② 見返しを表にひっくり返します。

4-③ 見返しのきわにミシンをかけます。布ループに2回ミシンがかかるので丈夫になります。

ミシン
上前（表面）
上前見返し（表面）

5 見返しを身頃の裏面側に返す

見返しを前端線から0.3cm控えて前端線で折ります。

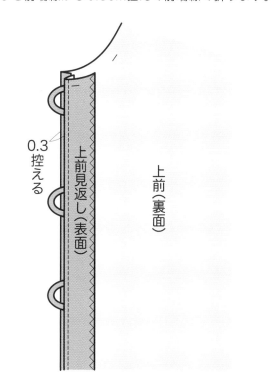

0.3控える
上前見返し（表面）
上前（裏面）

6 ボタンをつける

下前身頃を作り、ボタンをつけます。

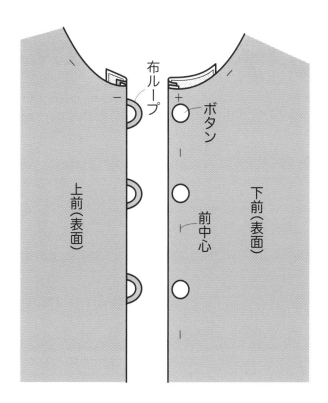

布ループ
ボタン
上前（表面）
下前（表面）
前中心

163

後ろ布ループあき

後ろに切り込みを入れて、布ループあきを作った仕立てです。ブラウス、チュニックなどかぶりのデザインに適しています。あきの長さを短くしてしまうと頭が入らなくなりますので、必ず寸法が足りるかを確認しましょう。

1 あきの長さを決める

あきの長さ、布ループつけ位置を決めます

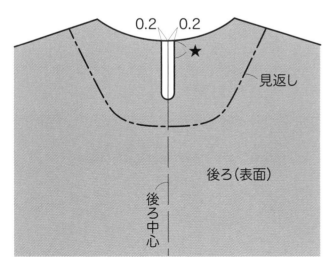

★= 布ループつけ位置

0.2　0.2

見返し

後ろ（表面）

後ろ中心

2 見返しを裁断し、接着芯を貼る

2-① 見返しを身頃と同じ布目で裁断します。

2-② 見返しの裏面に接着芯をアイロンで貼ります。

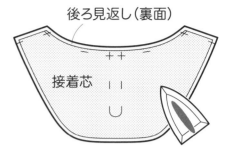

後ろ見返し（裏面）

接着芯

※前見返しも同様

3 見返しを作る

3-① 前見返しと後ろ見返しの表面どうしを合わせて、肩線にミシンをかけます。

3-② 縫い代を開きます。

3-③ 見返しのまわりにロックミシンまたはジグザグミシンをかけて、裁ち端を始末します。

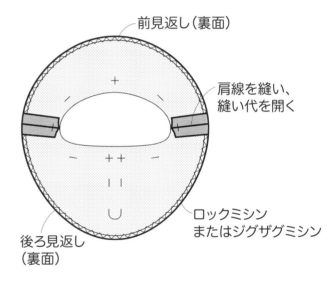

前見返し（裏面）

肩線を縫い、縫い代を開く

後ろ見返し（裏面）

ロックミシンまたはジグザグミシン

4 身頃と見返しを縫い合わせる

4-① 布ループを作り（162ページ1参照）、つけ位置にしつけでとめます。

4-② 身頃の肩線を縫います。

しつけ　　布ループ

後ろ（表面）

　※ミシン縫いの縫い始めと縫い終わりは、返し縫いをします。

4-③ 身頃と見返しの表面どうしを合わせて、衿ぐりとあき部分にミシンをかけます。あきの部分は細かい針目で縫います。

4-④ 縫い代に切り込みを入れます。

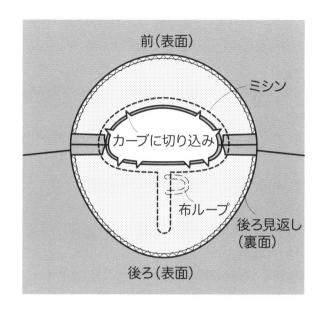

5 あきの位置に切り込みを入れる

後ろのあき位置に切り込みを入れます。ミシン目を切らないように注意して、先まできっちり入れましょう。

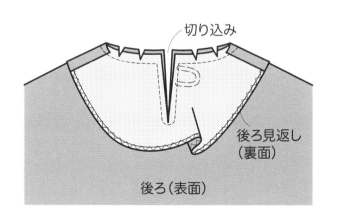

6 見返しを身頃裏面に返す

6-① 見返しを身頃の裏面にひっくり返します。

6-② アイロンで整え、衿ぐりとあき部分にミシンをかけます。

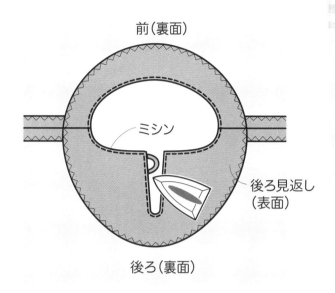

6-③ 見返しがめくれてこないよう、部分的にまつります。

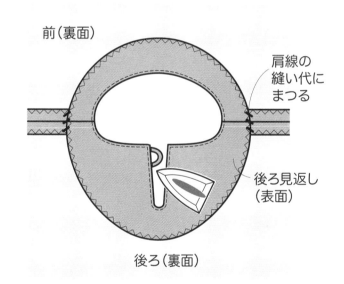

7 ボタンをつける

布ループに合わせて、ボタンをつけます。

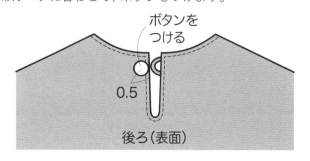

一枚あき

身頃に切り込みを入れ、1枚の別断ちの布で持ち出しと見返しを作る短ざくあきのように見えるあきです。スポーティーなデザインによく用いられます。

1 あきの位置を確認する

短ざくあき風に見せるため、あきの位置を下前側に打ち合い幅分だけずらします。

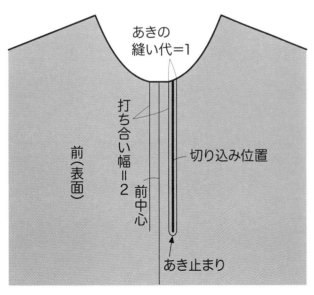

2 当て布を裁断する

当て布は打ち合い幅の約5倍の幅、長さはあき止まりまでの寸法に4cmプラスした長さに裁断します。布は表布を使用します。

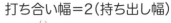

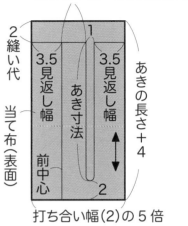

3 当て布に接着芯を貼る

当て布の裏面に接着芯をアイロンで貼ります。

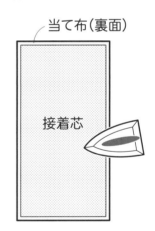

4 当て布の裁ち端を始末する

当て布の裁ち端をロックミシンまたはジグザグミシンで始末します。

5 当て布と身頃を縫い合わせる

5-① 当て布と身頃の表面どうしを合わせます。

5-② 当て布のあきの位置を図のように置きます。

5-③ あきの位置を中心にして0.5cmの幅でミシンをかけます。

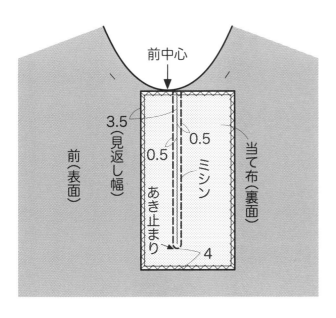

7 上前側の当て布を折る

7-① 上前（右側）の当て布を左側にミシン目のきわからアイロンでしっかりと折ります。

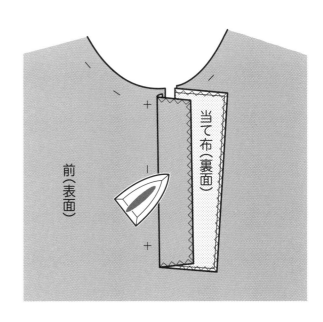

6 あきの位置に切り込みを入れる

あき止まりの0.2cm手前までに2枚一緒に切り込みを入れます。

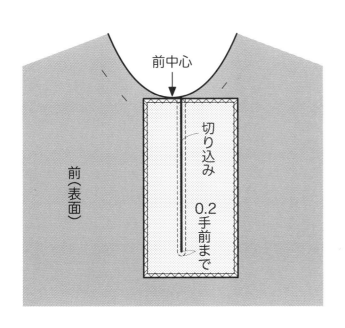

7-② 折り目のきわにミシンをかけます。ミシンは衿ぐりからあき止まりの位置までです。

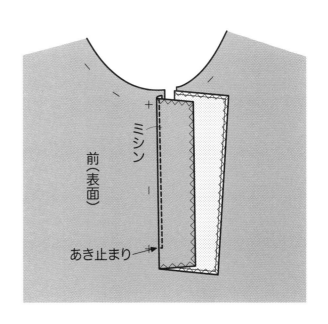

次ページにつづく▶

8 当て布を身頃の裏面側にひっくり返す

当て布全部を身頃の裏面にひっくり返し、アイロンで整えます。

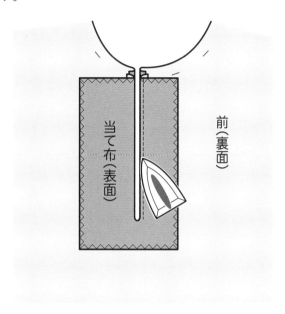

9-② 9-①のミシン目にアイロンをかけます。

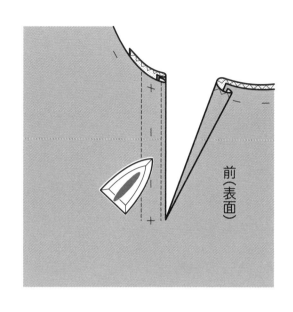

9 上前側の当て布を固定する

9-① 上前側に表からミシンをかけ、当て布を固定します。ミシンは前端線と打ち合い幅の位置にかけます。

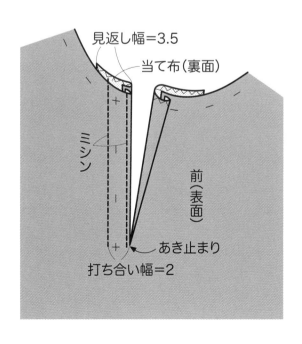

見返し幅=3.5
当て布（裏面）
ミシン
前（表面）
あき止まり
打ち合い幅=2

10 下前側の当て布を折る

10-① 下前側の当て布を打ち合い幅にして、アイロンで折ります。

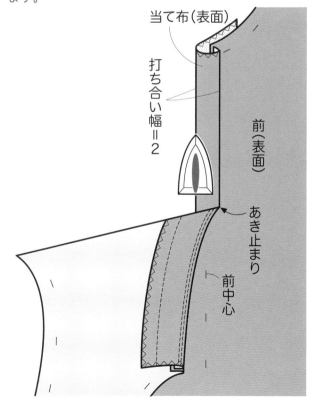

当て布（表面）
打ち合い幅=2
前（表面）
あき止まり
前中心

　※ミシン縫いの縫い始めと縫い終わりは、返し縫いをします。

10-② 当て布のきわに下まで通してミシンをかけます。
　　この部分が持ち出しになります。

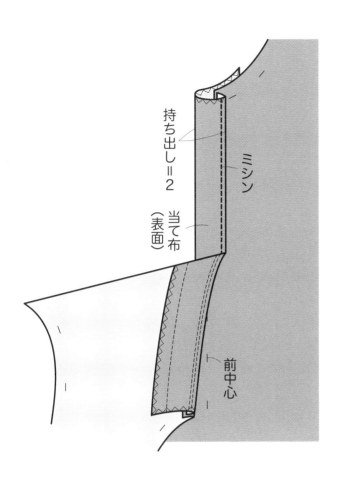

持ち出し＝2

ミシン

当て布
（表面）

前中心

11 あき止まり位置を縫う

11-① 上前、下前を重ねて、あき止まりの位置に4枚一緒にミシンをかけます。図の順序で縫うと、途中で糸を切ることなく、きれいに縫えます。

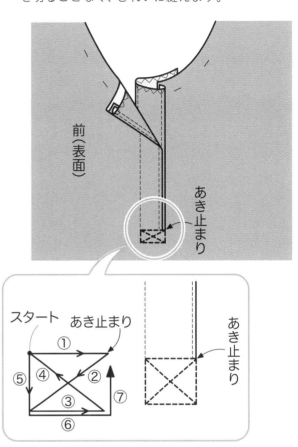

前（表面）

あき止まり

スタート　あき止まり

①②③④⑤⑥⑦

あき止まり

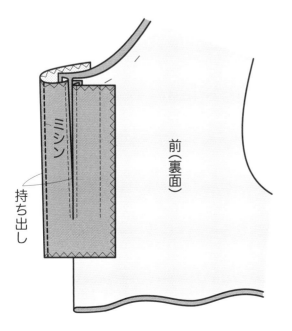

10-③ 持ち出しの折り目のきわに下まで通してミシンをかけます。

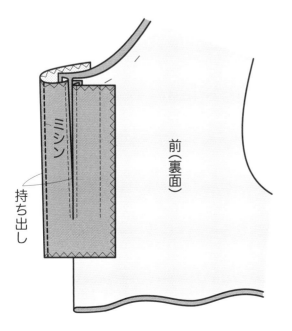

ミシン

持ち出し

前（裏面）

11-② 出来上がりを裏面から見た図です。当て布を折りたたんであきを作っています。

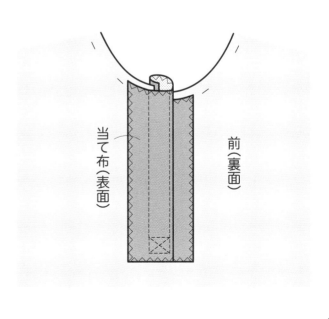

当て布（表面）

前（裏面）

短ざくあき

あきの位置につける細長い布が和歌に使われる短ざくに似ている事からこの名前がつきました。ボタンホールは縦に作ります。スポーティなデザインの服によく合います。

1 短ざく布の大きさを決める

短ざく布の幅と長さを決めます。幅は前中心から左右に同じ寸法を取り、長さはあき止まり位置より1.5cm長くします。

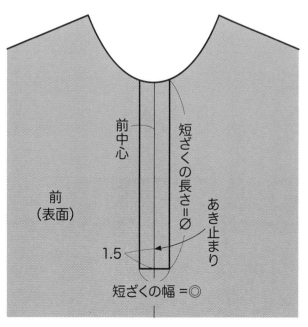

前中心

前
（表面）

短ざくの長さ＝∅

あき止まり

1.5

短ざくの幅 ＝◎

2 短ざく布を裁断する

短ざく布を2枚裁断します。2倍の短ざく幅にして裁断しますので注意して下さい。

1   1

◎×2   ◎×2

上前短ざく布   下前短ざく布

∅   ∅

1

1.5   1.5

3 短ざく布に接着芯を貼る

短ざく布の裏面に、出来上がり線の大きさに裁断した接着芯をアイロンで貼ります。

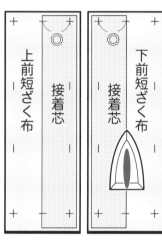

上前短ざく布　接着芯

下前短ざく布　接着芯

4 短ざく布の端を折る

4-① 接着芯を貼った反対側を出来上がり線に沿ってアイロンで折ります。

4-② 上前短ざく布の縫い代を図のように切り取ります。

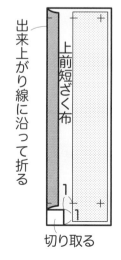

出来上がり線に沿って折る

上前短ざく布

出来上がり線に沿って折る

下前短ざく布

1

切り取る

　※ミシン縫いの縫い始めと縫い終わりは、返し縫いをします。

5 短ざく布と身頃を縫い合わせる

身頃のつけ位置に短ざく布の表面を合わせて置き、ミシンをかけます。下側は、印まで縫います。

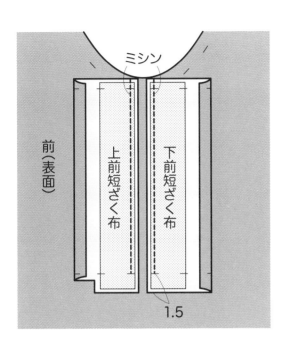

ミシン
前（表面）
上前短ざく布
下前短ざく布
1.5

6-② 切り込みを裏面から見た図です。このようにミシン目のきわまできっちりと切り込みを入れましょう。

前（裏面）
切り込み

6 身頃に切り込みを入れる

6-① 短ざく布の縫い代をよけて、身頃の中心に逆Y字形に切り込みを入れます。切り込みは5の縫い止まり位置まで入れます。

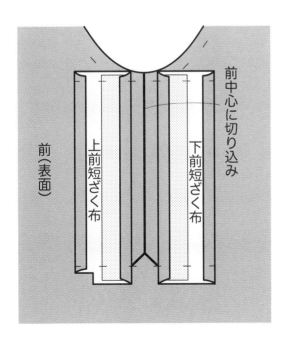

前（表面）
上前短ざく布
下前短ざく布
前中心に切り込み

7 下前短ざく布を形作る

7-① 下前短ざく布を上前短ざく側に折ります。
7-② 縫い目にアイロンをかけます。

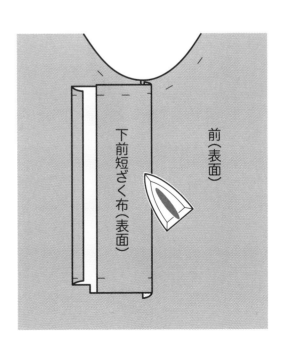

前（表面）
下前短ざく布（表面）

次ページにつづく▶

7-③ 下前短ざく布を切り込みの内側に入れ、下の三角形の
布を手前にします。

7-④ 上端を図のように半分に折り、短ざく布幅の半分を
縫って切り込みを入れます。

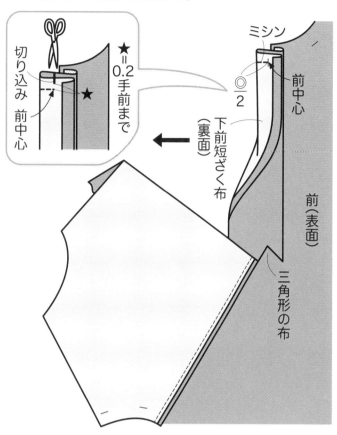

7-⑤ 表に返して、出来上がりにアイロンでしっかりと折り
ます。

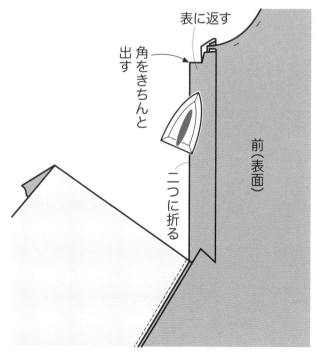

7-⑥ 下前短ざく布の縫い目のきわと折り山のきわにミシ
ンをかけます。

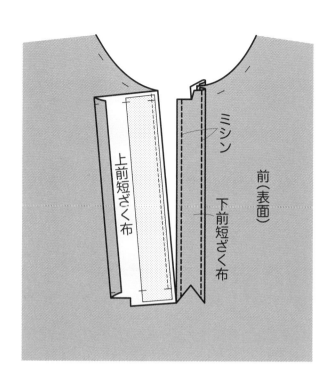

8 上前短ざく布を形作る

8-① 上前短ざく布の下の部分を出来上がり線に沿って折り
ます。

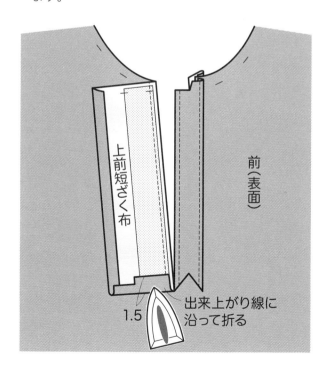

8-② 上前短ざく布も下前と同様に上端を半分に折り、短ざく布幅の半分を縫って切り込みを入れます。

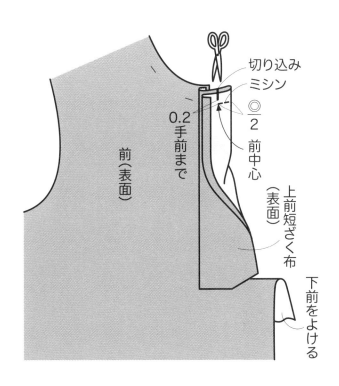

切り込み
ミシン
0.2手前まで
◎/2
前中心
前（表面）
上前短ざく布（表面）
下前をよける

9 あき止まり位置を縫う

9-① 上前短ざく布と下前短ざく布を重ねて下まで通してミシンをかけます。

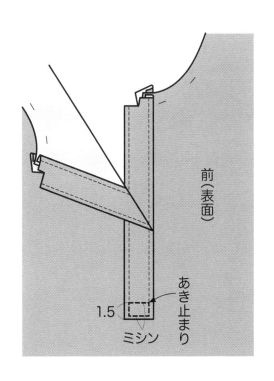

前（表面）
1.5
あき止まり
ミシン

8-③ 表に返して、出来上がりに折り、下前をよけて縫い目のきわと折り山のきわにミシンをかけます。この時、下から1.5cmは縫い残します。

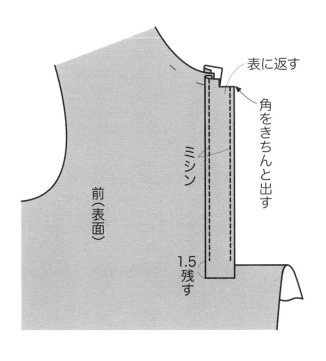

前（表面）
表に返す
角をきちんと出す
ミシン
1.5残す

9-② 出来上がりを裏面から見た図です。

9-③ 下前短ざく布の下端をかがって始末します。

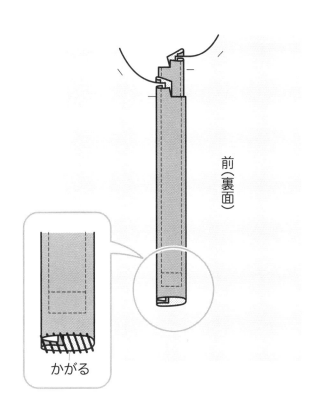

前（裏面）
かがる

縫い目利用のあき

前の縫い目を利用して作ったあきです。縫い目が上から下まで一直線に見えるのが特徴です。見返しが動いて気になるようでしたら、あきの位置に表から横にミシンで縫います。

1 上前を裁断する

上前を裁断します。あき止まりより上は前端線から見返しの幅をつけて裁断し、あき止まりより下は前端線より1cmの縫い代をつけます。

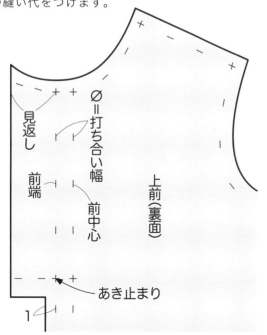

2 下前を裁断する

下前は前中心線より打ち合いの幅分だけ身頃側に入った位置を縫い合わせることになります。あき止まりより上は中心線より打ち合いの幅と見返し分をプラスして裁断し、あき止まりより下は中心線より打ち合いの幅分入った位置から1cmの縫い代をつけます。

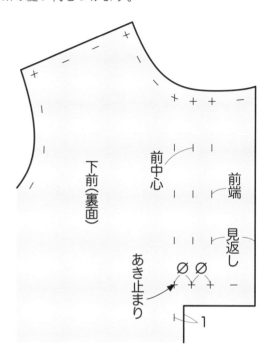

3 見返しに接着芯を貼る

3-① 上前、下前の見返し裏面に見返しの大きさに裁断した接着芯をそれぞれアイロンで貼ります。

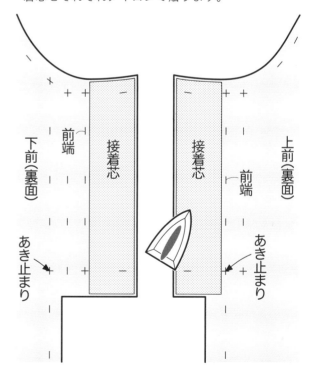

※ミシン縫いの縫い始めと縫い終わりは、返し縫いをします。

3-② 見返し端と縫い代にロックミシンまたはジグザグミシンをかけて始末します。

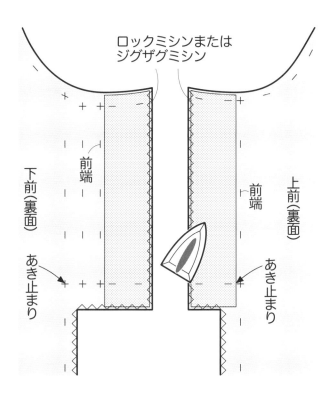

ロックミシンまたは
ジグザグミシン

前端

前端

下前（裏面）

上前（裏面）

あき止まり

あき止まり

4 身頃を縫う

4-① 身頃の表面どうしを合わせて、裾からあき止まりの位置までミシンをかけます。

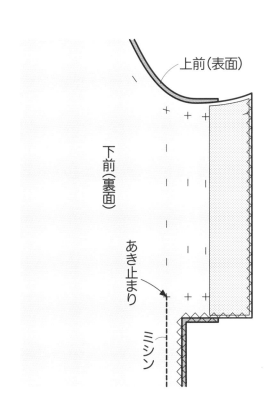

上前（表面）

下前（裏面）

あき止まり

ミシン

4-② 縫い代をアイロンで開きます。前端まで続けてアイロンをかけましょう。

4-③ 下前の縫い代に図のように斜めに切り込みを入れます。

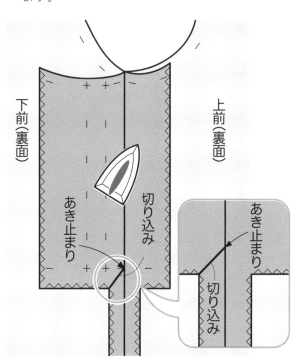

下前（裏面）

上前（裏面）

あき止まり

切り込み

あき止まり

切り込み

5 あき止まりを縫う

5-① 下前の見返しを前端線で折ります。

5-② 図のようにあき止まりの位置に横方向のミシンをかけます。身頃まで縫わないように注意しましょう。

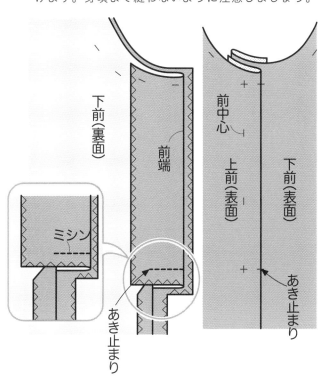

下前（裏面）

前端

前中心

上前（表面）

下前（表面）

ミシン

あき止まり

あき止まり

タック利用のあき

前中心をわに裁断して、あきの下にタックを折って仕立てる方法です。タックがデザインポイントになります。ひだスカートなどのボタンあきもこれを応用して作ります。

1 下前中心を決める

1-① タック分をあらかじめ決めておきます。

1-② 図のようにタックの端から打ち合い幅をとり、上前方向に入った所を下前中心にします。

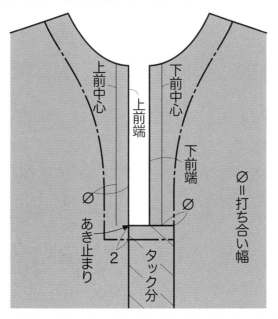

2 身頃を裁断する

身頃を裁断した図です。タック分は切り取らずに裁ちます。

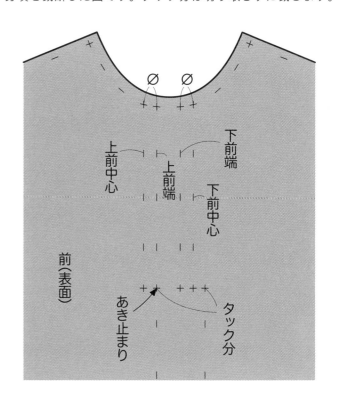

3 見返しを作る

3-① 見返しを左右対称に2枚裁断します。

3-② 見返しの裏面に接着芯をアイロンで貼ります。

3-③ 見返し端をロックミシンまたはジグザグミシンをかけて始末します。

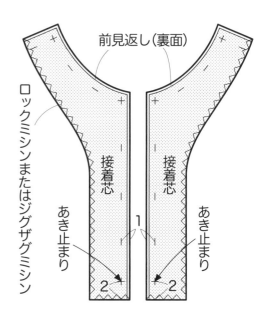

※ミシン縫いの縫い始めと縫い終わりは、返し縫いをします。

4 身頃と見返しを縫い合わせる

身頃と見返しの表面どうしを合わせて、前端線に図のようにミシンをかけます。ミシンは見返しの下端から1cm残した所まで縫います。

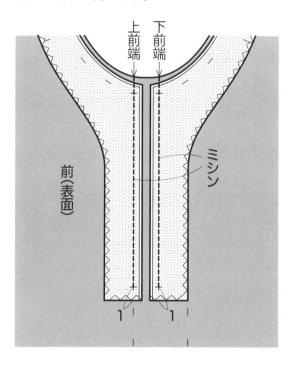

5 身頃に切り込みを入れる

見返しの縫い代をよけて、身頃に切り込みを逆T字形に入れます。切り込みの先は4で縫い止めた所に合わせます。（タック分量が多い場合は、見返しの縫い代幅に合わせて切り取ります。）

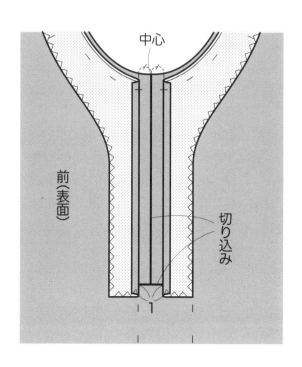

6 見返しをひっくり返す

6-① 上前、下前の見返しを身頃の裏面にひっくり返します。
6-② 前端線にミシンをかけます。

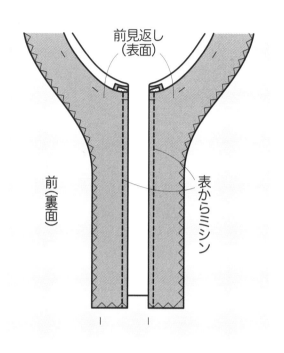

7 あき止まり位置を縫う

7-① 上前中心と下前中心を合わせて、タックをたたみます。
7-② あき止まり位置から1.5cm下にミシンをかけます。ミシンの横幅は、上前端線から下前端線までです。

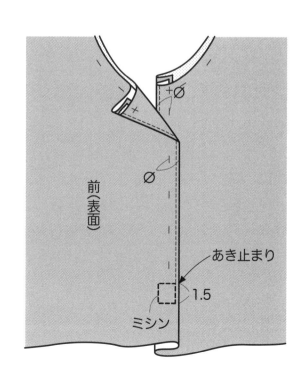

177

比よくあき

比よく仕立ては、上前端が二重になっていて表からボタンが見えないあきのことです。この項ではコートやジャケットに使われる、本格的な作り方を説明します。ボタンは厚みの薄い物を使用します。

1 上前身頃と上前見返しを裁断する

比よくあきは上前だけの操作で作ります。下前は158ページの一般的なあきと同じに作ります。

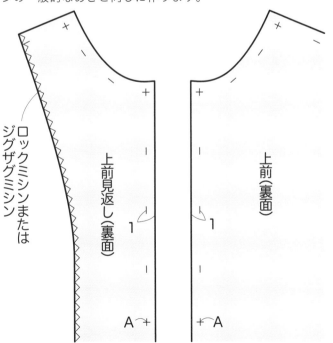

2 比よく布を裁断する

比よく布を図のように裁断します。薄く仕上げるために比よく布は裏布を使用します。太線が比よく布の大きさです。

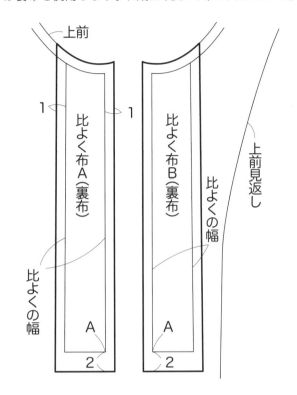

3 上前見返しに接着芯を貼る

上前見返しの裏面に接着芯をアイロンで貼ります。

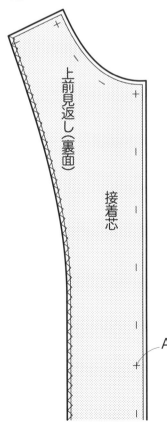

4 比よく布Aと身頃を縫い合わせる

4-① 比よく布Aと身頃の表面どうしを合わせて、衿ぐりの1cm下からAまでにミシンをかけます。

4-② 縫い始めと縫い終わりの位置の縫い代に切り込みを入れます。

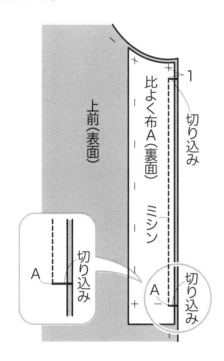

4-③ 比よく布Aを上前の裏面にひっくり返します。

4-④ 前端にアイロンをかけます。この時、比よく布を上前の前端より0.3cm控えます。

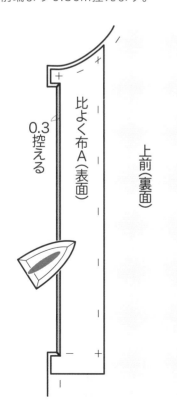

4-⑤ 身頃の表面からしつけをかけて、比よく布Aを固定します。

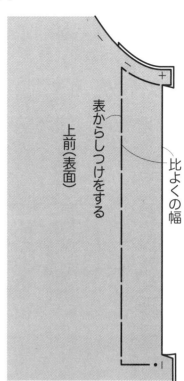

5 見返しと比よく布Bを縫い合わせる

5-① 見返しと比よく布Bの表面どうしを合わせて、4と同様に衿ぐりの1cm下からAまでにミシンをかけます。

5-② 縫い始めと縫い終わりの位置の縫い代に切り込みを入れます。

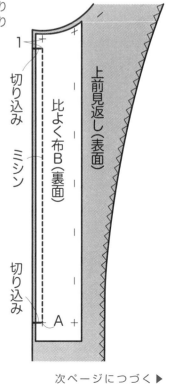

次ページにつづく▶

▶ 比よくあき（つづき）

5-③ 比よく布Bを見返しの裏面にひっくり返します。

5-④ 前端にアイロンをかけます。この時も比よく布Bは見返しより0.3cm控えます。

5-⑤ その後、表面から比よく布Bにしつけをして固定します。

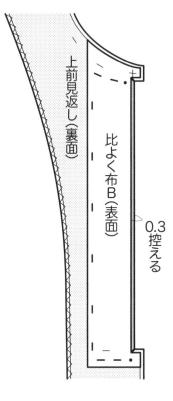

上前見返し（裏面）

比よく布B（表面）

0.3控える

6 ボタンホールを作る

上前見返しにボタンホールを作ります。ボタンホールは横穴にします。

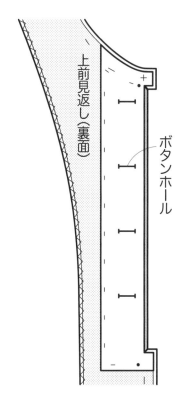

上前見返し（裏面）

ボタンホール

7 見返しと身頃を縫い合わせる

7-① 身頃と見返しの表面どうしを合わせて、衿つけ止まりから縫い残した1cmの部分と、Aより下にミシンをかけます。

7-② 衿つけ止まりに切り込みを入れます。

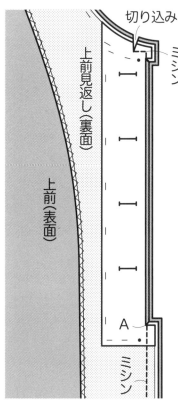

切り込み

上前見返し（裏面）

ミシン

上前（表面）

A

ミシン

7-③ 前端の縫い代をアイロンで開きます。

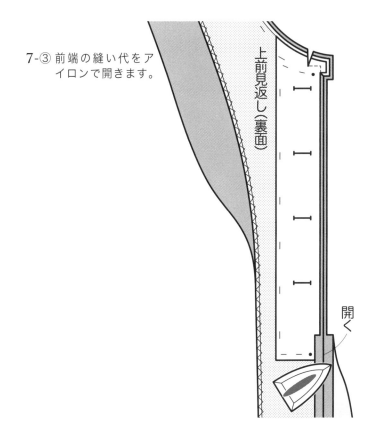

上前見返し（裏面）

開く

　※ミシン縫いの縫い始めと縫い終わりは、返し縫いをします。

7-④ 見返しを身頃の裏面にひっくり返します。

7-⑤ 見返しを0.2cm控えて、整えます。

9 糸ループをつける

9-① ボタンホールとボタンホールの間に図のように糸ループをつけます。

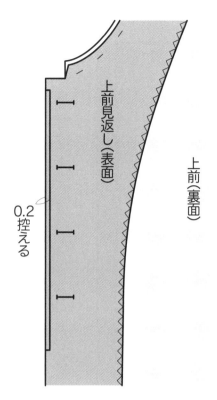

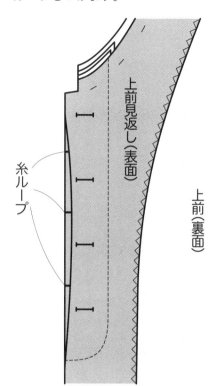

8 身頃を縫う

表側から比よくの幅に4枚一緒にミシンをかけ、しつけを取り除きます。

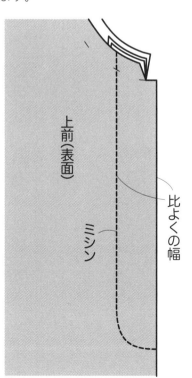

9-② 糸ループの作り方です。この場合の糸ループの長さは0.5cmぐらいにし、糸は穴糸(9ページ参照)を使います。

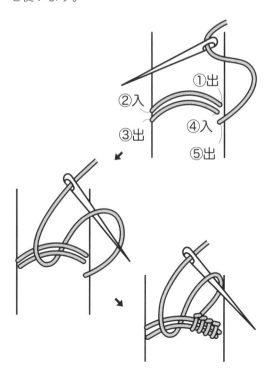

ファスナーあき

基本的なファスナーのつけ方です。スカート、ワンピースなど多くのあきに適しています。ファスナーはあきの寸法よりも1cm短い長さの物を用意して下さい。ファスナーつけ用の押さえ金も用意します。

1 あき部分の縫い代に接着芯を貼り、あき止まりから裾まで縫う

1-① あき部分の縫い代に接着テープまたは細く切った接着芯をアイロンで貼ります。

1-② それぞれの表面どうしを合わせ、あき止まりから下は普通のミシン目で縫います。

1-③ あき部分は粗いミシン目で縫います。

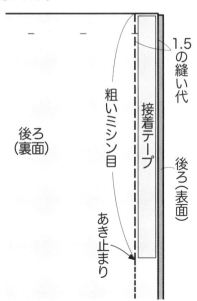

2 縫い代をアイロンで開く

縫い代をアイロンで開きます。あき止まりより下の縫い代もアイロンで開いておきます。

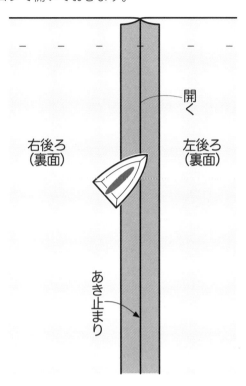

3 下後ろにファスナーをつける

3-① 左後ろになる方の縫い代を縫い目より0.3cm出して、アイロンでしっかり折ります。

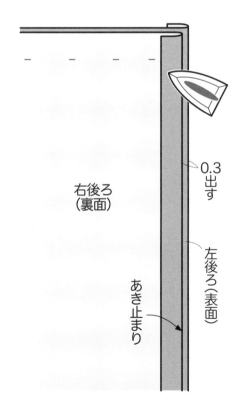

※ミシン縫いの縫い始めと縫い終わりは、返し縫いをします。

3-② スライダー（開閉する際のつまみ金具）を上まで上げた状態で印より0.7cm下に合わせて、ファスナーを置きます。

3-③ 図のようにミシンをかけます。（ファスナーつけ用の押さえ金を使います。）

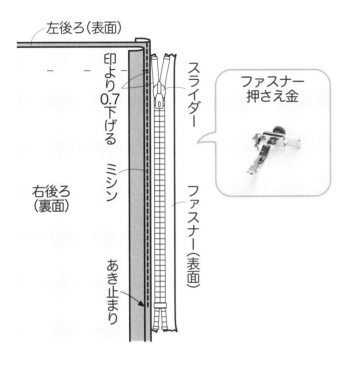

ファスナー押さえ金

左後ろ（表面）
印より0.7下げる
ミシン
右後ろ（裏面）
あき止まり
スライダー
ファスナー（表面）

4 右後ろにファスナーをつける

右後ろを図のように表面にして、ファスナーと縫い合わせます。この時、ファスナーがずれたり、ミシン目が曲がらないようにしつけをしてから縫いましょう。（ファスナーつけ用の押さえ金を使います。）

ファスナー
しつけをしてからミシン
左後ろ（表面）
右後ろ（表面）
あき止まり

5 粗いミシン目をほどく

1-③で縫った粗いミシン目をほどきます。

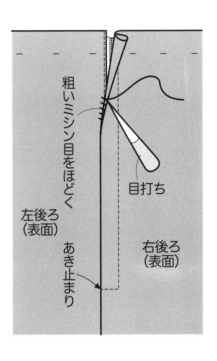

粗いミシン目をほどく
左後ろ（表面）
あき止まり
目打ち
右後ろ（表面）

6 ファスナーの端を縫い代につける

この状態では強度が弱いので、ファスナーのテープ端を縫い代のみにミシンで縫います。縫い代のみにミシンをかけるので、縫い目は表からは見えません。

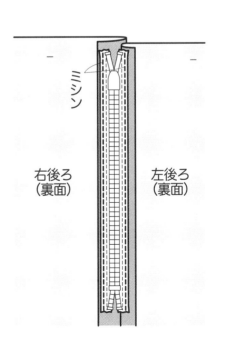

ミシン
右後ろ（裏面）
左後ろ（裏面）

突き合わせファスナーあき

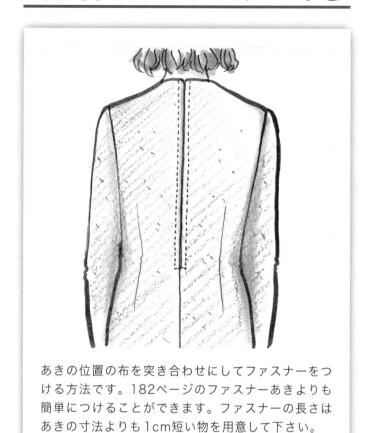

あきの位置の布を突き合わせにしてファスナーをつける方法です。182ページのファスナーあきよりも簡単につけることができます。ファスナーの長さはあきの寸法よりも1cm短い物を用意して下さい。ファスナーつけ用の押さえ金も用意します。

1 ファスナーの長さの決め方

ファスナーはあきの寸法より1cm短い物を用意します。ファスナーの長さとはスライダー(開閉する際のつまみ金具)を一番上まで上げた位置から下の止め金の位置までです。

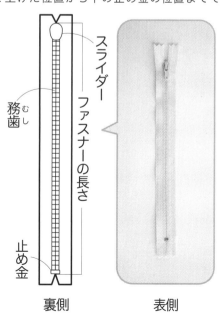

2 あき部分の縫い代に接着芯を貼り、あき止まりから裾まで縫う

2-① あき部分の縫い代に接着テープまたは細く切った接着芯をアイロンで貼ります。

2-② それぞれの表面どうしを合わせ、あき止まりから下は普通のミシン目で縫います。

2-③ あき部分は粗いミシン目で縫います。

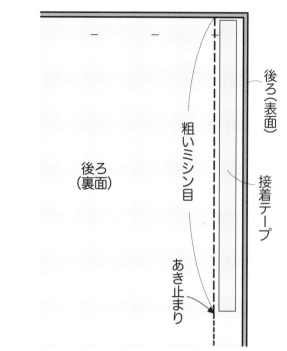

3 縫い代をアイロンで開く

縫い代をアイロンで開きます。あき止まりより下の縫い代もアイロンで開いておきます。

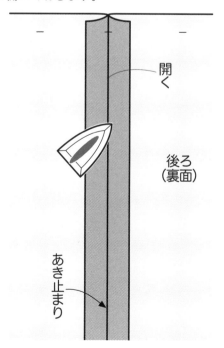

※ミシン縫いの縫い始めと縫い終わりは、返し縫いをします。

4 ファスナーをつける

4-① ファスナーの務歯の中心と縫い目線を図のように
合わせて、下まで通してしつけをします。

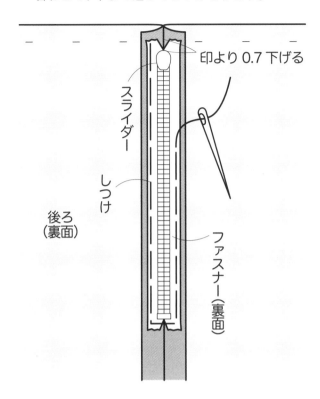

印より 0.7 下げる

スライダー

しつけ

後ろ
（裏面）

ファスナー（裏面）

4-② 表面からミシンをかけます。ファスナーつけ用の
押さえ金（183ページ参照）を使います。この時、
ファスナーの金具のきわにミシンをかけると、開閉
がスムーズにいかないので注意しましょう。

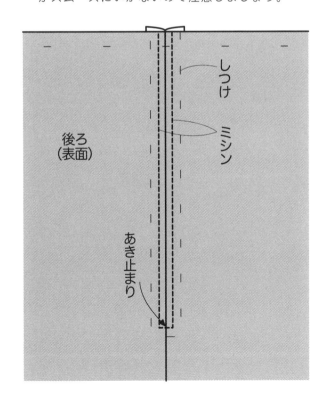

しつけ

ミシン

後ろ
（表面）

あき止まり

5 粗いミシン目をほどく

2-③で縫った粗いミシン目をほどきます。

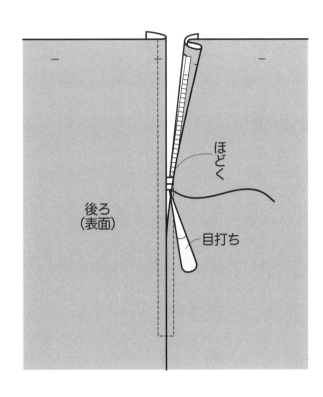

後ろ
（表面）

ほどく

目打ち

6 ファスナー端を縫い代につける

この状態では強度が弱いので、ファスナーのテープ端を
縫い代のみにミシンで縫います。縫い代のみにミシンを
かけるので、縫い目は表からは見えません。

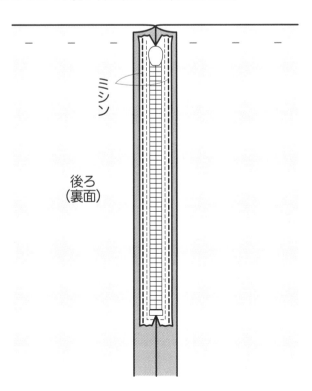

ミシン

後ろ
（裏面）

コンシールファスナーあき

コンシールファスナーを閉めると縫い目と同じに見えるため、すっきりと仕立てられます。ワンピースやスカートなどのあきに適しています。コンシールファスナーとコンシールファスナー専用の押さえ金が必要です。

1 ファスナーの長さを決める

コンシールファスナーはあきの寸法よりも3cm長い物を用意します。3cm以上長い場合はカットして使うこともできます。

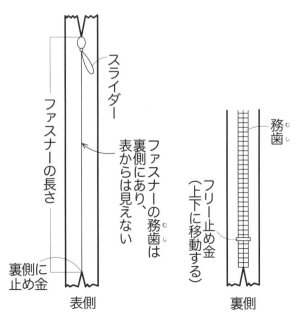

2 あき部分の縫い代に接着芯を貼り、あき止まりから裾まで縫う

2-① あき部分の縫い代に接着テープまたは細く切った接着芯をアイロンで貼ります。

2-② それぞれの表面どうしを合わせ、あき止まりより2cm下から普通のミシン目で縫います。

2-③ あき止まりより2cm下までは粗いミシン目で縫います。

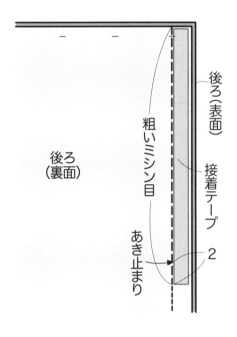

3 縫い代をアイロンで開く

縫い代をアイロンで開きます。あき止まりより下の縫い代もアイロンで開いておきます。

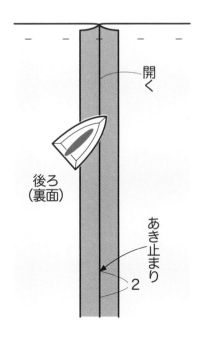

※ミシン縫いの縫い始めと縫い終わりは、返し縫いをします。

4 コンシールファスナーを縫い代につける

4-① ファスナーの務歯の中心と縫い目線を図のように
合わせ、縫い代の間に厚紙を挟んで縫い代だけにし
つけでとめます。なるべく務歯のきわにしつけを
します。

4-② 2-③で縫った粗いミシン目をほどきます。

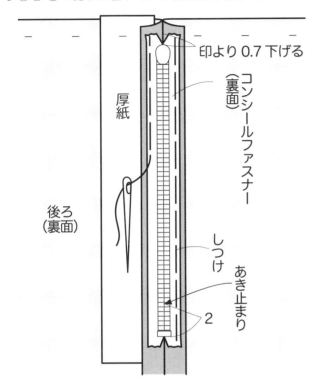

厚紙

後ろ
(裏面)

印より 0.7 下げる

コンシールファスナー
(裏面)

しつけ

あき止まり

2

5 コンシールファスナーを縫いつける

コンシールファスナー用押さえ金を使用します。ファス
ナーの務歯を目打ちで起こして押さえ金の溝に合わせ、
あき止まりの位置までミシンをかけます。

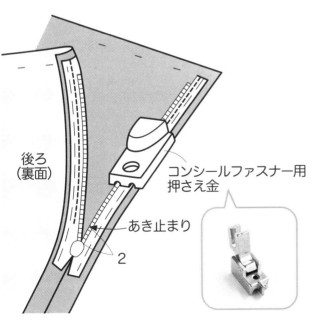

後ろ
(裏面)

コンシールファスナー用
押さえ金

あき止まり

2

6 縫い残した所を縫う

ファスナーを閉じ、縫い代の間からファスナーの端を引
き出し、縫い残しておいた所(あき止まりから3cm下)を
2枚一緒にミシンまたは返し縫いで縫います。

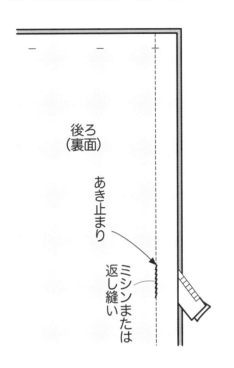

後ろ
(裏面)

あき止まり

ミシンまたは
返し縫い

7 フリー止め金を固定する

7-① フリー止め金をあき止まりまで移動して、ペンチで
はさんで固定します。

7-② ファスナーのテープ端を縫い代にミシンでつけます。

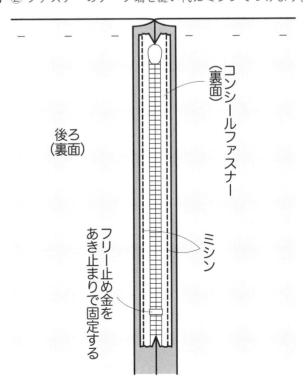

後ろ
(裏面)

コンシールファスナー
(裏面)

ミシン

フリー止め金を
あき止まりで固定する

持ち出しつきファスナーあきA

一般的な持ち出しつきのファスナーあきです。見返しと持ち出しを本体の型紙を利用して裁断し、仕立てます。

1 見返しを裁断する

1-① 図のように本体の型紙を利用して見返しの型紙を作り、縫い代をつけて裁断します。

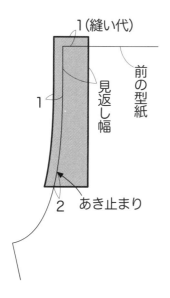

1（縫い代）

前の型紙

見返し幅

あき止まり

1-② 見返しの裏面に接着芯をアイロンで貼ります。

1-③ 見返し端にロックミシンまたはジグザグミシンをかけて始末します。

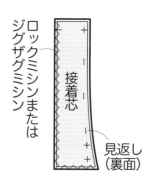

ロックミシンまたはジグザグミシン

接着芯

見返し（裏面）

2 持ち出しを裁断する

2-① 図のように2倍の持ち出し幅で裁断します。

2-② 持ち出しの裏面に接着芯をアイロンで貼ります。

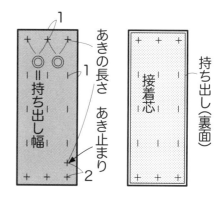

あきの長さ　あき止まり

持ち出し幅

接着芯

持ち出し（裏面）

2-③ 持ち出しの表面どうしを合わせて、二つ折りにし、ミシンで縫います。

2-④ 表に返して裁ち端にロックミシンまたはジグザグミシンをかけます。

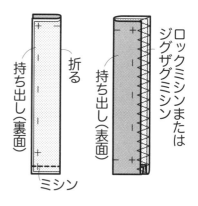

持ち出し（裏面）

折る

ミシン

ロックミシンまたはジグザグミシン

持ち出し（表面）

　※ミシン縫いの縫い始めと縫い終わりは、返し縫いをします。

3 見返しをつける

見返しと右前の表面どうしを合わせ、ウエストラインから
あき止まりまでミシンをかけます。

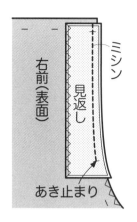

5 持ち出しにファスナーをつける

持ち出しにファスナーを置き、ファスナーのテープ端に
ミシンをかけます。

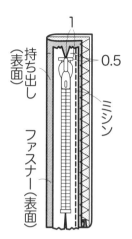

4 股ぐりを縫う

4-① 前の表面どうしを合わせて、股下からあき止まりま
　　でミシンをかけます。　この時、見返しの下をよけ
　　て、縫い込まないように注意します。

4-② 縫い代をアイロンで開きます。

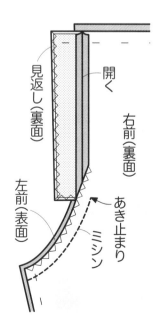

6 左前にファスナーつきの持ち出しをつける

6-① 左前を出来上がり線より0.2～0.3cm出して折り
　　ます。

6-② 5のファスナーのついた持ち出しの上に左前を置
　　き、ミシンをかけます。ファスナーつけ用の押さえ
　　金(183ページ参照)を使います。

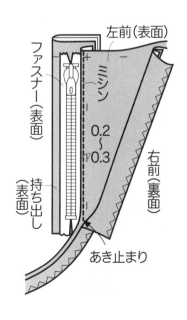

次ページにつづく▶

7 出来上がりに重ねて縫う

右前と左前を出来上がりに重ねてしつけで仮止めします。

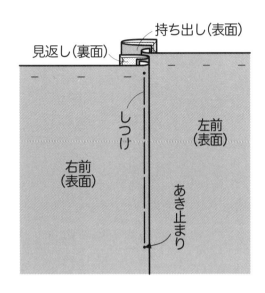

8 見返しにファスナーをつける

8-① 持ち出しをよけ、ファスナーをそのままの位置で裏返します。

8-② ファスナーのもう片側を見返しと合わせ、ミシンをかけます。

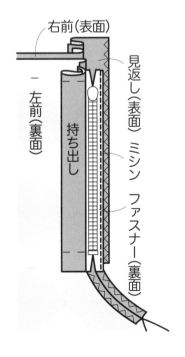

9 右前と見返しを縫う

9-① しつけ糸をほどいて、ファスナーを開きます。

9-② 持ち出しをよけ、見返しを出来上がり線に沿って折ります。

9-③ 右前の表面からミシンをかけ、見返しを固定します。あき止まりより4〜5cmは縫い残しておきます。

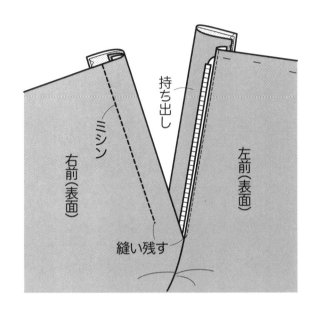

10 あき止まりまで縫う

ファスナーを閉めて、9-③のミシン目に続けて持ち出しまで通してミシンをかけます。

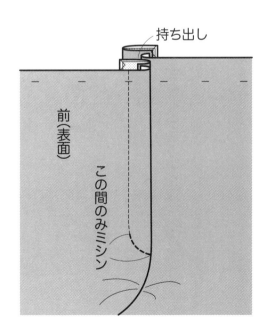

持ち出しつきファスナーあきB

パンツの前あきに見られるファスナーのつけ方です。簡単に作るため見返しを続けて裁断し、持ち出しをつけました。

1 持ち出しを裁断する

図のように本体の型紙を利用して持ち出しの型紙を作ります。持ち出しは同じ大きさで対称に2枚裁断します。

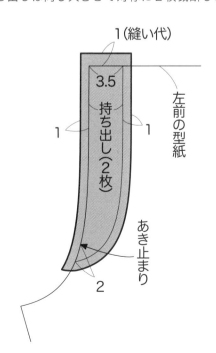

2 持ち出しを作る

2-① 裏持ち出しの裏面に接着芯を貼ります。

2-② 持ち出しの表面どうしを合わせ、外側のカーブにミシンをかけます。

2-③ 表にひっくり返してアイロンで整え、2枚一緒にロックミシンまたはジグザグミシンをかけます。

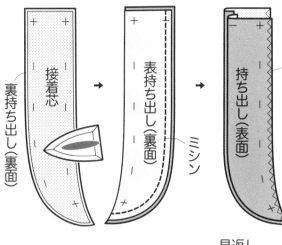

3 見返しを作る

3-① 見返しは本体から続けて裁断します。

3-② 見返し部分の裏面に接着芯を貼ります。

3-③ 裁ち端にロックミシンまたはジグザグミシンをかけて始末します。

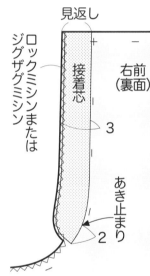

4 股ぐりを縫う

4-① 前の表面どうしを合わせて、あき止まりまで股下からミシンをかけます。

4-② 見返し下の縫い代に図のように切り込みを入れます。

※ファスナーのつけ方は持ち出しつきファスナーあきAと同じです。(188〜190ページ参照)

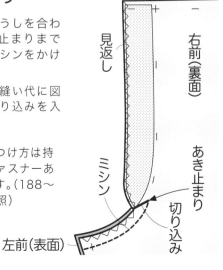

ファスナー使いのスラッシュあき

ファスナーをデザインポイントにしたあきです。ファスナーの重さに耐えられる厚みのある布地を選びましょう。最近では、色々なデザインのファスナーがありますので布地に合わせてを選びましょう。

1 あきに切り込みを入れる

身頃のあき位置の中心に逆Y字形に切り込みを入れます。

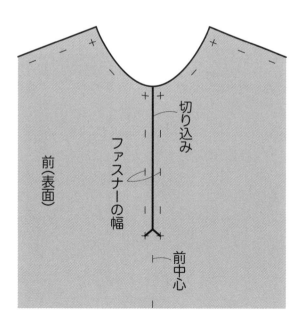

2 縫い代を折る

裏面にひっくり返し、縫い代をアイロンで出来上がり線に沿って折ります。

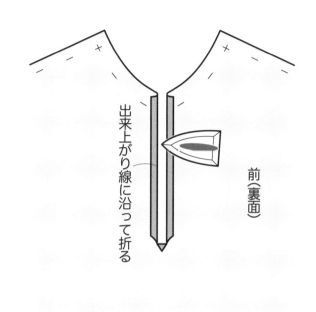

3 ファスナーをつける

3-① 表面にひっくり返します。

3-② ファスナーを裏から当て、あき位置にミシンをかけてファスナーをつけます。

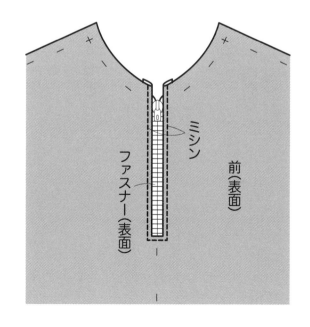

　※ミシン縫いの縫い始めと縫い終わりは、返し縫いをします。

4 見返しを裁断する

見返しはあきの長さよりも2cmくらい長く裁断します。

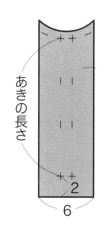

あきの長さ

2
6

5-④ 出来上がり線に沿って、縫い代を折ります。

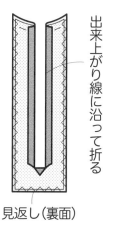

出来上がり線に沿って折る

見返し(裏面)

5 見返しを作る

5-① 見返しの裏面に接着芯をアイロンで貼ります。

5-② 裁ち端にロックミシンまたはジグザグミシンをかけて始末します。

見返し(裏面)

接着芯

6 身頃に見返しをつける

見返しをファスナーの裏面に図のように当て、まわりを細かくまつります。

5-③ あきの位置の中心に逆Y字形に切り込みを入れます。

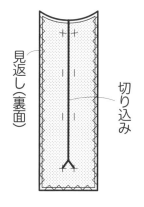

見返し(裏面)

切り込み

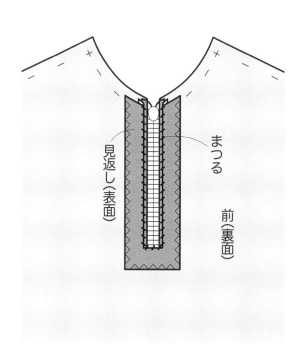

見返し(表面)

まつる

前(裏面)

オープンファスナーあき

ファスナーの下部の止め金が外れて、左右に二つに分かれる物をオープンファスナーと呼びます。ファスナーはあき寸法と同じ長さの物を用意して下さい。同じ長さがない場合には、販売店で加工してもらいます。

1 オープンファスナーの長さを決める

ファスナーの長さはスライダー(開閉する際のつまみ金具)を上まで上げた位置から下の止め金までの長さです。

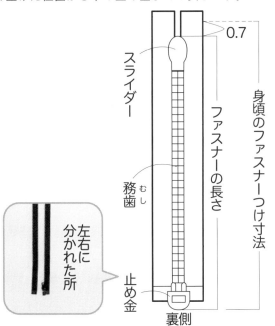

2 身頃と見返しを裁断する

身頃と見返しの間にファスナーを挟みますので、見返しは身頃とは別に裁断します。

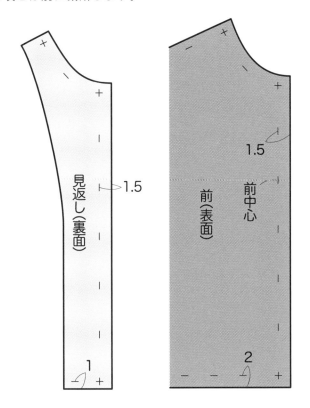

3 見返しに接着芯を貼る

3-① 見返しの裏面に接着芯をアイロンで貼ります。

3-② 見返し端にロックミシンまたはジグザグミシンをかけて始末します。

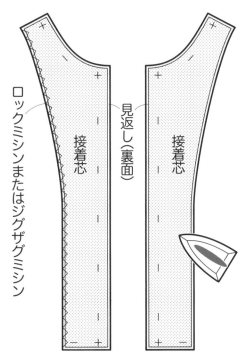

※ミシン縫いの縫い始めと縫い終わりは、返し縫いをします。

4 ファスナーをつける

身頃の表面にファスナーを図のように合わせ、しつけをします。

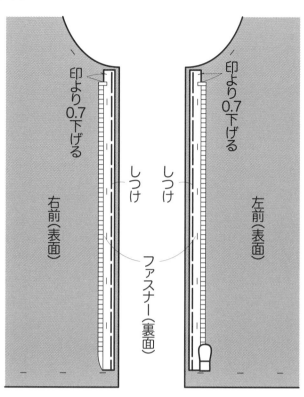

印より0.7下げる

右前（表面）
左前（表面）
しつけ
しつけ
ファスナー（裏面）

5 見返しをつける

5-① 身頃と見返しの表面どうしを合わせ、前端線にミシンをかけます。

5-② 裾線も同時に縫います。

5-③ 裾の縫い代を図のように切り取ります。

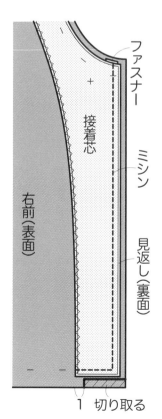

ファスナー
ミシン
接着芯
見返し（裏面）
右前（表面）

1 切り取る

5-④ 見返しを表面にひっくり返し、ファスナーを引き出します。

5-⑤ 前端にしつけをします。

見返し（表面）
しつけ
右前（裏面）

6 ミシンをかける

6-① 表面からミシンをかけます。このミシンは見返しが動くのを防ぎます。

6-② 5-⑤しつけを取り除きます。

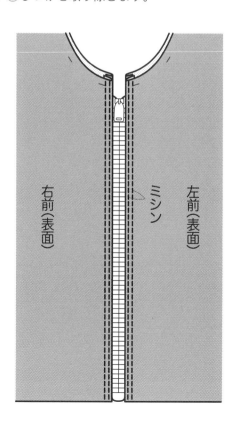

右前（表面）
ミシン
左前（表面）

ひだ奥のファスナーあき

ひだのあるスカートのあきは、ひだの流れを変えないようにすることが大切です。この場合はひだ奥にファスナーをつけますので、ひだの流れが変わる事はありません。

1 後ろを裁断する

後ろを図のように縫い代をつけて裁断します。

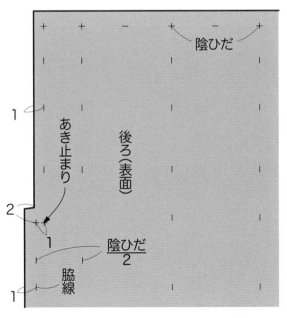

2 後ろのあき位置に接着芯を貼る

2-① 後ろの裏面に図の大きさに裁断した接着芯をアイロンで貼ります。

2-② ロックミシンまたはジグザグミシンをかけて縫い代を始末します。

2-③ 縫い代の角にあき止まりまで切り込みを入れます。

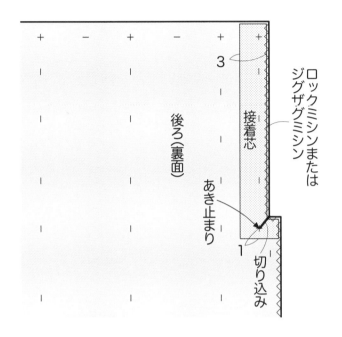

3 ファスナーをつける

3-① 縫い代を出来上がり線に沿ってアイロンで折ります。

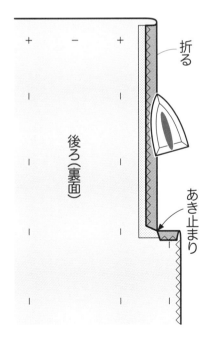

※ミシン縫いの縫い始めと縫い終わりは、返し縫いをします。

3-② 後ろを表に返して、ファスナーを裏から当てます。

3-③ カギ形にミシンで縫います。この時、ファスナーつけ用の押さえ金(183ページ参照)を使います。

4-② ファスナーのテープの部分と縫い代をもう一度ミシンで縫います。

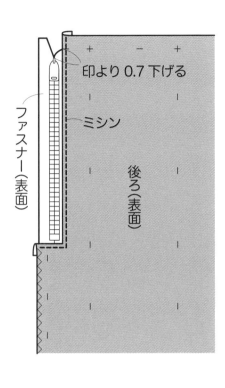

印より 0.7 下げる

ミシン

ファスナー(表面)

後ろ(表面)

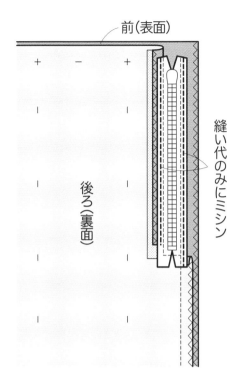

前(表面)

縫い代のみにミシン

後ろ(裏面)

4 前と後ろを縫い合わせる

4-① 前と後ろの表面どうしを合わせて、ウエストからあきを通って、裾まで続けてミシンをかけます。

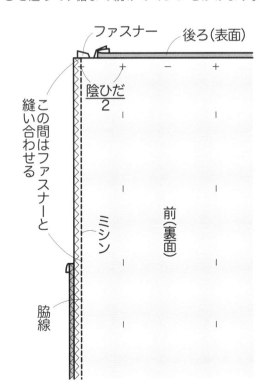

ファスナー

後ろ(表面)

陰ひだ
2

この間はファスナーと縫い合わせる

ミシン

前(裏面)

脇線

5 ひだを折る

ひだを出来上がりにアイロンで折ります。

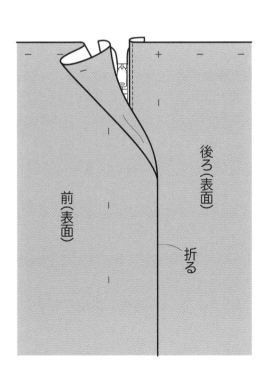

前(表面)

後ろ(表面)

折る

裾の始末

スリット（角形）

スリットは上着やスカートの裾に入れるあきの事です。ここでは角形のスリットを「額縁仕立て」で作る方法を解説します。額縁仕立てにすると角がすっきりときれいに仕上がります。

1 スリットの縫い代をつける

図のように縫い代をつけます。縫い代にロックミシンまたはジグザグミシンをかけ始末をしておきます。

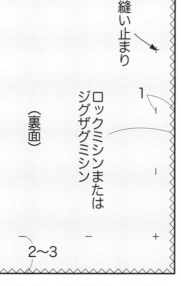

縫い止まり

（裏面）

ロックミシンまたはジグザグミシン

2〜3

2 本体を縫う

本体の前と後ろの表面どうしを合わせて、縫い止まりまでミシンで縫います。縫い止まりの位置で返し縫いをします。

ミシン

縫い止まり

（裏面）

3 縫う位置を決める

裾の縫い代の幅と同寸法を脇の縫い代に取り、A点とします。脇の縫い代の幅と同寸法を裾の縫い代に取り、B点とし直線で結びます。

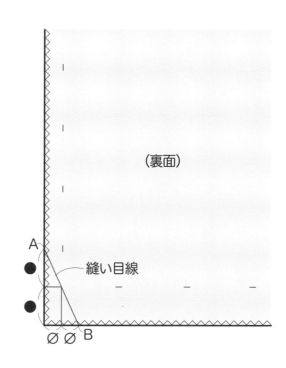

（裏面）

A

縫い目線

⌀ ⌀ B

　※ミシン縫いの縫い始めと縫い終わりは、返し縫いをします。

4 角を縫う

4-① 表面のA点とB点どうしを合わせ、3で引いた線上を縫います。

4-② 縫い代の幅を0.5cm〜1cm残して切り取ります。

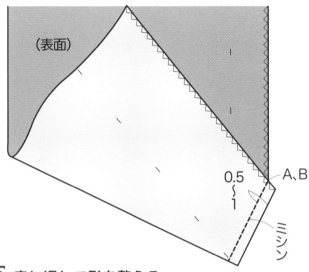

5 表に返して形を整える

5-① アイロンで縫い代を開きます。

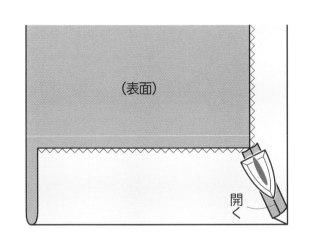

5-② 縫い代を本体の裏面にひっくり返し、アイロンで整えます。

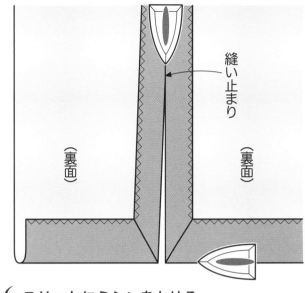

6 スリットにミシンをかける

裾から縫い止まりの位置までミシンをかけます。

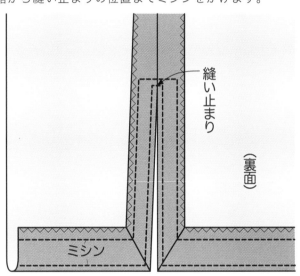

薄地の場合

① 薄地の場合は折って角を作ります。縫い止まりまで縫い、図のように縫い代を斜めに折ります。斜めの角度の決め方は3と同じです。

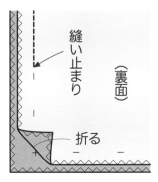

② 上から裾までの全ての縫い代をアイロンで開きます。

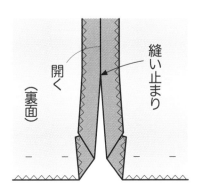

③ 裾の縫い代を折り上げ、角を突き合わせてまつります。

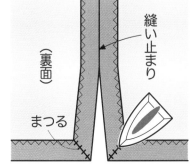

スリット（丸形）

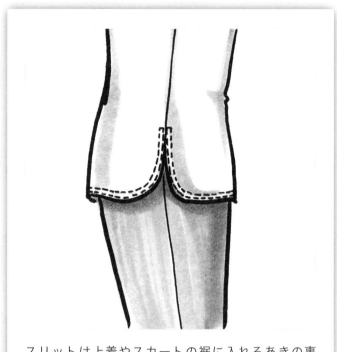

スリットは上着やスカートの裾に入れるあきの事で、縫い目線を利用して運動量を増やす目的もあります。ここではスリットのカーブをきれいに縫う方法を紹介します。

1 見返しを裁断する

見返しは表布と同じ布を使って裁断します。布地が厚い場合は裏布を使用します。

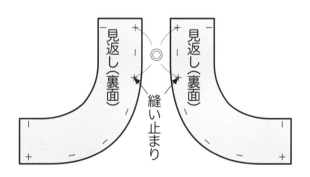

2 見返しを縫う

2-① 見返しの裏面に接着芯をアイロンで貼ります。内側のカーブにロックミシンまたはジグザグミシンをかけて、縫い代の始末をします。

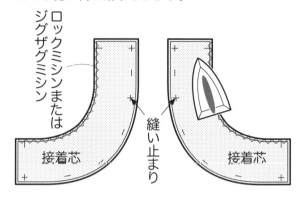

2-② 見返しの表面どうしを合わせて、図のように縫い止まりまでミシンで縫います。

2-③ 縫い代をアイロンで開きます。

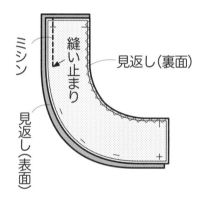

3 本体を縫う

3-① 本体の表面どうしを合わせて、縫い止まりまでミシンで縫います。

3-② 見返しをつける部分の縫い代を図のように切り取ります。

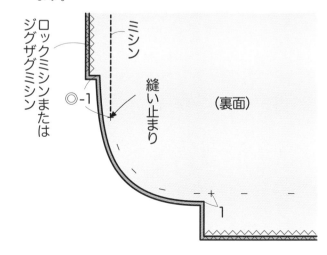

3-③ 本体の縫い代を、縫い止まりの位置までアイロンで開きます。

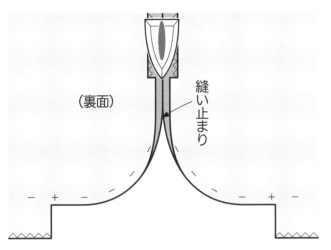

4-③ 見返しを表にひっくり返します。

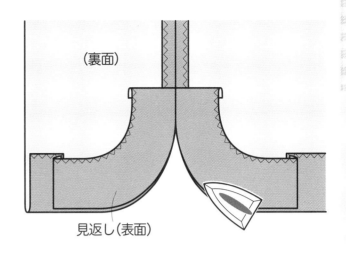

4 本体と見返しを縫い合わせる

4-① 本体と見返しの表面どうしを合わせてカーブを縫い、カーブに細かく切り込みを入れます。

4-② 見返しの端を出来上がり線に沿って折ります。

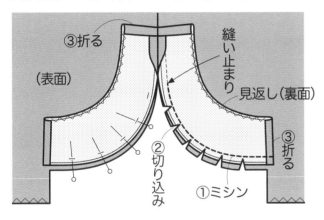

5 見返しをまつる

見返し端をまつり、裾から縫い止まりの位置までミシンをかけます。

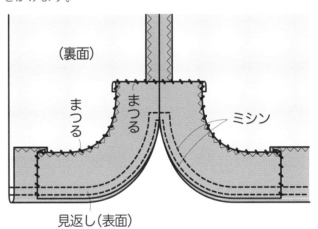

薄地の場合

① 本体の表面どうしを合わせ、縫い止まりまでミシンで縫い、カーブの縫い代にぐし縫いをします。

② 本体の縫い代をアイロンで開く時、カーブの形に切った厚紙を縫い代の間に挟みます。ぐし縫いの糸を引いて、アイロンでカーブの形に合わせます。

③ 裾から縫い止まりまでミシンをかけます。ミシンで縫うかわりにまつってもよいでしょう。

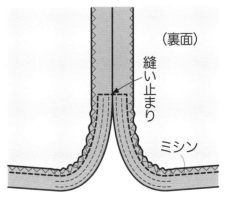

裾上げ

裾線が直線的な場合の縫い方です。アイロンを使って裾の縫い代を折り上げて、縫い目が表から目立たないように注意しながらすっきりと仕立てます。

1 縫い代の始末をする

裾の縫い代の端にロックミシンまたはジグザグミシンをかけて始末をします。裾上げした時に縫い代が重なる部分は図のように縫い代を細くします。

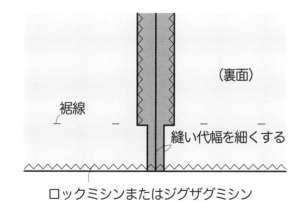

裾線

（裏面）

縫い代幅を細くする

ロックミシンまたはジグザグミシン

2 縫い代を折る

アイロンを使って裾の縫い代を裏面に折ります。縫い代幅の線を引いた厚紙（アイロン定規）を挟んで、アイロンをかけると折り上げる目安になります。

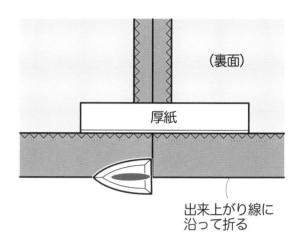

（裏面）

厚紙

出来上がり線に沿って折る

3 縫い代をまつる

3-① 裾線にしつけ糸でしつけをします。

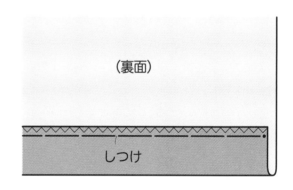

（裏面）

しつけ

3-② 表布に縫い代を奥まつり（72ページ参照）でまつります。表布の織り糸を1本すくう感じで、糸をあまり引きすぎないように注意してまつります。

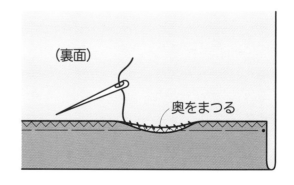

（裏面）

奥をまつる

　※ミシン縫いの縫い始めと縫い終わりは、返し縫いをします。

＊便利な洋裁グッズを使った裾上げ＊

アイロン定規

アイロン定規には５ミリ方眼の線が印刷されていますので、裾の縫い代幅に合わせて、裾線をアイロンで折り上げることが出来ます。

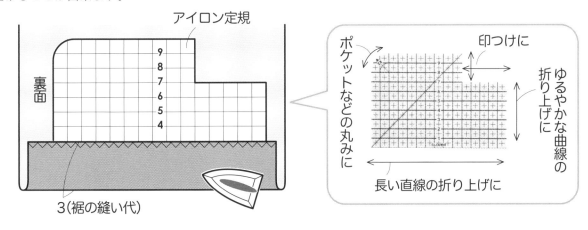

縫い代（ヘム）の始末

端ミシンで始末

端ミシン（67ページ参照）をして、その奥をまつる方法です。ロックミシンまたはジグザグミシンがない場合の代用として使用します。

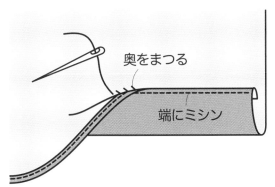

千鳥がけで始末

紳士物のパンツの裾等に見られる方法です。端ミシン（67ページ参照）をして、千鳥がけをする方法です。

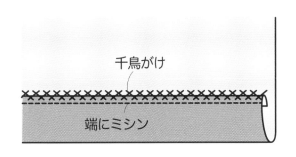

表からミシンをかけて始末

布端はロックミシンまたはジグザグミシンで始末します。縫い代を折り上げたら表側からミシンで縫います。子ども服やカジュアルな物に向いています。

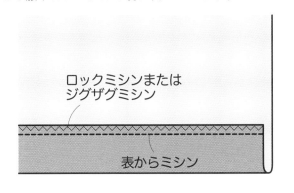

バイアステープを使って始末

布地が中肉から厚地の場合に、バイアステープを縫い代につけ、そのバイアステープをまつり、薄く仕上げます。

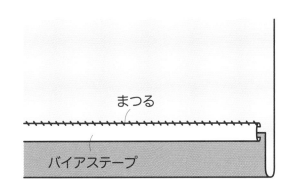

203

フレアスカートの裾上げ

フレアスカートはバイアス地になっているためきれいに裾上げするには、床上がり寸法を測り裾線をつけ直す事と、縫い代端にぐし縫いをしてから縫い代を折り上げると言う2つのポイントがあります。

1 裾線の印をつけ直す

はじめに印つけをした裾線よりも伸びている事が多いので、他の人に定規を床に垂直に立てて床上がり寸法を測り、チャコで印をつけ直してもらいます。

床上がり寸法・・・
床から裾線までの寸法

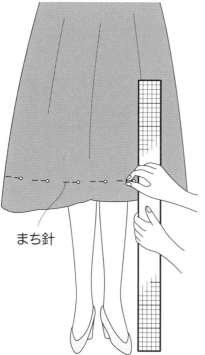

まち針

2 縫い代の幅を揃える

印をつけ直すと裾の縫い代が不揃いになっています。一定の幅に揃えて余分な縫い代は切り取ります。

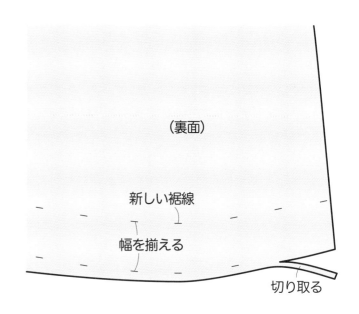

（裏面）

新しい裾線

幅を揃える

切り取る

3 縫い代の始末をする

縫い代の端にロックミシンまたはジグザグミシンをかけて始末をします。もしロックミシンやジグザグミシンがない場合はバイアステープを使って始末（203ページ参照）をお勧めします。

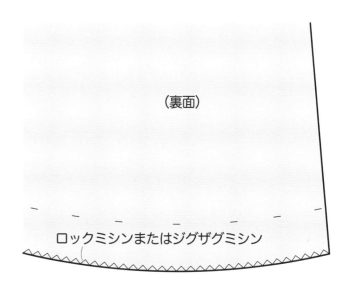

（裏面）

ロックミシンまたはジグザグミシン

※ミシン縫いの縫い始めと縫い終わりは、返し縫いをします。

4 縫い代にぐし縫いをする

縫い代の端にしつけ糸でぐし縫いをします。

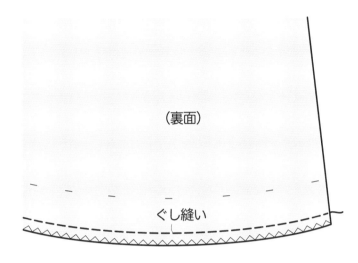

6 縫い代をまつる

6-① しつけをして、縫い代をとめます。バイアステープを使う場合は、この工程でバイアステープを縫い代につけます。（203ページ参照）

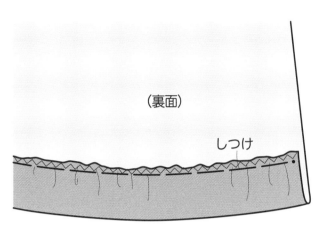

5 縫い代を折る

ぐし縫いをした糸を引きながら、裾線のカーブに合わせます。間に厚紙を挟み、布地をいせ込みながらアイロンを押さえるようにかけます。（51ページ参照）

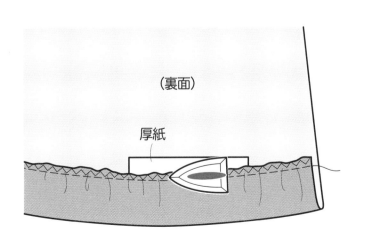

6-② いせを寄せた部分を伸ばさないように注意しながら奥まつりでまつります。

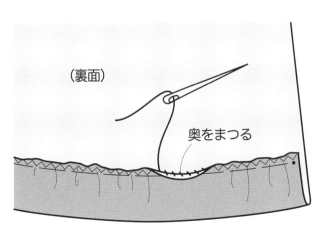

ベンツあき

上着の背中側の裾に運動量を増やすために作られたあきのことです。スリットと異なる点はベンツには持ち出しがつけられていて重なり分があることです。

1 見返しと持ち出しをつけて裁断する

図のように裁断します。男物は左右逆になります。

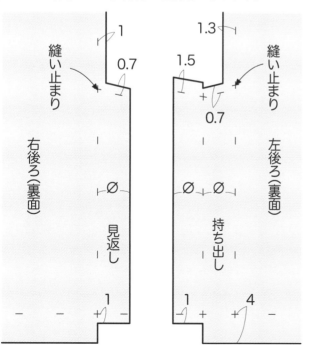

2 接着芯を貼る

見返しの裏面、持ち出しの裏面及び裾の縫い代部分にアイロンで接着芯を貼ります。

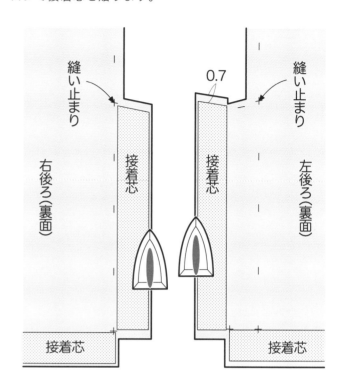

3 縫い代の始末をする

図の位置にロックミシンまたはジグザグミシンをかけ、縫い代の始末をします。

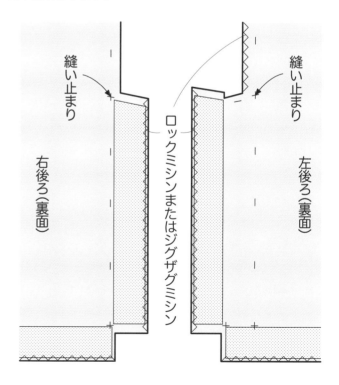

※ミシン縫いの縫い始めと縫い終わりは、返し縫いをします。

4 裾を折る

出来上がり線に沿って、裾の縫い代をアイロンで折ります。持ち出し端の上部を接着芯の所まで折ります。

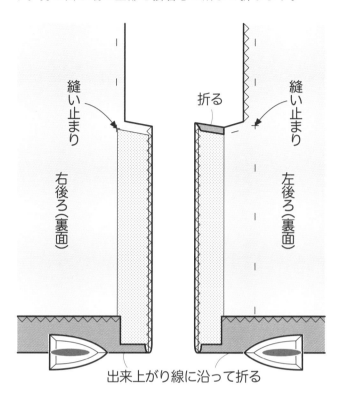

5 身頃を縫う

5-① 後ろの表面どうしを合わせて、後ろ中心を縫い止まりの0.5cm手前までミシンで縫います。

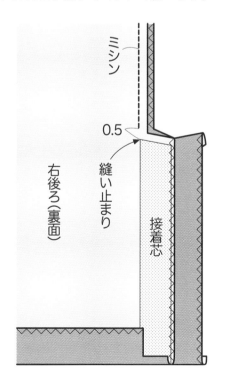

5-② 縫ったままの状態でミシン目にアイロンをかけてから、縫い代を右後ろ側に折ります。見返しを出来上がり線に沿って折り、アイロンをかけます。

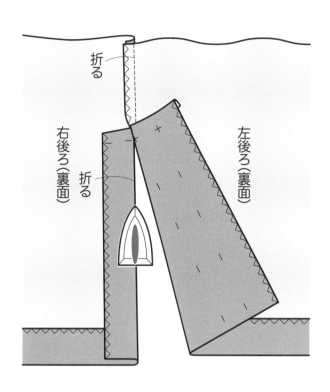

6 縫い止まりから下にミシンをかける

左後ろをよけて、右後ろの縫い止まりから下に表面からミシンをかけます。

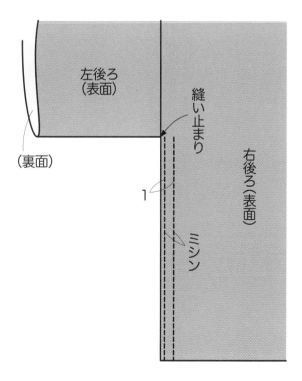

次ページにつづく▶

7 持ち出しを折る

裏面にひっくり返して、持ち出しを出来上がり線に沿って
アイロンで折ります。

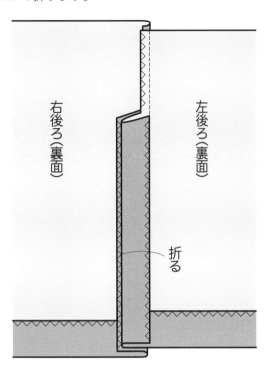

折る

右後ろ（裏面）　左後ろ（裏面）

8 中心にミシンをかける

表面から6でかけたミシン目に続けて、ミシンをかけます。
図の数字の順に見返しと持ち出しをとめるためのミシンも
かけます。

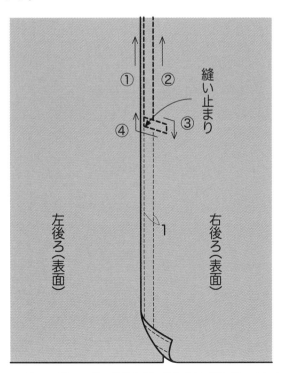

① ② 縫い止まり
④ ③
左後ろ（表面）　右後ろ（表面）

9 裾をまつる

裾をまつり、ベンツの縫い代と重なる部分のみ巻き縫い
（57ページ参照）をします。

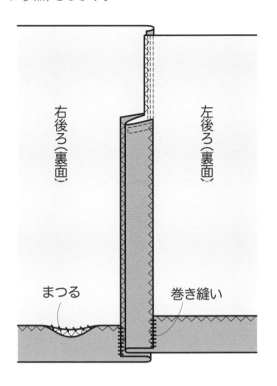

右後ろ（裏面）　左後ろ（裏面）

まつる　巻き縫い

10 持ち出しをまつる

持ち出しの部分は奥をまつり、見返し、持ち出しが開かな
いようにします。

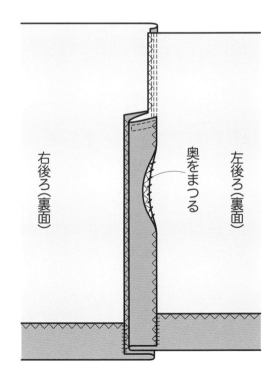

右後ろ（裏面）　奥をまつる　左後ろ（裏面）

　※ミシン縫いの縫い始めと縫い終わりは、返し縫いをします。

ベンツあき（裏布がつく時）

1 見返しと持ち出しをつけて裁断する

1-① 裏布がつく場合は左右の身頃とも同じに裁断します。一方が見返し、もう一方が持ち出しになります。

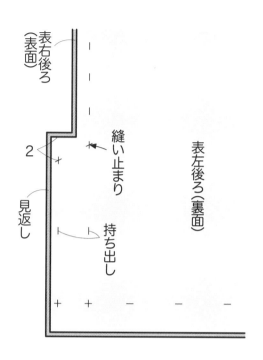

1-② 左後ろ身頃の持ち出しとなる方の縫い代を折ります。

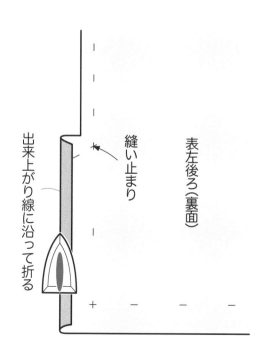

2 身頃を縫う

2-① 後ろの表面どうしを合わせて、後ろ中心線を縫い止まりまで縫い、図のように持ち出しの所も縫います。

2-② 左後ろ身頃の縫い代のみに切り込みを入れます。

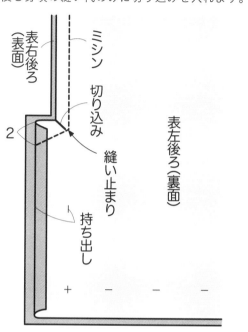

3 ベンツを折る

中心線の縫い代をアイロンで開き、見返しを出来上がりに折り、持ち出しを右後ろ身頃側に折ります。

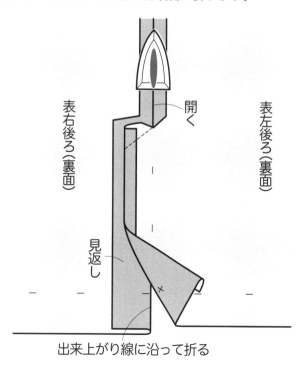

出来上がり線に沿って折る

次ページにつづく▶

209

4 裾をまつる

4-① 裾の縫い代を出来上がり線に沿って折り、まつります。

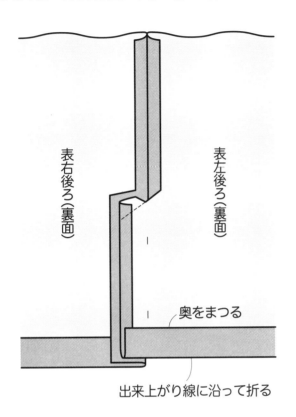

奥をまつる

出来上がり線に沿って折る

表右後ろ（裏面）
表左後ろ（裏面）

4-② 見返しの縫い代は千鳥がけ（58ページ参照）で裾の縫い代分だけとめ、持ち出しは図のようにまつります。

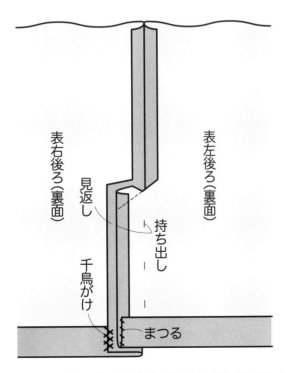

表右後ろ（裏面）
見返し
持ち出し
表左後ろ（裏面）
千鳥がけ
まつる

5 裏布を裁断する

裏布を図のように裁断します。

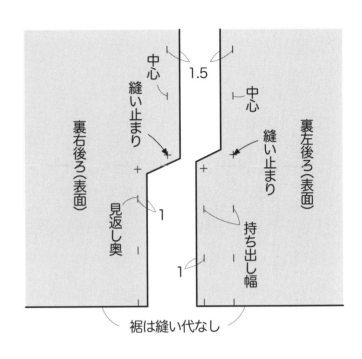

裏右後ろ（表面）
中心
縫い止まり
見返し奥
1.5
中心
縫い止まり
持ち出し幅
裏左後ろ（表面）
1
1
裾は縫い代なし

6 裏布の中心を縫う

6-① 後ろ中心の出来上がり線をしつけ糸で縫い、その縫い目より0.5cm縫い代側をミシンで縫います。運動量を考えて後ろ中心にゆとり分を入れます。糸は抜きません。

6-② 裏右後ろに切り込みを入れ、裾は三つ折りミシンをかけます。

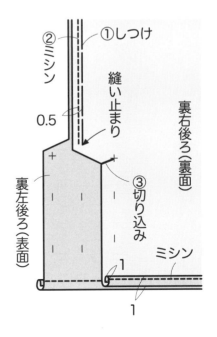

②ミシン
①しつけ
縫い止まり
0.5
裏右後ろ（裏面）
裏左後ろ（表面）
③切り込み
ミシン
1
1

　※ミシン縫いの縫い始めと縫い終わりは、返し縫いをします。

7 表身頃に裏身頃をつける

7-① 表身頃と裏身頃の裏面どうしを合わせて置き、持ち出し部分に裏布をまつります。

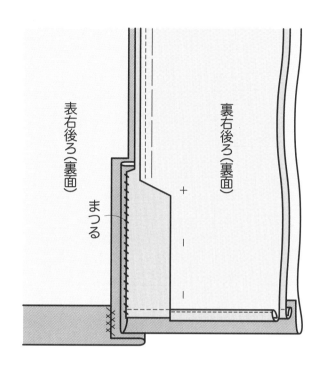

7-② 裏右後ろ身頃の縫い代を、出来上がり線に沿って、アイロンで折ります。

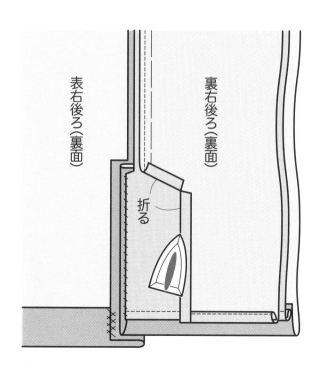

7-③ 裏右後ろ身頃を表右後ろ身頃側に折り、見返しに細かくまつります。

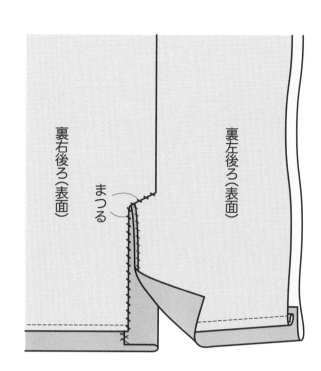

表から見た所

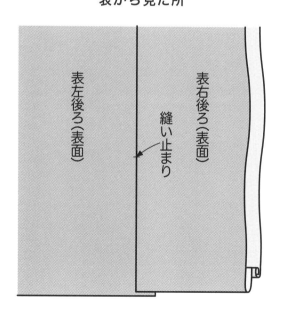

袖の作り方

フレンチスリーブ

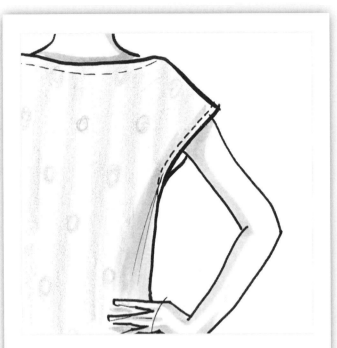

袖つけ線がなく身頃の肩先から続けて出た袖です。一般的に丈の短い物をこう呼びます。中肉の厚さまでの布地に向いており、袖下のカーブがきついので縫い方に注意して下さい。

1 身頃を裁断する

袖口に図のように縫い代をつけて裁断します。

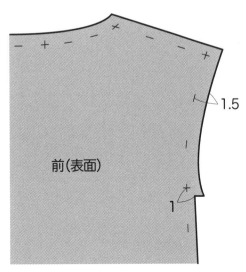

2 縫い代の始末をする

肩線の縫い代と脇線の縫い代にロックミシンまたはジグザグミシンをかけて始末をします。

3 肩線を縫う

後ろ身頃と前身頃の表面どうしを合わせて、肩線をミシンで縫います。

4 縫い代を開く

肩線の縫い代をアイロンで開きます。

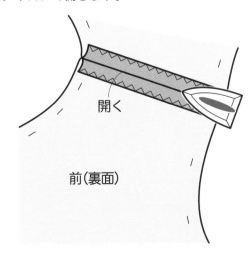

　※ミシン縫いの縫い始めと縫い終わりは、返し縫いをします。

5 袖口に折り目をつける

縫い代を0.5cm幅で裏面に折ります。

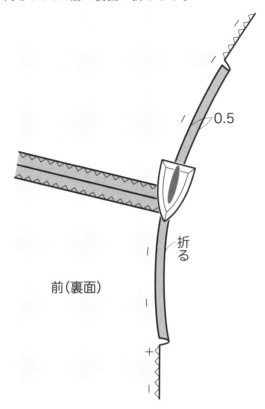

0.5

折る

前（裏面）

6 袖口を出来上がり線に沿って折る

縫い代を出来上がり線に沿ってアイロンで折ります。

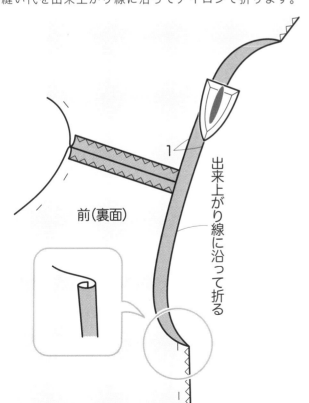

1

前（裏面）

出来上がり線に沿って折る

7 脇線を縫う

7-① 袖口の縫い代を元の状態にします。

7-② 後ろ身頃と前身頃の表面どうしを合わせて、脇線を
ミシンで縫います。

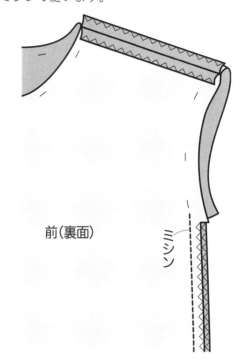

前（裏面）

ミシン

8 袖口にミシンをかける

8-① 脇線の縫い代をアイロンで開きます。

8-② 折り目に沿って、袖口の縫い代を折ります。

8-③ 袖口の縫い代の端を表面からミシンで縫います。

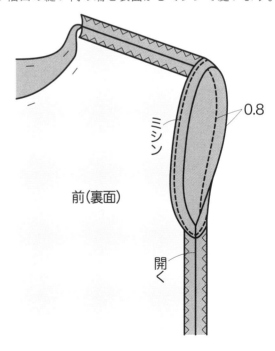

ミシン

0.8

前（裏面）

開く

シャツスリーブ

袖山が低く袖ぐりもゆったりしている袖です。袖つけ線が肩よりも下がっているのもポイントです。機能的な袖ですので、カジュアルな服に幅広く用いられます。仕立て方も比較的簡単です。

1 袖を裁断する

袖口の縫い代は袖口の寸法のまま裁断してしまうと、折り返った時に寸法が不足しますので、裁断する時に注意します。(26ページ参照)

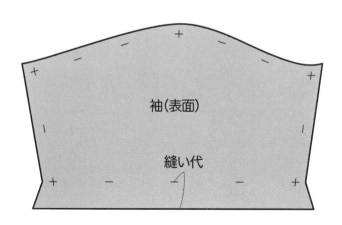

2 袖下と袖口の縫い代の始末をする

袖下と袖口の縫い代にロックミシンまたはジグザグミシンをかけて始末をします。

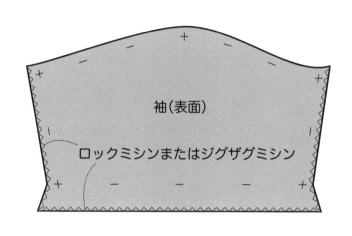

3 袖山を縫う

3-① 身頃の肩線を縫います。

3-② 縫い代をアイロンで開いておきます。

3-③ 身頃の袖ぐりと袖の表面どうしを合わせて、ミシンで縫います。

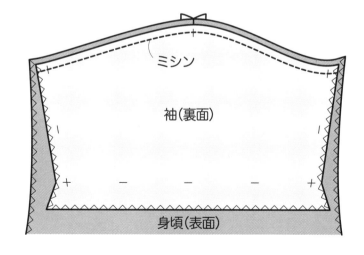

※ミシン縫いの縫い始めと縫い終わりは、返し縫いをします。

4 袖山の縫い代を始末をする

4-① 袖山の縫い代を2枚一緒にロックミシンまたはジグザグミシンをかけて始末します。

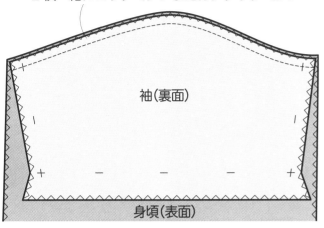

2枚一緒にロックミシンまたはジグザグミシン

袖（裏面）

身頃（表面）

4-② 縫い代をアイロンで身頃側に折ります。

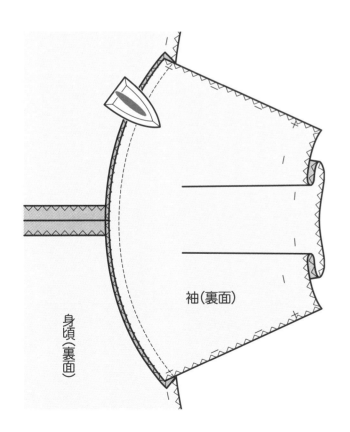

身頃（裏面）

袖（裏面）

5 袖下から脇線を縫う

5-① 袖は袖、身頃は身頃で、表面どうしを合わせて、身頃の脇線から袖下まで続けてミシンで縫います。

5-② 縫い代をアイロンで開きます。

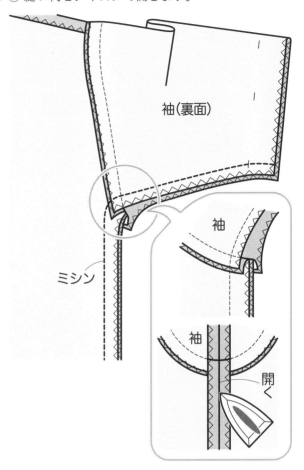

袖（裏面）

ミシン

袖

袖

開く

6 袖口を縫う

6-① 出来上がり線に沿って、縫い代をアイロンで裏面に折ります。

6-② 細かく縫い代をまつります。

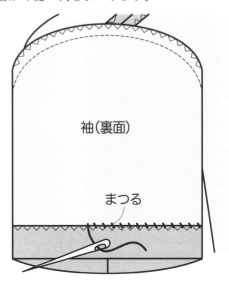

袖（裏面）

まつる

ギャザースリーブ

袖山にギャザーを寄せて、ふっくらとボリュームを出した袖です。女性らしいブラウスやワンピースに用いられます。また、半袖で袖山と袖口にギャザーを寄せた袖の事を「パフスリーブ」と呼び、子ども服に多く見られます。その場合も仕立て方は同じです。

1 袖を裁断し、袖下の縫い代の始末をする

1-① 袖を裁断し、袖下からギャザー止まりまでの寸法を測り、合印を入れます。

1-② 袖下の縫い代にロックミシンまたはジグザグミシンをかけます。

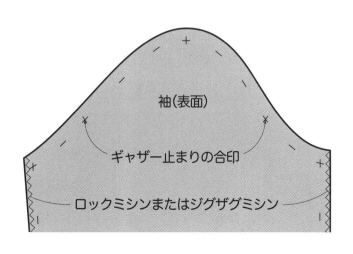

袖（表面）

ギャザー止まりの合印

ロックミシンまたはジグザグミシン

2 袖山にぐし縫いをする

袖山の縫い代に合印から合印まで、しつけ糸2本どりで、ぐし縫い（55ページ参照）を2本します。

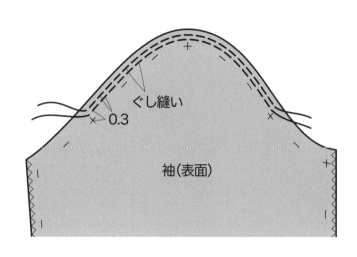

ぐし縫い

0.3

袖（表面）

3 袖下を縫う

袖の表面どうしを合わせ、袖下を縫います。

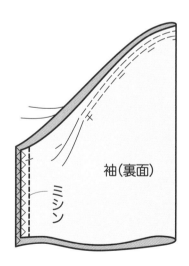

袖（裏面）

ミシン

※ミシン縫いの縫い始めと縫い終わりは、返し縫いをします。

4 袖下の縫い代を開く

4-① 3のミシン目にアイロンをかけます。

4-② 縫い代をアイロンで開きます。袖まんじゅうを袖の中に入れると便利です。

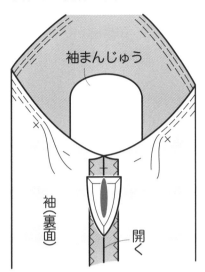

5 袖山を縮める

5-① 袖つけの寸法までぐし縫いの糸を引いて、袖山を縮めます。

5-② 袖山の縫い代にアイロンの先を使ってアイロンをかけ、ギャザーを落ち着かせます。

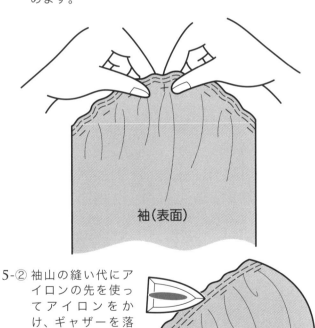

6 袖をつける

6-① 袖と身頃の表面どうしを合わせるように、袖を身頃の中に入れ、袖と身頃の合印を合わせてミシンで縫います。袖下は2回縫います。

6-② 縫い代は2枚一緒にロックミシンまたはジグザグミシンをかけて始末をします。

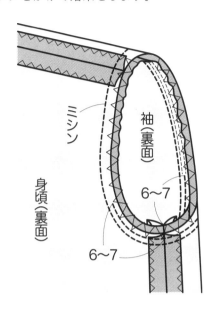

6-③ 袖の縫い代は袖側に折ります。袖山のボリュームを抑えたい時は身頃側に折ります。

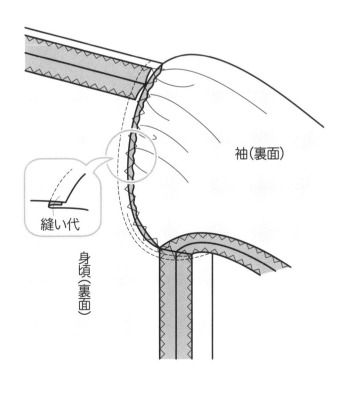

セットインスリーブ

最も一般的な袖で、袖を作る時の基本形になります。ブラウスからジャケット、コートまで様々な服種に用いられます。この袖が基本になって、様々な袖に展開されています。

1 袖を裁断する

袖の中央に布目を合わせて裁断します。

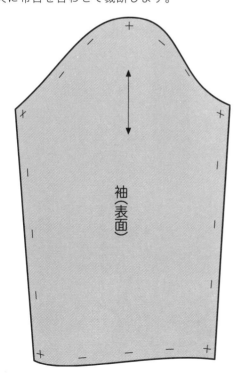

袖(表面)

2 袖を縫う

2-① 袖山を残してロックミシンまたはジグザグミシンをかけ、縫い代の始末をします。

2-② 袖山にしつけ糸2本どりで、ぐし縫い(55ページ参照)を2本します。

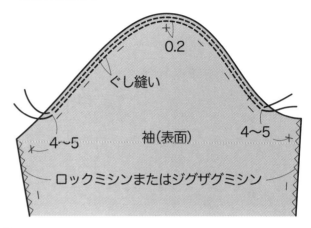

0.2

ぐし縫い

4〜5　　袖(表面)　　4〜5

ロックミシンまたはジグザグミシン

2-③ 袖の表面どうしを合わせ、袖下をミシンで縫います。

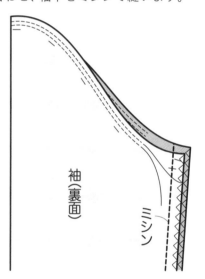

袖(裏面)

ミシン

2-④ 2-③のミシン目にアイロンをかけます。

2-⑤ 縫い代をアイロンで開きます。袖まんじゅうを袖の中に入れると便利です。

袖まんじゅう

袖(裏面)

開く

　※ミシン縫いの縫い始めと縫い終わりは、返し縫いをします。

3 袖山の形を作る

3-① ぐし縫いをした糸を引きながら、袖山の形を作っていきます。図のように袖を持ちながら行うとやり易いでしょう。袖つけ寸法まで縮めます。

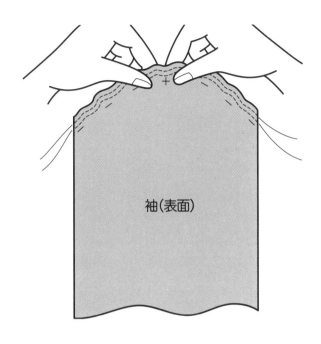

3-② 袖の中に袖まんじゅうを通します。

3-③ 袖山の縫い代の波打っている所をアイロンでつぶします。そうすると袖山に自然なふくらみが出来ます。これを「いせる」といいます。

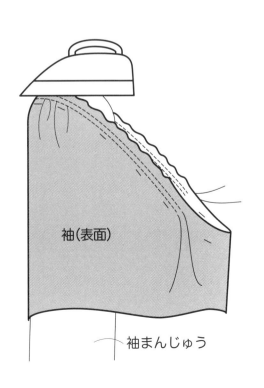

4 袖をつける

4-① 身頃と袖の表面どうしを合わせるように身頃の中に袖を入れ、袖側からまち針でとめます。

4-② 指先でいせ分を配分しながら、袖側からしつけをします。

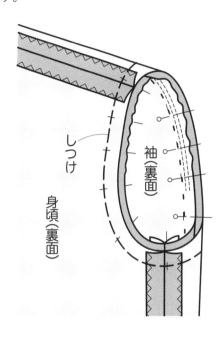

4-③ しつけに沿って、袖側からミシンで縫います。ミシンは袖下の縫い目線の5〜6cm先より縫い始め、袖下（わきの下の部分）は2回ミシンで縫うようにします。

4-④ 縫い代にロックミシンまたはジグザグミシンをかけて始末します。

4-⑤ 縫い代は袖側に倒します。

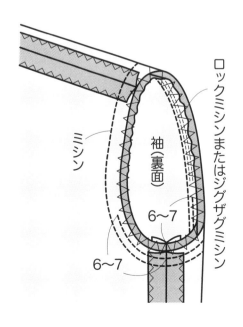

ドルマンスリーブ

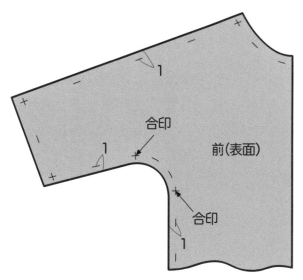

トルコ人が着たドルマンという長い上着の袖を模した事からこう呼ばれています。袖ぐりは深くたっぷりしていて手首はぴったりと詰まっています。一般的には身頃から続けて袖を裁断しますが、袖つけ線がある物もあります。

1 袖を裁断する

身頃・袖を続けて裁断します。袖下のカーブの縫い代はつれ易いので細くします。今回はカーブの所のみ袋縫い(68ページ参照)にする方法を紹介します。

2 脇・袖下線を縫う

2-① 前身頃・袖と後ろ身頃・袖の裏面どうしを合わせ、合印から合印の間を裁ち端から0.4cmの幅で縫います。

2-② 表面どうしを合わせるようにひっくり返します。

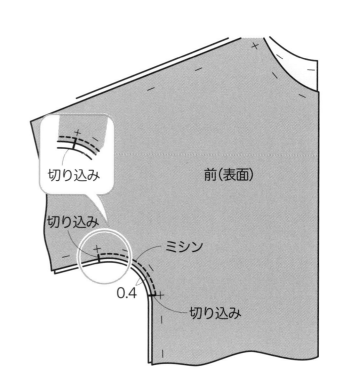

切り込み

切り込み

前(表面)

ミシン

0.4

切り込み

2-③ 脇線から袖下線を続けてミシンで縫います。

2-④ 合印の所に切り込みを入れます。

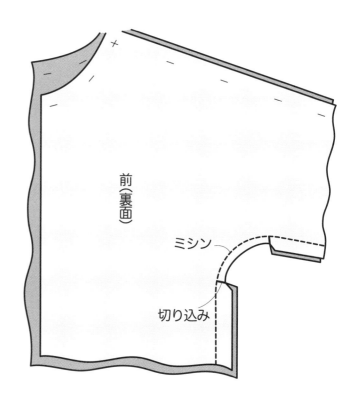

合印

前(表面)

合印

前(裏面)

ミシン

切り込み

※ミシン縫いの縫い始めと縫い終わりは、返し縫いをします。

3 縫い代を始末する

3-① アイロンで縫い代を開きます。

3-② カーブの縫い代は前身頃側に折ります。

3-③ 脇・袖下線の縫い代にロックミシンまたはジグザグミシンをかけて始末します。

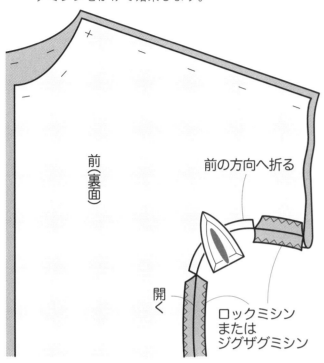

前（裏面）

前の方向へ折る

開く

ロックミシンまたはジグザグミシン

4 肩線を縫う

4-① 肩の縫い代にロックミシンまたはジグザグミシンをかけて始末します。

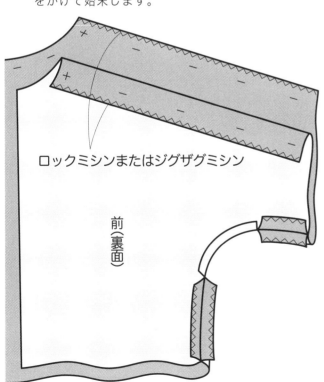

ロックミシンまたはジグザグミシン

前（裏面）

4-② 前と後ろの表面どうしを合わせ、肩線をミシンで縫います。ここはバイアス地になるので、伸ばさないように注意します。

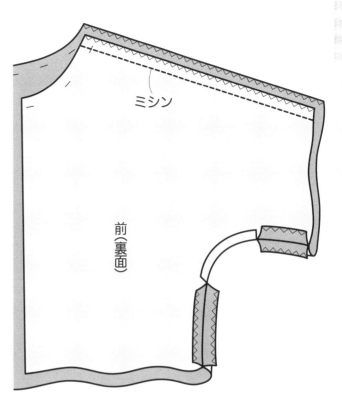

ミシン

前（裏面）

4-③ 4-②のミシン目にアイロンをかけます。

4-④ 縫い代をアイロンで開きます。

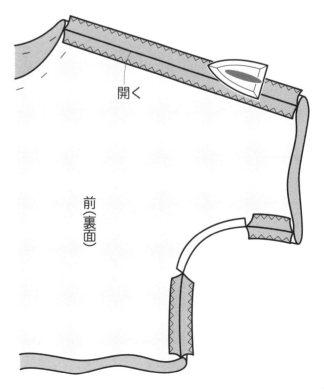

開く

前（裏面）

ラグランスリーブ

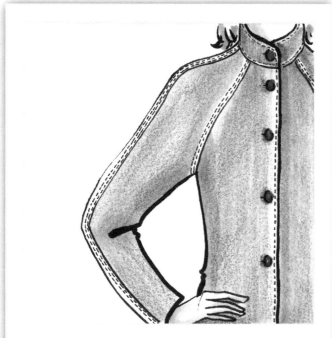

衿ぐりから袖下にかけて、斜めに切り替え線を入れた袖のことです。十九世紀にイギリスのラグラン伯爵が考案したと言われています。袖ぐりのゆるみが多く腕を動かし易いデザインです。ここでは袖山に縫い目のあるタイプを解説します。

1 袖を裁断する

袖山に布目を通して裁断します。前袖も同様に裁断します。

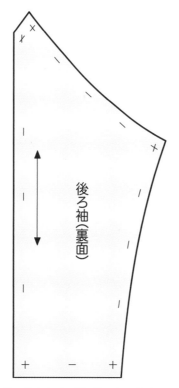

後ろ袖（裏面）

2 袖下の縫い代の始末をする

袖下の縫い代にロックミシンまたはジグザグミシンをかけて始末をします。

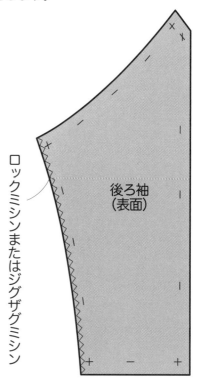

ロックミシンまたはジグザグミシン

後ろ袖（表面）

3 前袖と後ろ袖を縫い合わせる

3-① 前袖と後ろ袖の表面どうしを合わせ、袖山線をミシンで縫います。

3-② 2枚一緒にロックミシンまたはジグザグミシンをかけ、縫い代の始末をします。

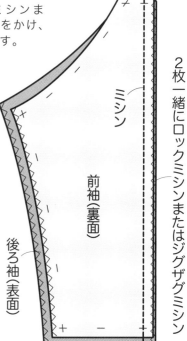

2枚一緒にロックミシンまたはジグザグミシン

ミシン

前袖（裏面）

後ろ袖（表面）

　※ミシン縫いの縫い始めと縫い終わりは、返し縫いをします。

4 表からミシンをかける

4-① 縫い代を後ろ袖側に折ります。

4-② 表からミシンをかけます。

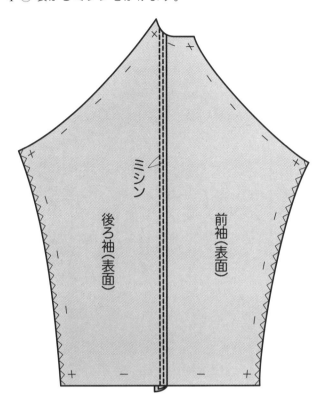

5 袖を身頃につける

5-① 身頃と袖の表面どうしを合わせて、ラグラン線（袖つけ線）をミシンで縫います。

5-② 縫い代は2枚一緒にロックミシンまたはジグザグミシンをかけて始末します。

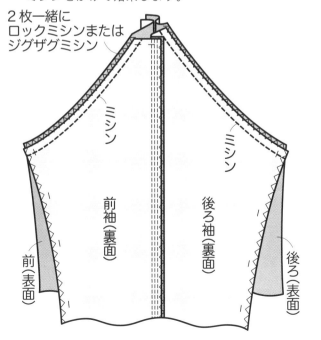

6 表からミシンをかける

6-① 縫い代をアイロンで袖側に折ります。

6-② 表面からミシンをかけます。

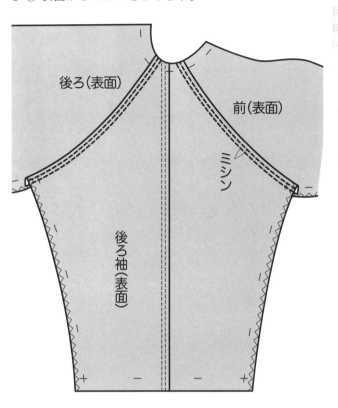

7 袖下・脇線を縫う

7-① 身頃と身頃、袖と袖の表面どうしを合わせて、脇線から袖下まで続けてミシンで縫います。

7-② 縫い代はアイロンで開きます。

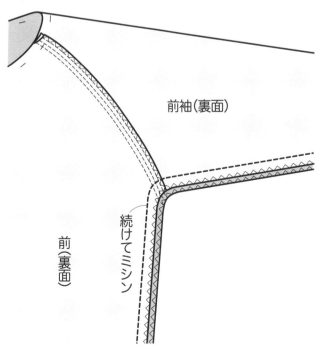

223

縫い目利用の袖口あき

袖下の縫い目を利用して作ったスラッシュあきです。あきを目立たせたくない時、また簡単に袖口あきを作りたい時に用います。
カフスをつけてから袖下を縫う方法で紹介します。

1 袖を裁断する

袖を裁断します。あき止まりの位置に印をつけます。

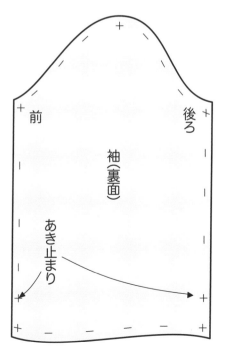

2 縫い代の始末をする

袖下部分の縫い代にロックミシンまたはジグザグミシンをかけて始末します。

3 袖口にぐし縫いをする

3-① 袖下の縫い代をあき止まりの位置まで、図のようにアイロンで折ります。

3-② 袖口の縫い代にぐし縫い(55ページ参照)をします。

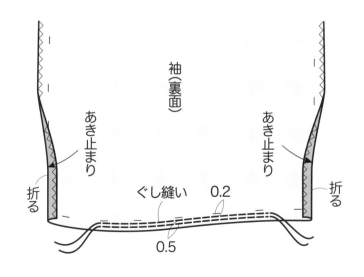

※ミシン縫いの縫い始めと縫い終わりは、返し縫いをします。

4 袖口にカフスをつける

4-① ぐし縫いの糸を引き、袖口をカフス寸法に縮めます。

4-② カフスをつけます。カフスのつけ方は232〜235ページを参照します。

5-② 5-①の状態でミシン目にアイロンをかけます。

5-③ アイロンで縫い代を開きます。

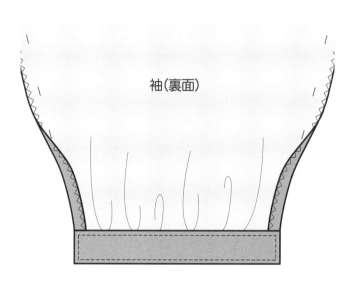

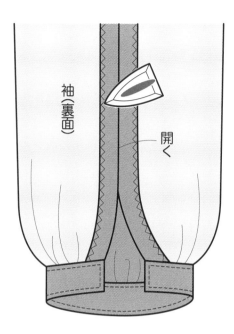

5 袖下を縫う

5-① 袖の表面どうしを合わせて、袖下をあき止まりの位置まで縫います。

5-④ 縫い代が動かないように、あきのまわりをミシンで縫います。

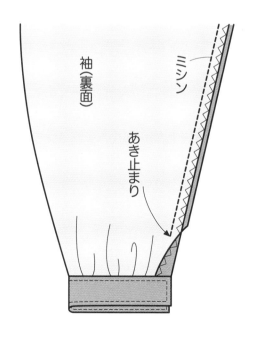

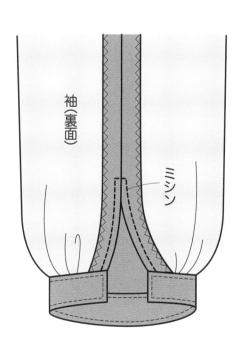

スラッシュあきの袖口

衿ぐりのスラッシュあきと同じ作り方です。あきを作る位置は中心線より後ろにします。きれいに仕上げるポイントは、切り込みをきっちりと入れ、アイロンで形を整える事です。

1 袖を裁断する

袖を裁断し、スラッシュ位置に印をつけます。

2 見返し布を裁断する

2-① 見返し布を裁断します。

2-② 裁ち端はロックミシンまたはジグザグミシンをかけて始末します。

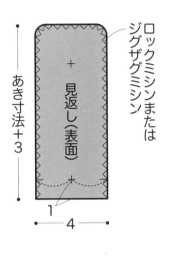

3 見返しを袖口に重ねて置く

3-① スラッシュ位置で袖と見返し布の表面どうしを合わせます。

3-② まち針またはしつけをして、とめておきます。

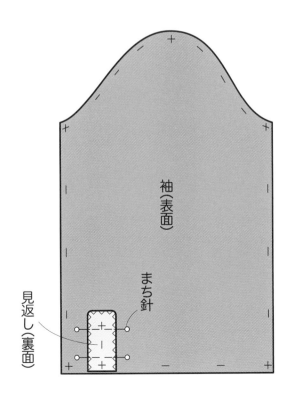

※ミシン縫いの縫い始めと縫い終わりは、返し縫いをします。

4 スラッシュ位置にミシンをかける

4-① スラッシュ位置を中心にして、0.2cmの幅で印の
まわりをミシンで縫います。

4-② そのままの状態で、ミシン目にアイロンをかけます。

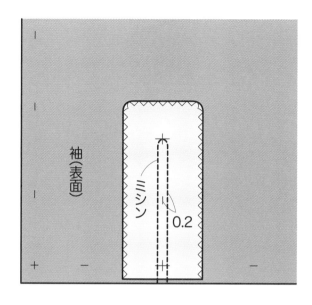

4-③ スラッシュの印の0.1〜0.2cm手前まで切り込み
を入れます。

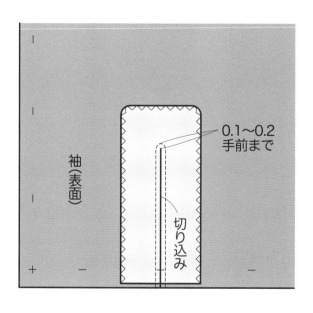

5 見返しを裏面にひっくり返す

5-① 見返し布を袖の裏面にひっくり返します。

5-② アイロンをかけます。

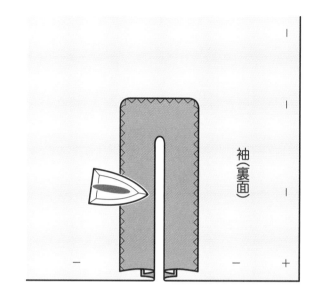

5-③ スラッシュのまわりを縫い目から0.2cmぐらいの
幅でミシンで縫います。

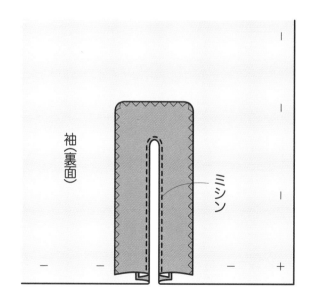

持ち出しをつけた袖口あき

持ち出しと見返しを1枚の布地で作る方法です。すっきりと仕立て上げましょう。切り込みを入れてから縫い合わせるため、ほつれ易い布地や厚手の布地には向きません。

1 袖を裁断する

袖を裁断します。あきの位置に印をつけます。

2 持ち出し見返し布を裁断する

2-① あき寸法の2倍に縫い代をつけて、持ち出し見返し布を裁断します。

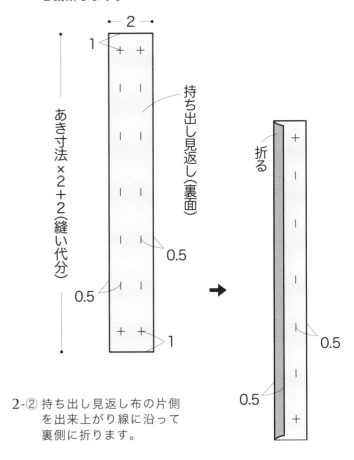

2-② 持ち出し見返し布の片側を出来上がり線に沿って裏側に折ります。

3 あきの位置にミシンをかける

布地がほつれないようにミシンをかけます。袖口のあき位置は0.3cm幅で三角形の形にミシンをかけます。

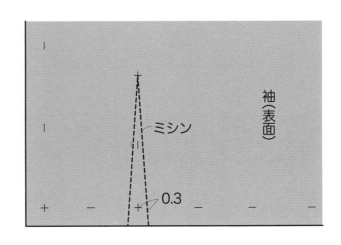

228　※ミシン縫いの縫い始めと縫い終わりは、返し縫いをします。

4 あきの位置に切り込みを入れる

あき寸法の位置まで切り込みを入れます。ミシン目を切らないように注意しましょう。

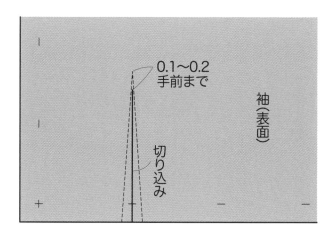

5 持ち出し見返し布をつける

5-① 切り込み位置を一直線になるように開きます。

5-② 持ち出し見返し布の表面と袖の裏面を合わせ、まち針でとめます。

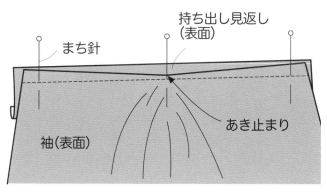

5-③ 表面から0.5cmの幅にミシンで縫います。

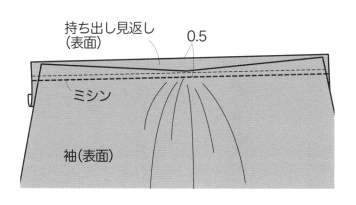

5-④ 持ち出し見返し布を袖口側に折ります。

5-⑤ 持ち出し見返し布をミシン目が隠れるように袖の表面側にアイロンで折ります。

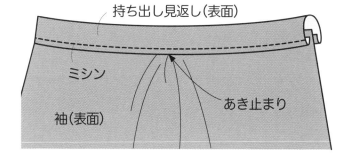

5-⑥ 袖の表面から、持ち出し見返し布のきわをミシンで縫います。

6 持ち出し見返し布の奥を縫う

6-① 袖の表面どうしを合わせ、持ち出し見返し布を折り、斜めにミシンで縫います。

6-② 持ち出し見返し布を前袖側に折ります。

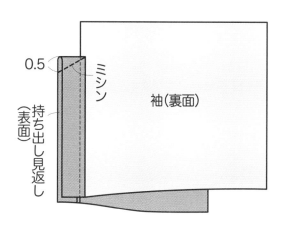

短ざくあきの袖口

紳士物のワイシャツに必ず見られる袖口のあきです。女性物のシャツブラウスにもよく見られます。手間はかかりますが、しっかりとした仕上がりになります。

1 短ざく布と持ち出し、袖を裁断する

短ざく布と持ち出しは袖口は1cm、それ以外は0.7cmの縫い代をつけ、袖には1cmの縫い代をつけて、それぞれ裁断し、印をつけます。

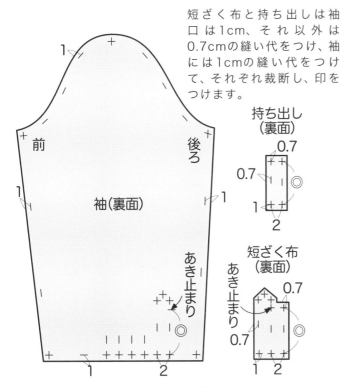

2 短ざく布と持ち出しに接着芯を貼る

短ざく布と持ち出しにそれぞれ薄手の接着芯を貼ります。

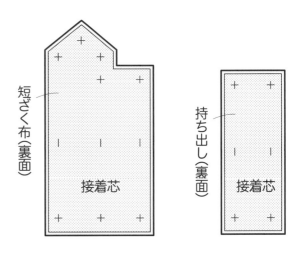

3 短ざく布と持ち出しをそれぞれ出来上がりに折る

3-① 短ざく布の縫い代をアイロンで折り、中心で折ります。

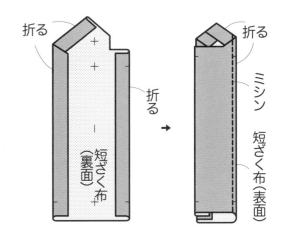

3-② 持ち出しの縫い代をアイロンで折り、中心で折ります。

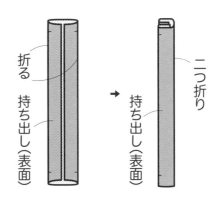

※ミシン縫いの縫い始めと縫い終わりは、返し縫いをします。

4 あきの位置に切り込みを入れる

短ざくつけ位置の中心に切り込みを入れます。長さは持ち出しの長さと同寸法になります。

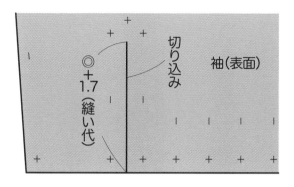

5 持ち出しをつける

短ざくつけ位置の印に合わせて袖を持ち出しではさみ、ミシンで縫います。

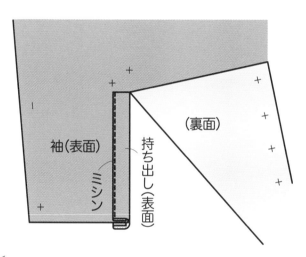

6 短ざく布をつける

短ざくつけ位置の印に合わせて袖を短ざく布ではさみ、ミシンで縫います。

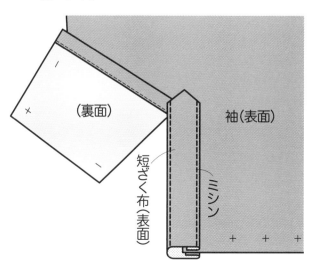

7 持ち出しと短ざく布を出来上がりのように重ね、ミシンをかけます

持ち出しと短ざく布を出来上がりのように重ね、ミシンでとめます。

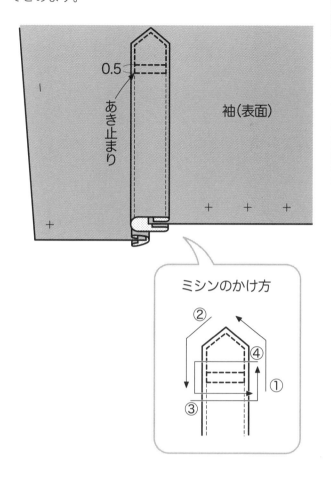

裏側から見た図

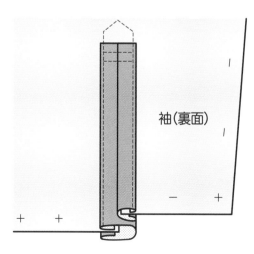

シャツカフス

一般的なカフスです。ここでは持ち出しをつけませんでしたが、持ち出しをつける場合は後ろ袖側につけて下さい。また、表カフスと裏カフスを別々に裁断してもかまいません。

1 カフスを裁断する

表カフス・裏カフスを続けて裁断します。

2 接着芯を貼る

2-① カフスの裏面に、出来上がり線の大きさに裁断した接着芯をアイロンで貼ります。

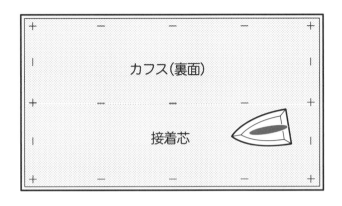

2-② 裏カフスの縫い代を出来上がり線に沿って、アイロンで折ります。

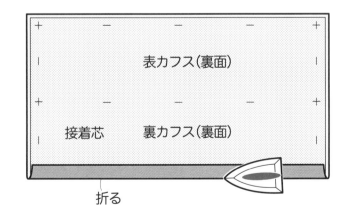

折る

3 カフスの両端を縫う

3-① 表カフスと裏カフスの表面どうしを合わせ、まち針
でとめます。

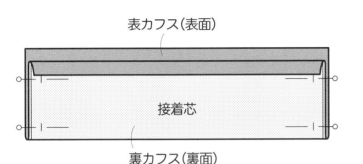

表カフス(表面)

接着芯

裏カフス(裏面)

3-② カフスの両端を縫います。ミシンは出来上がりの
印の所まで縫います。

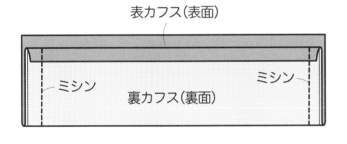

表カフス(表面)

ミシン　　　　　　　　　　　ミシン

裏カフス(裏面)

3-③ 角の重なる縫い代は切り取ります。
3-④ 縫い代はアイロンで開きます。

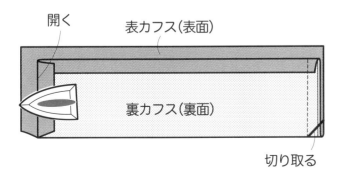

開く

表カフス(表面)

裏カフス(裏面)

切り取る

4 カフスを表にひっくり返す

4-① カフスを表にひっくり返します。
4-② アイロンをかけます。

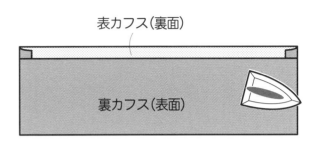

表カフス(裏面)

裏カフス(表面)

5 袖口にぐし縫いをする

袖の袖口の縫い代に、しろも1本どりでぐし縫い(55
ページ参照)をします。

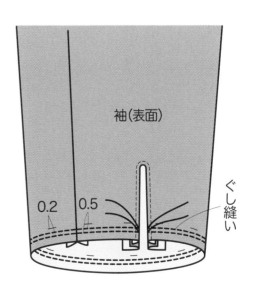

袖(表面)

0.2　0.5

ぐし縫い

次ページにつづく ▶

6 袖口を出来上がりに縮める

ぐし縫いの糸を引いて、カフスをつける寸法に縮めます。

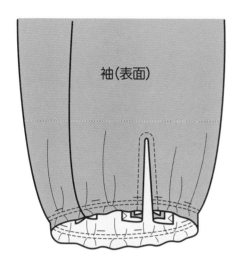

7 カフスをつける

7-① 表カフスと袖の表面どうしを合わせてまち針でとめ
　　て、ギャザーのバランスを見ます。まち針だけでは心
　　配な場合は、しつけをすると良いでしょう。

7-② 裏カフスをよけて、袖口をぐるりとミシンで縫います。

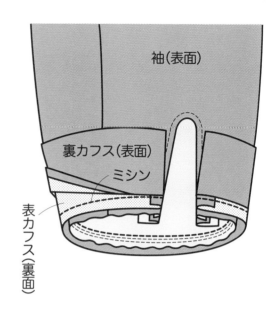

7-③ 表カフスを表側になるようにし、縫い代は全てカフス
　　の内側に入れます。

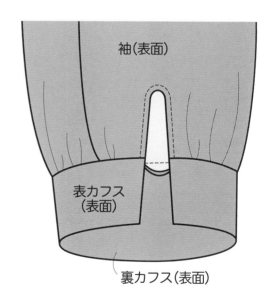

234　※ミシン縫いの縫い始めと縫い終わりは、返し縫いをします。

8 カフスをまつる

8-① 袖を裏面にひっくり返します。

8-② 裏カフスを袖口の縫い目のきわに細かくまつります。カフスにミシンをかけない時は、このまま10の工程に進みます。

9-② 表面から9-①のミシン目に続けて、カフスのまわりをミシンで縫います。

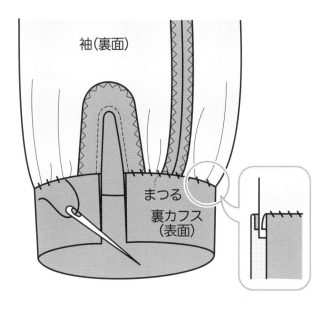

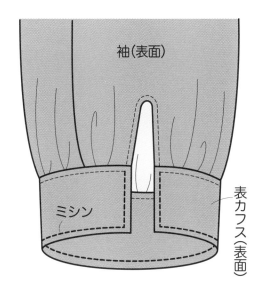

9 カフスにミシンをかける

9-① 裏カフス側からミシンをかけます。

10 ボタンホールを作り、ボタンをつける

カフスの前袖側にボタンホールを作り、後ろ袖側にボタンをつけます。

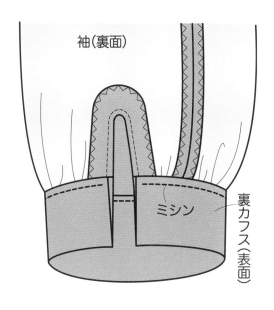

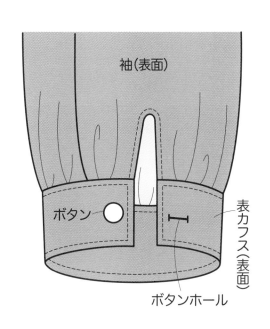

玉縁カフス

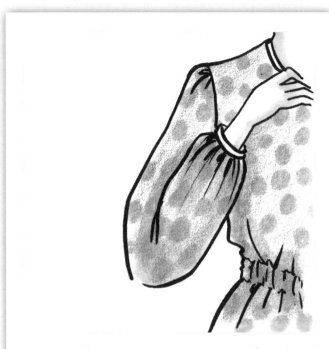

バイアス裁ちのカフスをつけます。ギャザーが
たっぷりと入るデザインや厚めの布地の場合に
は、カフスの幅を広めにしないと縫い代をくるみ
きれず、縫いにくいので注意しましょう。

1 カフスを裁断する

バイアス地でカフス幅の4倍に裁断します。

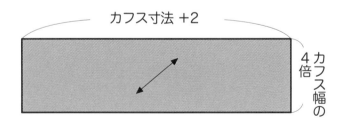

2 カフスを折る

カフスを図のように折ります。

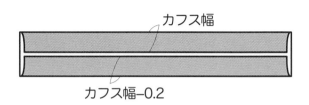

3 袖口にギャザーを寄せる

3-① 袖下の縫い代にロックミシンまたはジグザグミシン
　　 をかけて始末します。

3-② 袖口の縫い代にぐし縫い(55ページ参照)を2本します。

3-③ ぐし縫いの糸を引いてギャザーを寄せ、指定の寸法に
　　 縮めます。

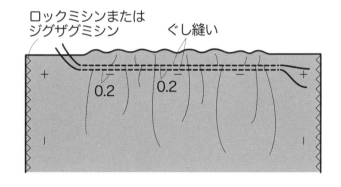

4 袖口にカフスをつける

カフス幅の折り目と袖の印を合わせてミシンで縫います。

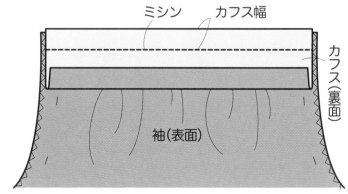

5 カフスを折る

カフスを出来上がりの状態に折ってみて、裏側のカフスが0.2cmぐらい長くなるか確かめます。

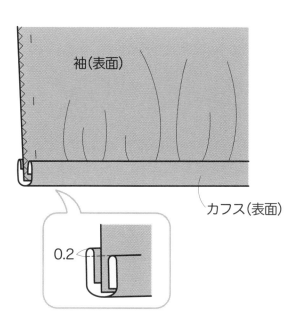

袖（表面）

カフス（表面）

0.2

7 カフスを折る

7-① 袖下の縫い代をアイロンで開きます。
7-② カフスを出来上がりの寸法に折ります。

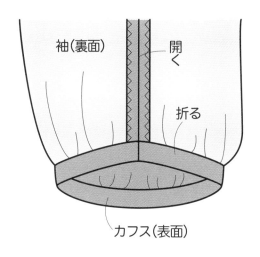

袖（裏面）　開く

折る

カフス（表面）

6 袖下を縫う

6-① カフスを開き、縫い代をカフス側に折ります。
6-② 袖の表面どうしを合わせて、袖下を縫います。

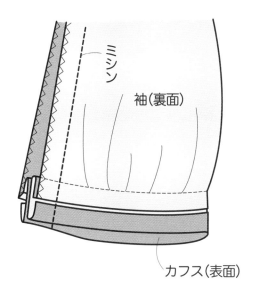

ミシン

袖（裏面）

カフス（表面）

8 端を縫う

袖の表面から、カフスのきわをミシンで縫います。ミシンが裏カフスから外れないように注意して縫います。

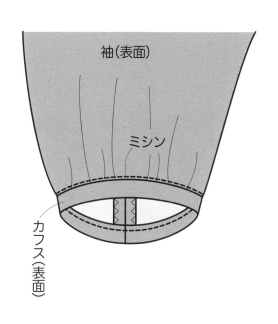

袖（表面）

ミシン

カフス（表面）

続け裁ちカフス

袖から続けて裁断し、折り上げて作るカフスです。袖口だけでなく、パンツやキュロットスカートの裾の折り返しも同様に作ります。カフスを作る時には3倍のカフス幅を続けて裁断します。

1 袖とカフスを続けて裁断する

カフスを出来上がりに折った状態で袖下の縫い代をつけます。縫い代の寸法が不足しなしように、図のように裁断します。

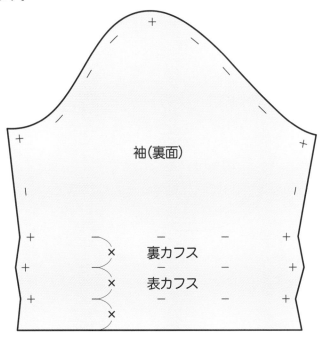

袖（裏面）

裏カフス

表カフス

2 袖の縫い代の始末をする

2-① 袖下の縫い代・カフスの裁ち端にロックミシンまたはジグザグミシンをかけて縫い代の始末をします。

2-② 袖下は裏カフスの手前まで縫い代の始末をします。

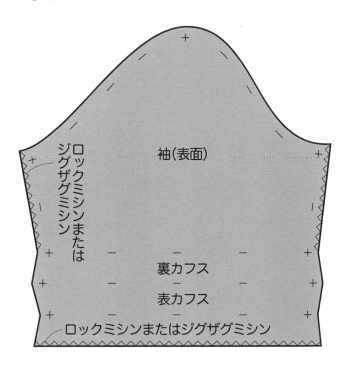

ロックミシンまたはジグザグミシン

袖（表面）

裏カフス

表カフス

ロックミシンまたはジグザグミシン

3 袖下を縫う

3-① 袖の表面どうしを合わせて2つに折ります。

3-② 袖下の印を合わせます。

3-③ ミシンで縫います。

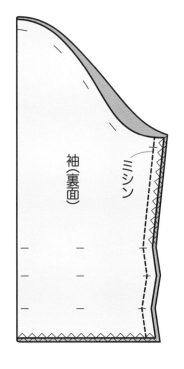

袖（裏面）

ミシン

※ミシン縫いの縫い始めと縫い終わりは、返し縫いをします。

4 袖下の縫い代を開く

4-① そのままの状態でミシン目にアイロンをかけます。

4-② 縫い代に切り込みを入れ、アイロンで開きます。

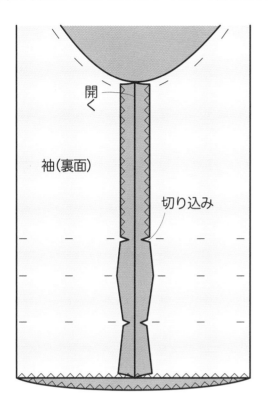

5 カフスを折る

袖口の裁ち端から2本目の印の位置で袖を裏面側に折り、アイロンでしっかり折り目をつけます。

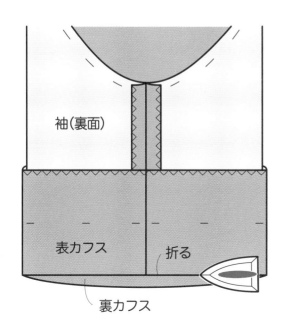

6 カフスをまつる

縫い代端を袖に、細かい縫い目でまつります。

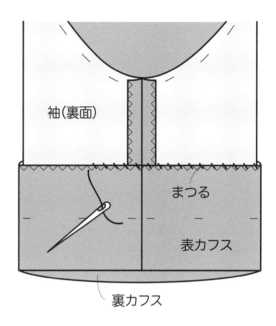

7 カフスを出来上がりに折る

7-① 袖を表にひっくり返します。

7-② 出来上がり線に沿って表側に折り、アイロンでしっかり折り目をつけます。

7-③ このままでは、カフスが折り目から開いてしまうので、袖下に裏カフスを2～3cmまつります。(ステッチをかける場合は5・6の工程でします。)

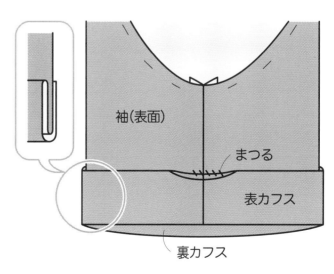

別裁ちカフス

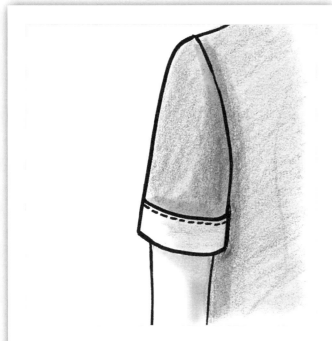

カフスを別布使いにしたい時や布地が厚地で続けて裁断出来ない場合に用います。袖口にカフスが乗ってくるような仕上がりではなく、切り替え布がついたような仕上がりになります。

1 袖とカフスを裁断する

袖とカフスを裁断します。袖口には縫い代を2cmつけます。

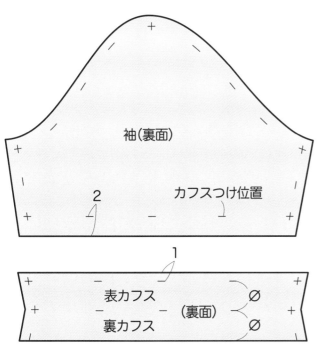

2 カフスに接着芯を貼る

表カフスの裏面に接着芯をアイロンで貼ります。

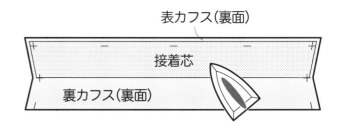

3 袖にカフスをつける

3-① 袖と表カフスの表面どうしを合わせ、ミシンで縫います。

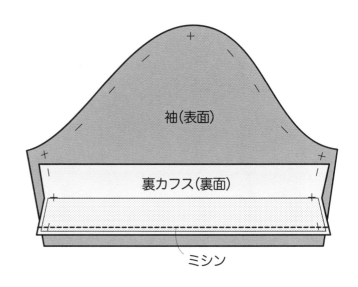

3-② そのままの状態でミシン目にアイロンをかけます。
3-③ カフスを袖口方向にひっくり返し、アイロンで折ります。
3-④ 縫い代はカフス側に折ります。

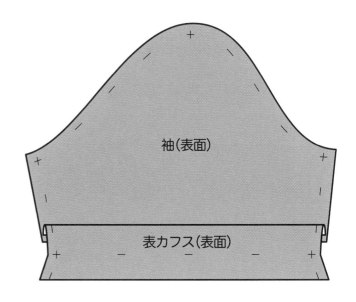

※ミシン縫いの縫い始めと縫い終わりは、返し縫いをします。

4 袖下の縫い代の始末をする

4-① 袖下の縫い代にロックミシンまたはジグザグミシンをかけ、縫い代の始末をします。

4-② 表カフスの端にミシンをかけます。

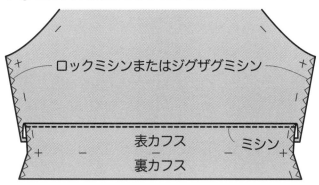

5 袖下を縫う

5-① 袖の表面どうしを合わせて2つに折ります。

5-② 袖下をミシンで縫います。

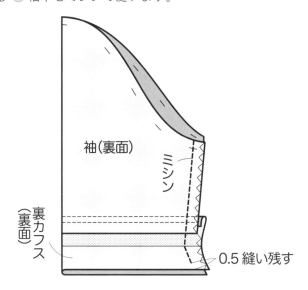

6 カフスを作る

6-① 裏カフスを裏面側に0.5cm折ります。縫い代分になります。

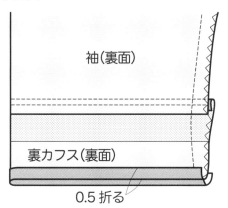

6-② 袖下の縫い代をアイロンで開きます。

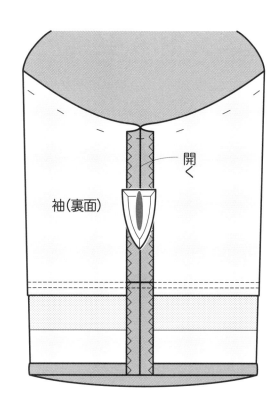

6-③ 裏カフスを出来上がり線に沿って折ります。

6-④ 袖の縫い代に細かくまつります。

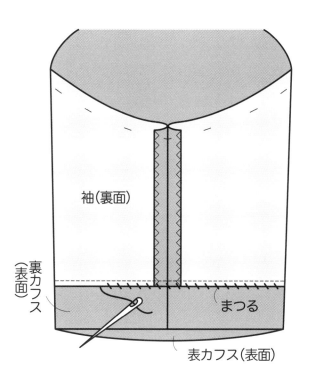

ウエスト始末

ゴムウエストA

一番簡単なウエストの始末の方法です。子ども服やギャザーを入れた服によく見られます。ゴムテープの伸縮性があるので、ウエスト寸法に関係なく着られとても便利です。

1 表布を裁断する

ゴムテープが入るスカートやパンツのウエストは見返し分を続けて裁断します。見返しの幅はゴムテープの幅やゴムテープを通す本数によって変えます。

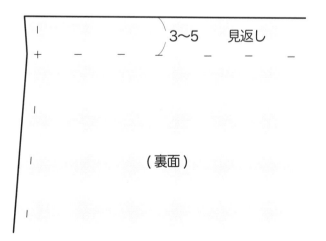

2 縫い代の始末をする

縫い代にロックミシンまたはジグザグミシンをかけて始末します。

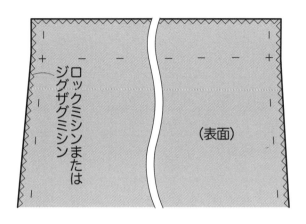

3 ゴムテープ通し口を残してミシンをかける

3-① 本体の表面どうしを合わせ、右脇の裾線から見返し端まで続けて縫っておきます。

3-② 左脇はゴムテープを通すため、ゴムテープの通る幅だけ図のように縫わないでおきます。

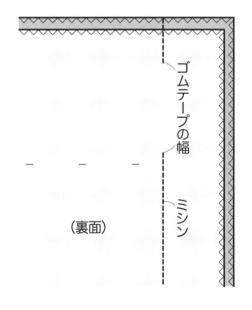

　※ミシン縫いの縫い始めと縫い終わりは、返し縫いをします。

4 見返しを出来上がりに折る

4-① 縫い代をアイロンで開きます。

4-② 見返しを出来上がり線に沿って、アイロンで本体の裏面側に折ります。

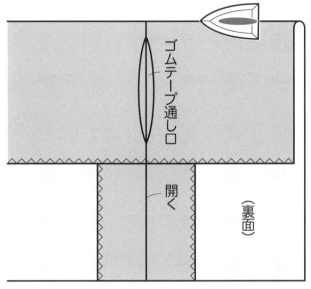

4-③ 見返しの端をミシンで縫います。

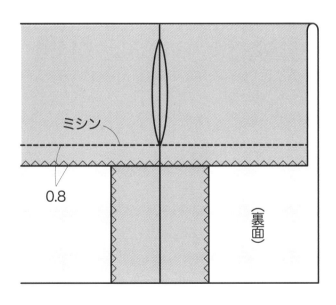

5 ゴムテープを通す

5-① ゴムテープ通し口からゴムテープを通します。

5-② ゴムテープの端を2cm程重ねてミシンで縫いとめます。

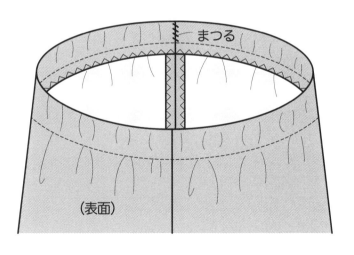

5-③ ゴムテープを見返しの中に入れます。

5-④ ゴムテープ通し口をまつります。

ゴムウエスト B

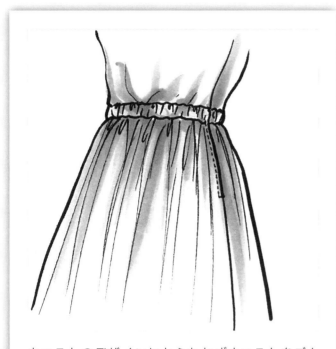

ウエストのデザインにとらわれずウエストをゴムテープ使いにできます。ここでは、ウエストにギャザーを寄せていますが、ダーツやタックをたたんだデザインにも応用出来ます。ベルト布を別裁ちして仕立てるのできちんとした感じに仕上がります。

1 ベルト布を裁断する

ベルト布はゴムテープが入った時の事を考えて、ウエスト寸法より1割位長く裁断します。

2 ゴムテープと芯を縫う

ゴムテープと持ち出し用のベルト芯（インサイドベルトまたは厚手の接着芯）をミシンで縫い合わせます。

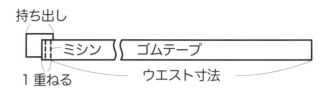

3 ベルト布と本体を縫い合わせる

3-① 本体のウエスト部分にぐし縫い（55ページ参照）をし、ベルト布の寸法まで縮めてギャザーを寄せます。

3-② ベルト布と本体の表面どうしを合わせ、ウエスト線をミシンで縫います。

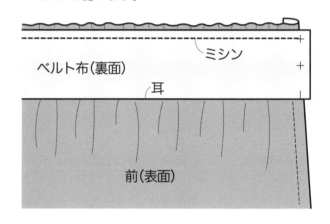

4 ゴムテープをつける

4-① 後ろ側（重ねた時に下になる方）の表ベルト布の裏面に持ち出しを縫いとめます。

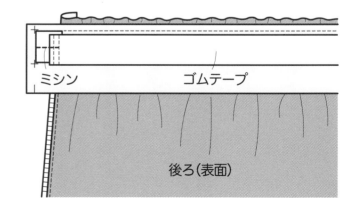

4-② ベルト布の表面どうしを合わせて２つに折ります。

4-③ ゴムテープをベルト布とウエストの縫い代の間に置きます。

4-④ 後ろ側のベルト布の端をミシンで縫います。

4-⑥ 4-⑤のミシン目の位置で縫い代をアイロンで折ります。4-④の後ろ側の端も同じようにアイロンで折ります。

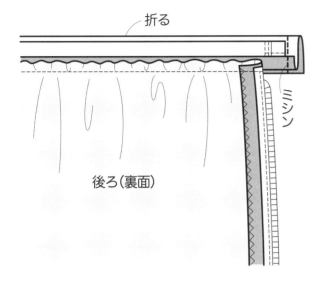

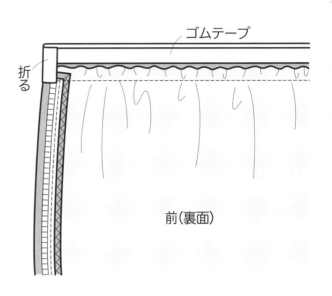

4-⑤ 前側のベルト布の端をゴムテープも一緒にミシンで縫います。

5 ベルト布をまつる

5-① ベルト布を表にひっくり返します。

5-② ベルト布を伸ばしながら、本体のミシン目のきわにまつります。

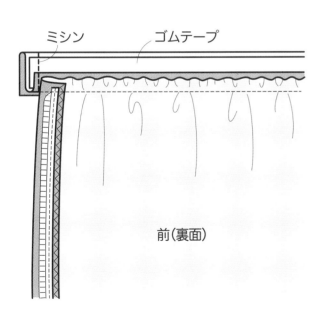

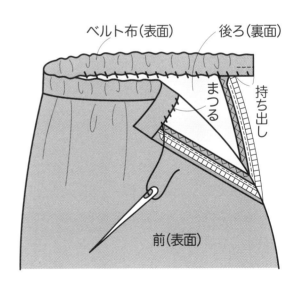

インサイドベルトで始末

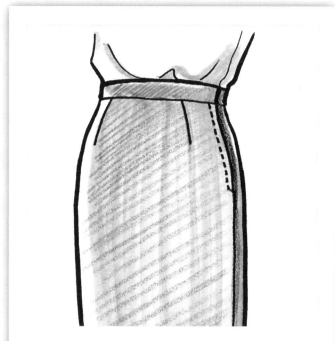

ウエストベルトにしっかり芯を入れて作りたい時に最もよく見られる方法です。ウエストをきっちり固定するのでスカートやパンツのラインがきれいに出ます。芯はインサイドベルトを使います。

1 ベルト布を裁断する

ベルト布を裁断します。裏ベルトの端に布の耳（14ページ参照）を使用すると、縫い代の始末が不用です。布の耳を使用する事をお勧めします。

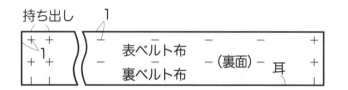

2 インサイドベルトをつける

2-① 裏ベルト側の裏面にインサイドベルトを置きます。

2-② インサイドベルトをミシンで縫い、とめつけます。

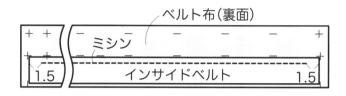

3 本体とベルト布を縫い合わせる

3-① 本体とベルト布の表面どうしを合わせて、まち針でとめ、しつけをします。

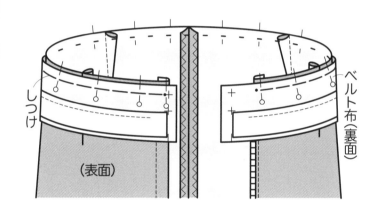

3-② 3-①のしつけに沿って、ミシンで縫います。縫い終わったら、しつけを抜き取ります。

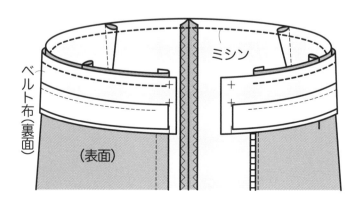

　※ミシン縫いの縫い始めと縫い終わりは、返し縫いをします。

4 ベルト布の端を縫う

4-① ベルト布を上方向に折ります。

4-② ベルト布の表面どうしを合わせるように2つに折ります。

4-③ ベルト布の両端をミシンで縫います。

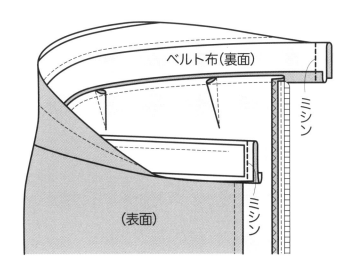

6 ベルト布をまつる

裏ベルト布を本体のミシン目のきわに、細かくまつります。

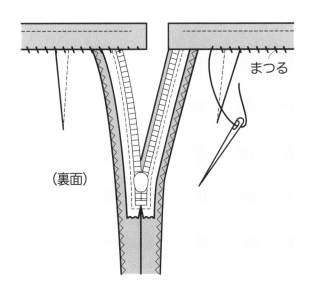

5 ベルト布を表にひっくり返す

5-① ベルト布を表にひっくり返し、角の形を整えます。

5-② 縫い代は図のようにインサイドベルトと裏ベルト布の間に入れます。

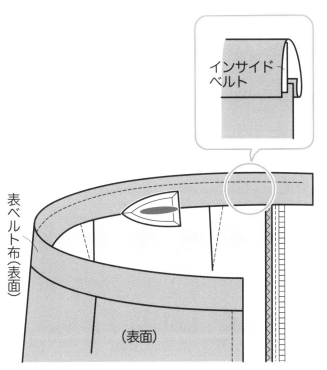

7 カギホックをつける

カギホックをつけます。この場合「前かん」と呼ばれる大きなカギホックを使用します。

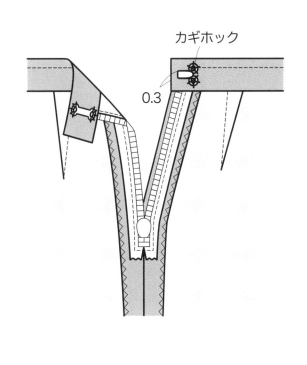

後ろのみゴムウエスト

前に芯を入れて後ろにゴムテープを入れたウエストの始末です。後ろにゴムテープが入っていますので身体にフィットします。また、ウエストのくびれがない子どもにも向きます。

1 ベルト布を裁断する

ベルト布を裁断します。裏ベルトの端は布の耳を使用して裁断します。

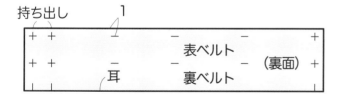

2 ゴムテープとインサイドベルトを縫い合わせる

前ウエストと持ち出しにインサイドベルトを使用します。ゴムテープをインサイドベルトの上にのせ、ミシンでしっかりととめつけます。

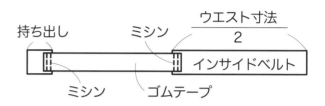

3 ベルト布にゴムテープをつける

3-① 裏ベルト側の裏面に2で縫ったゴムテープとインサイドベルトをのせます。

3-② インサイドベルトの部分のみをミシンで縫い、ベルト布にとめつけます。

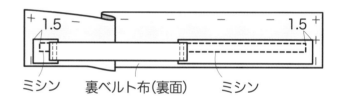

4 本体とベルト布を縫い合わせる

4-① 本体とベルト布の表面どうしを合わせてまち針でとめ、しつけをします。

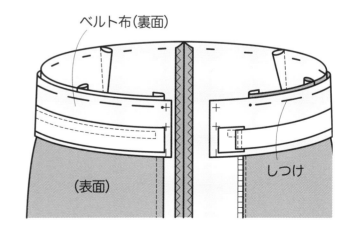

　※ミシン縫いの縫い始めと縫い終わりは、返し縫いをします。

4-② 4-①のしつけに沿って、ミシンで縫います。縫い
　　終わったら、しつけを抜き取ります。

5 ベルト布をひっくり返す

5-① ベルト布を表面にひっくり返します。
5-② しつけをします。
5-③ 裏ベルトを縫い目のきわにまつります。

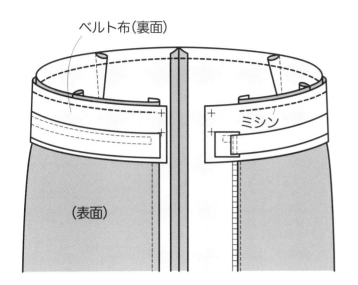

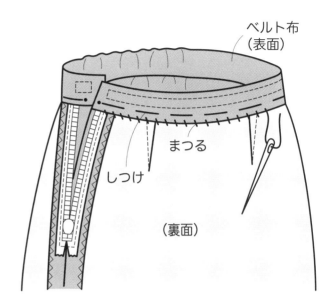

4-③ ウエストの縫い代をベルト側に折ります。
4-④ ベルト布の表面どうしを合わせて、二つに折ります。
4-⑤ ベルト布の端を縫います。

6 表からミシンをかける

ベルト布のまわりにミシンをかけます。ゴムテープを伸
ばしながら縫います。

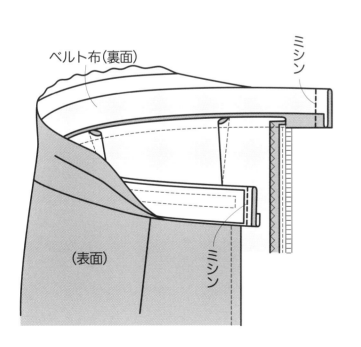

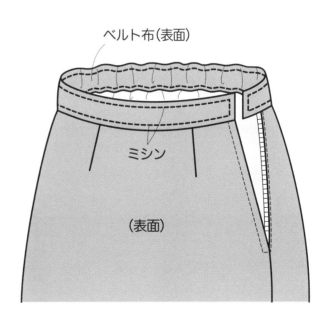

部分的なゴムウエスト

部分的に芯を入れ、その他をゴムテープ使いにしたウエスト始末です。この作り方を応用して好きな位置にゴムテープを入れる事が出来ます。ゴムテープの太さは好みの物を使います。

1 本体のウエスト部分を作る

1-① ファスナーつけが終わった本体の見返し端にロックミシンまたはジグザグミシンをかけて始末します。

1-② 見返しを本体の裏面に出来上がり線に沿って折ります。

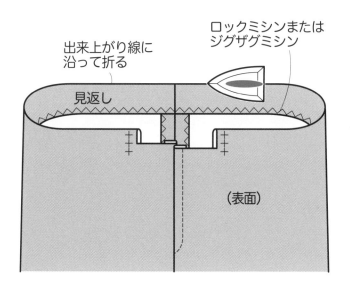

出来上がり線に沿って折る

ロックミシンまたはジグザグミシン

見返し

（表面）

1-③ ウエストをミシンで縫います。ミシン目とミシン目の間にゴムテープが通るようにゴムテープの幅より少し広めにします。

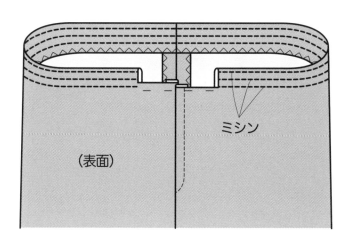

（表面）

ミシン

2 ゴムテープを通す

2-① ゴムテープを通します。

2-② ゴムテープの端をしつけで本体にとめつけます。ゴムテープの長さはウエスト寸法からベルトの長さを引き、更にそれより3～5cm短くします。

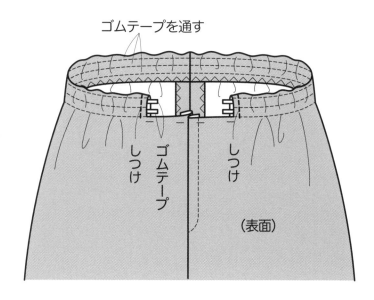

ゴムテープを通す

しつけ

ゴムテープ

しつけ

（表面）

※ミシン縫いの縫い始めと縫い終わりは、返し縫いをします。

3 ベルトを作る

3-① ベルト布を裁断します。

3-② 裏ベルトに両面接着テープを置きます。

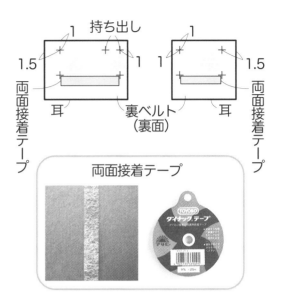

3-③ その上にインサイドベルトを置きます。

3-④ アイロンで貼ります。

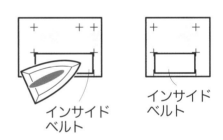

3-⑤ ベルト布の表面どうしを合わせて二つに折ります。

3-⑥ 中心側の布端だけにミシンで縫います。

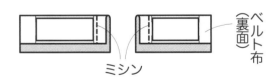

3-⑦ ベルト布を表にひっくり返します。

3-⑧ 縫い残しておいたもう一方の端の縫い代を、出来上がり線に沿って内側に折ります。

出来上がり線に沿って折る

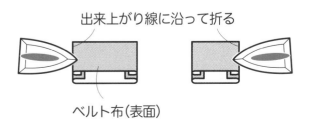

ベルト布(表面)

4 ベルト布をつける

4-① ベルト布と本体の表面どうしを合わせて、図の位置をミシンで縫います。

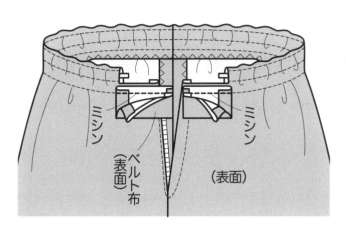

4-② ベルト布を起こします。

4-③ ベルト布でゴムテープ通し口の縫い代を挟むようにして、ミシンで縫います。

ベルト布(表面)

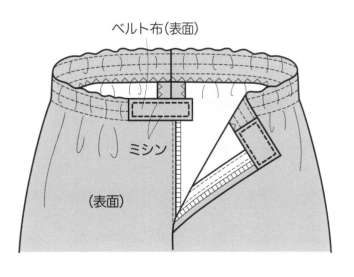

ハイウエスト

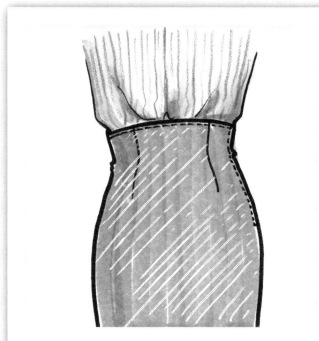

ベルト布を使わないで始末をする方法です。ここではハイウエストの場合を説明します。見返しにはダーツを入れませんので、見返しのために別に型紙を作ります。

1 見返しの型紙を作る

本体の型紙にダーツやタックがあっても、すっきりと仕上げるために見返しには入れませんので、突き合わせにして型紙を作り直します。角ばった所がないようにラインをきれいに書き直しましょう。

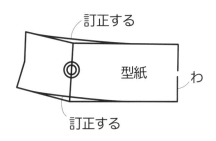

2 見返しを裁断する

1で作った型紙を利用して、見返しを裁断します。見返し端（ウエストと縫い合わされない側）は縫い代をつけません。

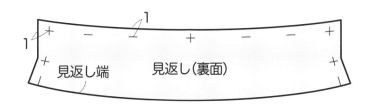

3 見返しに接着芯を貼り、布端の始末をする

3-① 見返しの裏面にアイロンで接着芯を貼ります。
3-② 上部の端に伸び止めのために接着テープを貼ります。

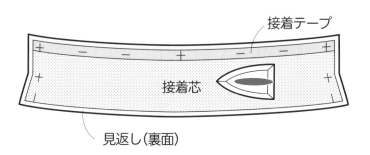

3-③ 見返しの端にロックミシンまたはジグザグミシンをかけて始末します。

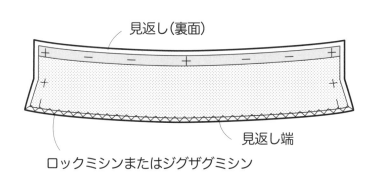

4 見返しを縫う

4-① 後ろ見返しと前見返しの表面どうしを合わせて、右の脇線を縫います。

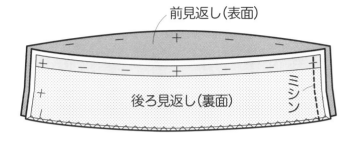

前見返し（表面）
後ろ見返し（裏面）
ミシン

4-② そのままの状態でミシン目にアイロンをかけます。
4-③ 縫い代をアイロンで開きます。

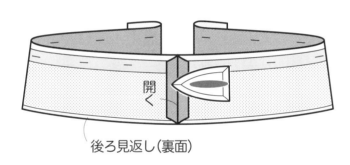

開く
後ろ見返し（裏面）

5 本体と見返しを縫い合わせる

5-① 本体と見返しの表面どうしを合わせて、ウエストラインを縫います。

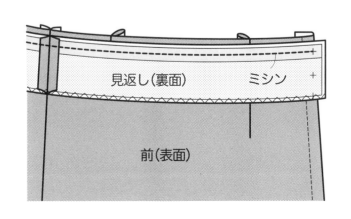

見返し（裏面）
ミシン
前（表面）

5-② 見返しを本体の裏側にひっくり返します。
5-③ ウエストラインにアイロンをかけます。見返しは少し控え目にします。

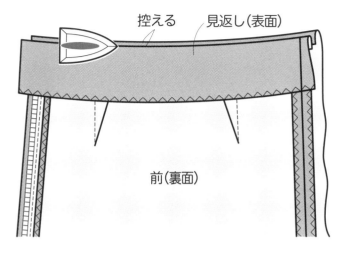

控える　見返し（表面）
前（裏面）

5-④ 見返しを折り、ファスナーの布地にまつります。
5-⑤ ウエストをミシンで縫います。

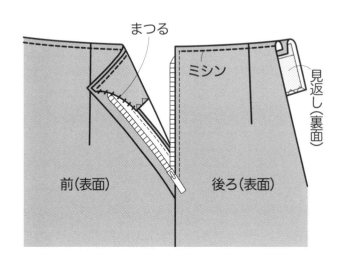

まつる
ミシン
見返し（裏面）
前（表面）
後ろ（表面）

ドローストリング A

筒状にしたウエストラインに当て布をつけてひもを通し、それを縛ることによってボリューム感を出す方法です。外側に当て布をつけるだけですのでリフォームの技法としても使えます。ひもの作り方も説明します。

1 ひもを作る

1-① ひもを裁断します。

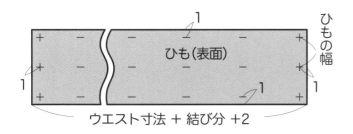

ウエスト寸法 + 結び分 +2

1-② ひもの縫い代を出来上がり線に沿って折り、中心で二つ折りにします。

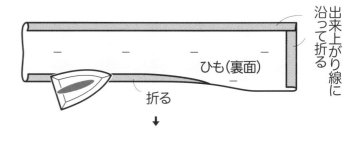

1-③ ひものまわりをミシンで縫います。

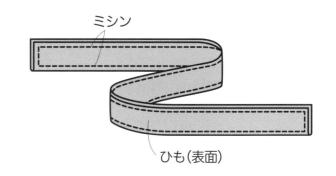

2 ひもを通す部分の当て布を作る

2-① 当て布を裁断します。当て布の幅はひもの幅プラス1cm前後とします。

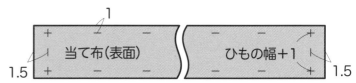

　※ミシン縫いの縫い始めと縫い終わりは、返し縫いをします。

2-② 当て布の縫い代を出来上がり線に沿って、アイロンで折ります。ひも通し口は三つ折りにします。

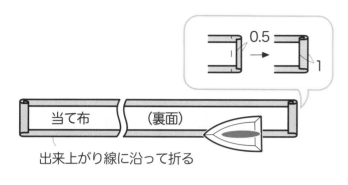

出来上がり線に沿って折る

2-③ 当て布のひも通し口をミシンで縫います。

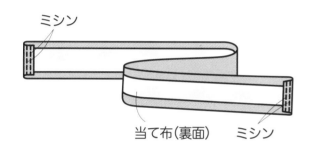

ミシン

当て布(裏面)　ミシン

3 ひもを通す位置に当て布をつける

3-① 当て布をウエストラインのつけ位置に図のように置き、しつけでとめます。

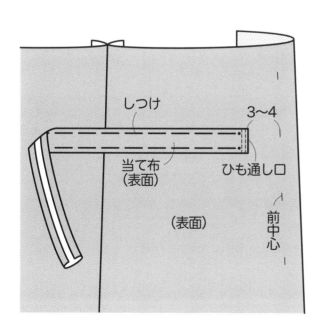

しつけ

3〜4

当て布
(表面)

ひも通し口

(表面)

前中心

3-② 当て布の端をミシンで縫い、本体に縫いつけます。ひも通し口を縫わないように注意しましょう。

0.2

ミシン

0.2

ひも通し口

(表面)

3-③ ひもを通して、出来上がりです。

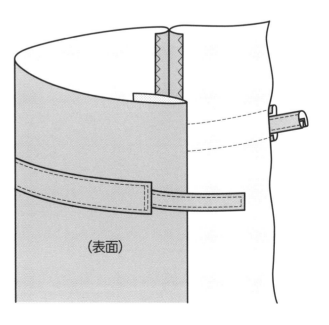

(表面)

ドローストリングB

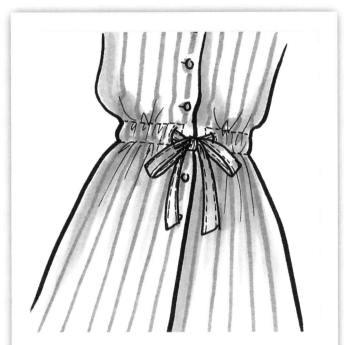

筒状にしたウエストラインに当て布をつけてひもを通し、それを縛ることによってボリューム感を出す方法です。Aと異なる点は当て布を裏面につけるため、表面からはミシン目しか見えない所です。当て布は共布でも裏布でもかまいません。

1 ひも通し口を作る

1-① 身頃のひも通し口位置に、身頃と当て布の表面どうしを合わせて置きます。

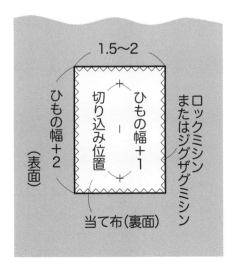

1.5〜2
ひもの幅+1
切り込み位置
ひもの幅+2
ロックミシンまたはジグザグミシン
（表面）
当て布（裏面）

1-② 当て布の上から、ひも通し口のまわりを図のようにミシンで縫います。

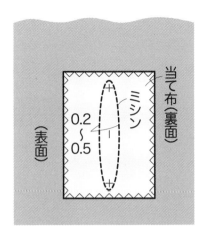

ミシン
0.2〜0.5
当て布（裏面）
（表面）

1-③ ひも通し口位置に下まで通して切り込みを入れます。

切り込み
当て布（裏面）
（表面）

1-④ 当て布を切り込みを通して身頃の裏面にひっくり返します。

1-⑤ アイロンをかけます。

（裏面）
当て布（表面）

1-⑥ ひも通し口のまわりをミシンで縫います。

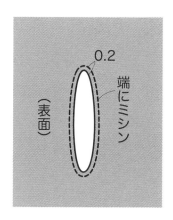

2 ひもを通す部分の当て布を作る

2-① ひも通し当て布を裁断します。

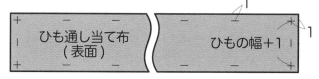

2-② ひも通し当て布の縫い代を出来上がり線に沿って、アイロンで裏面に折ります。

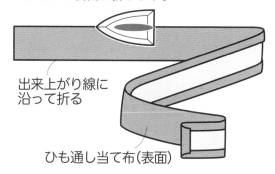

出来上がり線に沿って折る

ひも通し当て布(表面)

3 ひもを通す位置に当て布をつける

3-① 身頃のひも通し位置に、本体とひも通し当て布の裏面どうしが合うように置き、ひも通し当て布のまわりをしつけでとめます。

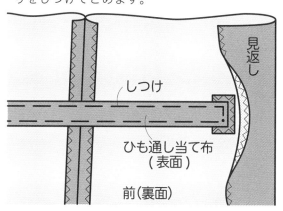

しつけ

見返し

ひも通し当て布（表面）

前(裏面)

3-② ひも通し当て布の端をミシンで縫います。しつけを目印にして表面からミシンで縫うと、更に仕上がりがきれいになります。

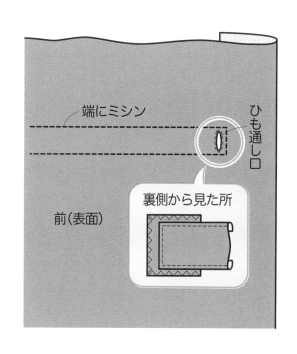

端にミシン

ひも通し口

裏側から見た所

前(表面)

4 ひもを通す

ひもを通して出来上がりです。(ひもの作り方は254ページを参照。)

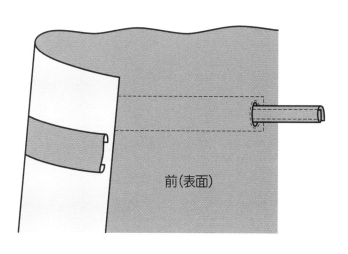

前(表面)

ウエストにゴムテープを通すA

ウエストに切り替え線のある服のウエストを縫い合わせる時に、その縫い代を利用してゴムテープを通す作り方です。布地が4枚重なる事になりますので厚手の布地には向きません。

1 ウエストを縫う

身頃とスカートの表面どうしを合わせ、ミシンで縫います。身頃の縫い代はゴムテープの幅、スカートの縫い代はゴムテープの幅プラス1cmとします。

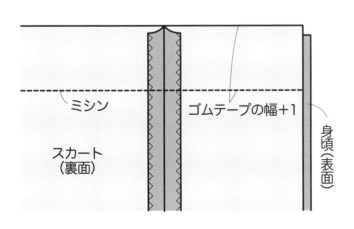

2 ゴムテープを通す部分を作る

2-① 縫い代を身頃側に折ります。

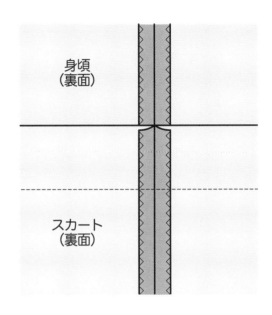

2-② スカートの縫い代を、身頃の縫い代を包むように折ります。

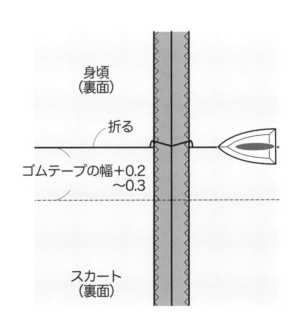

※ミシン縫いの縫い始めと縫い終わりは、返し縫いをします。

2-③ ゴムテープを通すための通し口を残して、縫い代の端をミシンで縫います。

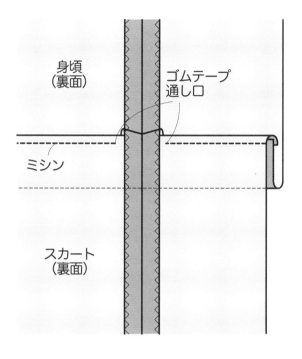

身頃
（裏面）

ゴムテープ
通し口

ミシン

スカート
（裏面）

2-④ 身頃とスカートの縫い目の身頃側のきわをミシンで縫います。

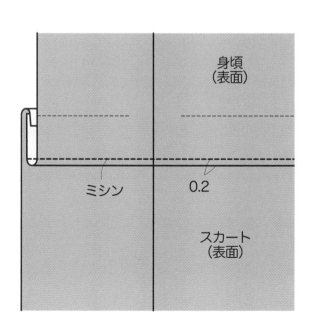

身頃
（表面）

ミシン

0.2

スカート
（表面）

3 ゴムテープを通す

3-① 通し口からゴムテープを通します。

3-② 通し終わったゴムテープは1.5cm重ねてミシンで縫いとめます。

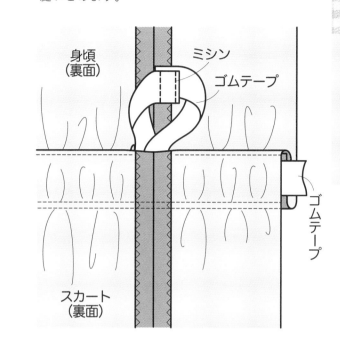

身頃
（裏面）

ミシン

ゴムテープ

スカート
（裏面）

ゴムテープ

3-③ ゴムテープを通し口から中へ引き込んで、縫い残した通し口をミシンで縫います。

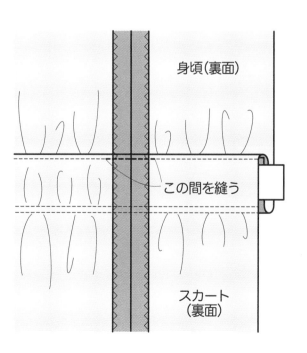

身頃（裏面）

この間を縫う

スカート
（裏面）

ウエストにゴムテープを通すB

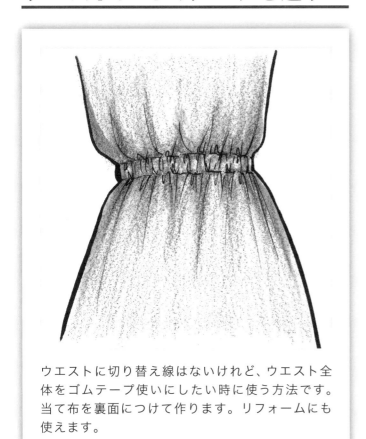

ウエストに切り替え線はないけれど、ウエスト全体をゴムテープ使いにしたい時に使う方法です。当て布を裏面につけて作ります。リフォームにも使えます。

1 当て布を作る

1-① 当て布を裁断します。表地が薄い場合は表地と同じ布を使い、表地が厚い場合は裏布または、別布か中肉の布地を使用します。

1-② 当て布の縫い代を出来上がり線に沿って、裏面に折ります。

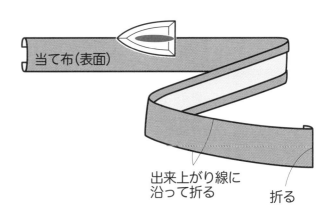

2 当て布を身頃につける

2-① ウエストの当て布つけ位置に、身頃と当て布の裏面どうしを合わせて置きます。当て布の端は図のように重ねます。

2-② 当て布のまわりにしつけをします。

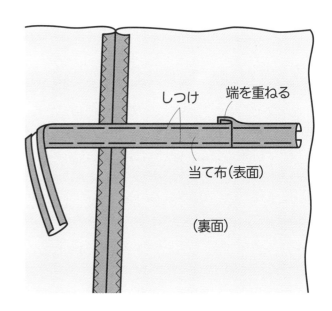

※ミシン縫いの縫い始めと縫い終わりは、返し縫いをします。

2-③ 当て布の上下の端をミシンで縫います。どこか
　　1ヶ所3cmくらい図のように縫い残します。

2-④ 当て布の重なっている部分を当て布のみくって
　　まつります。

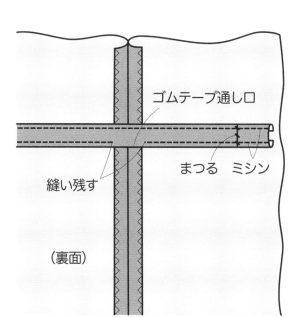

ゴムテープ通し口

まつる　ミシン

縫い残す

（裏面）

3 ゴムテープを通す

3-① 途中でゴムテープの端が中に引き込まれてしまわ
　　ないように端をまち針で本体にとめつけてからゴ
　　ムテープを通します。

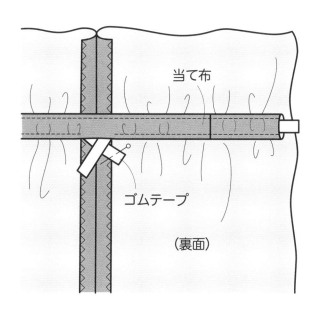

当て布

ゴムテープ

（裏面）

3-② ゴムテープの端を1.5cm重ね、ミシンで縫います。

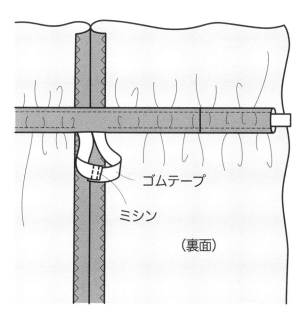

ゴムテープ

ミシン

（裏面）

3-③ ゴムテープを当て布の中に引き込みます。

3-④ 縫い残した所を縫います。

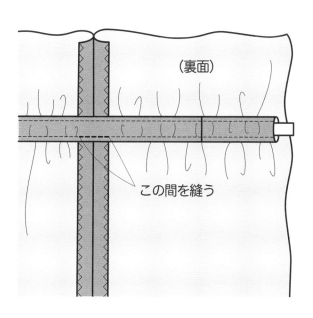

（裏面）

この間を縫う

ポケットの作り方
パッチポケットA（丸形）

布の上に縫いつけて作るタイプのポケットです。服のデザインを選びませんので、大きさを変える事によって様々な服、位置に使用出来ます。一番簡単に作れるポケットです。

1 ポケットを裁断する

ポケット口に見返し分3cm、まわりに0.7cmの縫い代をつけて裁断します。

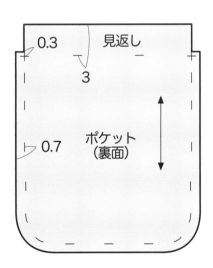

2 接着芯を貼る

2-① 見返し裏面に見返しの大きさに裁断した接着芯をアイロンで貼ります。

2-② ポケットのまわりにロックミシンまたはジグザグミシンをかけて始末をします。

3 ポケット口を縫う

3-① 見返しを出来上がりの線に沿って裏面に折ります。

3-② ポケット口と見返しの端をミシンで縫います。

3-③ カーブの所にぐし縫い（55ページ参照）をします。

※ミシン縫いの縫い始めと縫い終わりは、返し縫いをします。

4 ポケットを出来上がりに折る

4-① ポケットを出来上がり線に沿ってアイロンで折ります。折り目をしっかりつけましょう。

4-② 底(ポケットをつけた時下になる方)は厚紙で型紙を作り、ぐし縫いの糸を引いてアイロンで形を作ります。

5 力布を貼る

身頃の裏面、ポケットのつけ止まり位置に、1～1.5cmの円に裁断した接着芯を力布としてアイロンで貼ります。これは補強のためです。

6 ポケットをつけ位置に置く

6-① 身頃の表面、ポケットつけ位置にポケットの表面を上に向けて置き、まち針でとめます。

6-② ポケット口に少しのゆとり(0.2～0.3cm)を入れて、しつけをします。

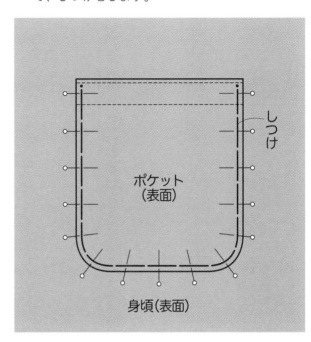

7 ポケットを縫いつける

7-① ポケットのまわりをミシンで縫います。折り目のきわを縫います

7-② しつけを取り除きます。

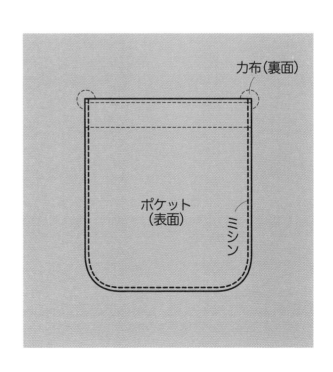

パッチポケットB（角形）

角形は角をすっきりときれいに作るのがポイントです。ここでは「額縁仕立て」の方法で作り方を説明します。用途、作り方は262ページの丸形と同じです。

1 ポケットを裁断する

図のようにポケットの布を裁断します。

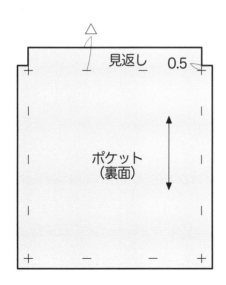

2 接着芯を裁断する

ポケット口の大きさに合わせて、接着芯を裁断します。

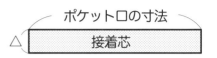

ポケット口の寸法
接着芯

3 接着芯を貼る

3-① 見返しの部分に2で裁断した接着芯をアイロンで貼ります。

3-② 縫い代をロックミシンまたはジグザグミシンで始末します。

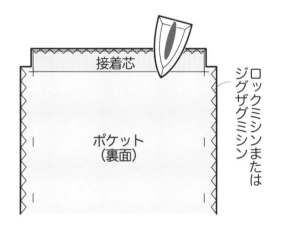

4 ポケット口を縫う

見返しをポケット口で裏面に折り、見返し端にミシンをかけます。

※ミシン縫いの縫い始めと縫い終わりは、返し縫いをします。

5 折り目線をつける

ポケットの角の縫い代を図のように折り、アイロンをかけて折り目線をつけます。

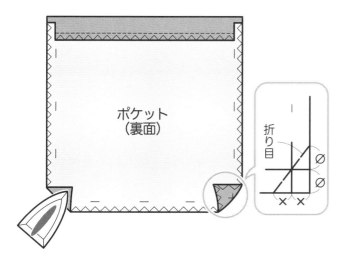

6 角を縫う

6-① 角の位置で表面どうしを合わせ、折り目線を合わせます。

6-② 折り目線の上をミシンで縫います。

6-③ 余分な縫い代を切り取ります。

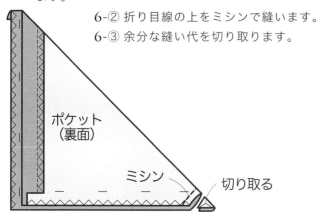

7 縫い代を開く

6の角の縫い代をアイロンで開きます。角がきれいな四角になります。

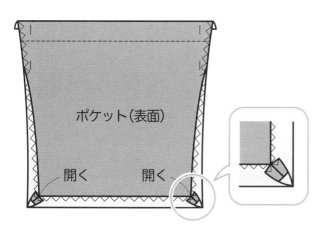

8 縫い代を折る

縫い代を出来上がり線にそって、裏側にアイロンで折ります。

9 ポケットをつける

9-① ポケットをポケットつけ位置に置き、しつけをします。

9-② ポケットのきわをミシンで縫います。縫い始めと縫い終わりは三角に縫います。

9-③ しつけを取り除きます。

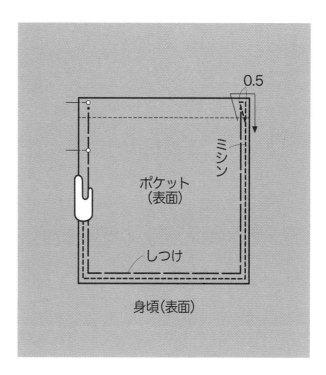

タック入りパッチポケット

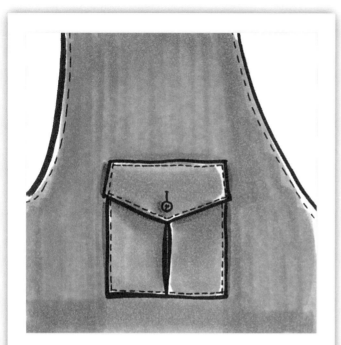

ポケットにタックを作り、デザイン性を加えました。フラップをつけるとおしゃれ度もアップします。アウトドア系のデザインによく合います。

1 ポケット布を裁断する

タック分を入れて、ポケット布を裁断します。
タック部分の見返しは布地が重なってゴロゴロしますので、縫い代のみをつけます。

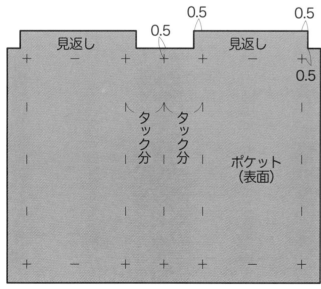

2 見返しに接着芯を貼る

見返し部分にアイロンで接着芯を貼ります。

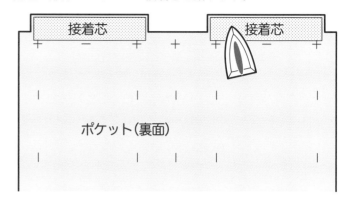

3 タックをたたむ

図のようにタックを中心に向かってたたみ、上からアイロンをかけて、しっかり折ります。

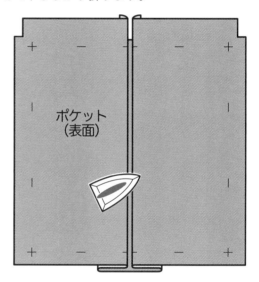

4 縫い代を始末する

見返しの端も含め、縫い代にロックミシンまたはジグザグミシンをかけます。

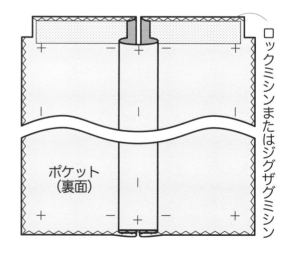

※ミシン縫いの縫い始めと縫い終わりは、返し縫いをします。

5 ポケット口を縫う

見返しを出来上がり線に沿って裏面に折り、折り山のきわと見返しの端にミシンをかけます。

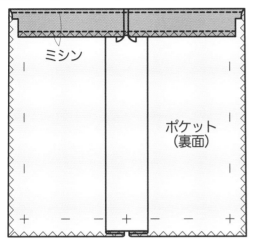

6 ポケットを折る

ポケットのまわりの縫い代を出来上がり線に沿って裏面に折ります。

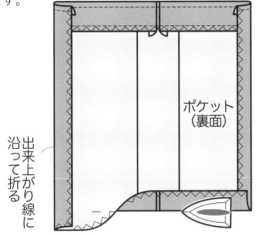

7 ポケットをつける

身頃の裏面に接着芯を力布として貼ります。身頃のポケット位置にポケットを置き、まわりにミシンをかけます。

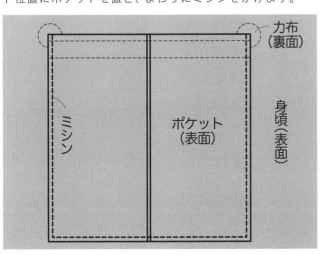

8 フラップを作る

8-① 表フラップと裏フラップの表面どうしを合わせて、まわりにミシンをかけます。

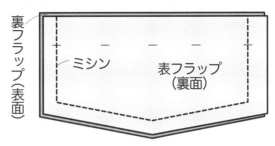

8-② フラップを表にひっくり返します。
8-③ 表フラップ側からミシンをかけます。
8-④ ボタンをつける場合はボタンホールを作ります。

9 フラップをつける

9-① 裏フラップを表にし、つけ位置に図のように置いてミシンをかけます。
9-② フラップの縫い代を0.5cm幅に切ります。

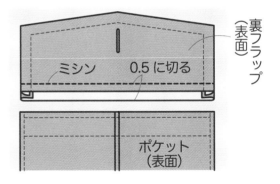

10 フラップの折り山を縫う

10-① 表フラップが表になるように下に倒します。
10-② フラップの縫い代が隠れる位置にミシンをかけます。

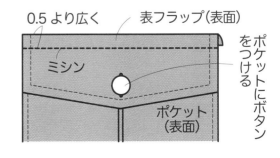

カンガルーポケット

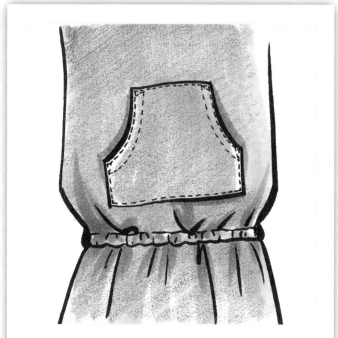

カンガルーの腹袋のように胸から腹部の中央につけられたポケットです。1つのポケット布に両手が入ることが特徴です。エプロン、パーカ、子ども服などに多く用いられています。

1 ポケット布を裁断する

1-① ポケット布を裁断します。ポケット口はこの図ではカーブの位置になります。

1-② ポケット口を除いて、縫い代にロックミシンまたはジグザグミシンをかけて始末します。

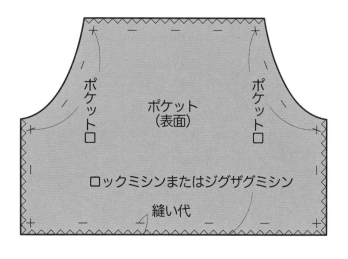

2 ポケット口の見返しを裁断する

左右対称に1枚ずつ（計2枚）見返しを裁断します。

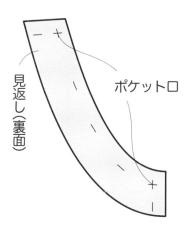

3 見返し端を始末する

3-① 見返しと同じ大きさの接着芯をアイロンで貼ります。

3-② 見返し端にロックミシンまたはジグザグミシンをかけて始末します。（もう一方も同様）

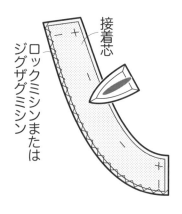

4 ポケット口を縫う

4-① 見返しとポケット布の表面どうしを合わせ、ポケット口にミシンをかけます。

4-② カーブなので縫い代に切り込みを入れます。

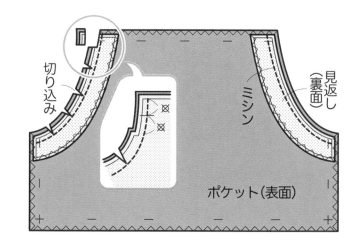

　※ミシン縫いの縫い始めと縫い終わりは、返し縫いをします。

5 見返しを表にひっくり返す

5-① 見返しをポケット布の裏面にひっくり返します。
5-② アイロンをかけ、ポケット口の形を整えます。
5-③ ポケットにミシンをかけて見返しを固定します。

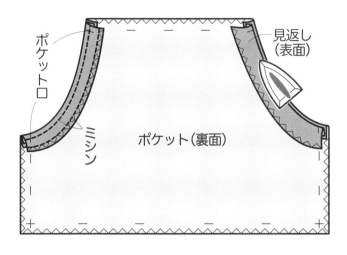

ポケット口
ポケット口
ミシン
ポケット（裏面）
見返し（表面）

7 力布をつける

身頃のポケットつけ位置のポケット口の裏面に力布（接着芯）をアイロンで貼ります。

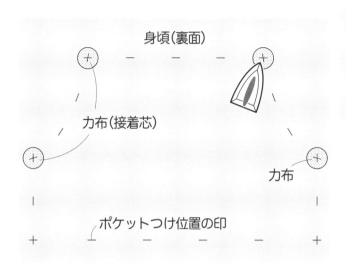

身頃（裏面）
力布（接着芯）
力布
ポケットつけ位置の印

6 ポケット布を折る

ポケット布の縫い代を出来上がり線に沿って裏面に折ります。

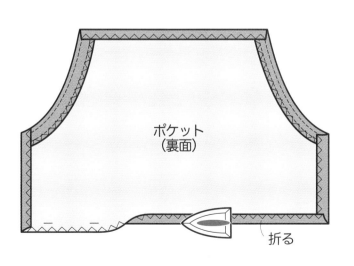

ポケット（裏面）
折る

8 ポケットをつける

ポケット布をつけ位置に置き、ポケット口を除いてまわりにミシンをかけます。

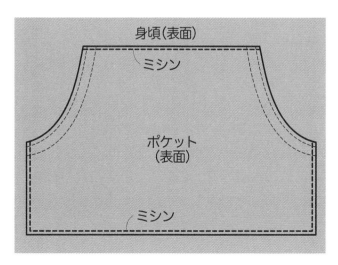

身頃（表面）
ミシン
ポケット（表面）
ミシン

シームポケットA

「シーム」とは縫い目のことで、身頃やスカートなどの切り替えや脇線を利用して作るポケットのことです。外からはポケットが見えないので全体のデザインの邪魔になりません。袋布は角を作らないように丸く縫うようにしましょう。

1 袋布、向こう布を裁断する

袋布A・Bを裏布、またはスレキを使用して裁断します。向こう布は表布と同じ布で裁断します。

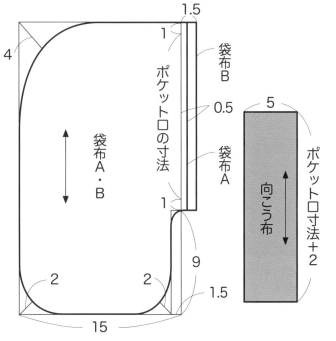

2 向こう布をつける

袋布Bの表面に向こう布を置き、ジグザグミシンで縫いつけます。

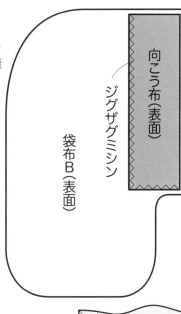

3 ポケット口の縫い代に接着テープを貼る

3-① 土台になる前スカートのポケットつけ位置に接着テープを貼ります。

3-② 縫い代にロックミシンまたはジグザグミシンをかける(後ろの縫い代も同様)

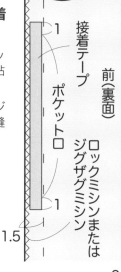

4 袋布Aを縫いつける

袋布Aと前のポケット口の表面どうしを合わせ、図のようにミシンをかけます。

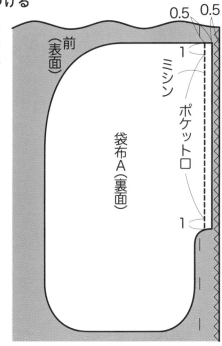

※ミシン縫いの縫い始めと縫い終わりは、返し縫いをします。

5 ポケット口を作る

5-① 袋布Aを縫い代側に折ります。
5-② 土台の前と後ろの表面どうしを合わせ、ポケット口を残して脇線を縫います。この時、袋布Aを縫い込まないように注意します。

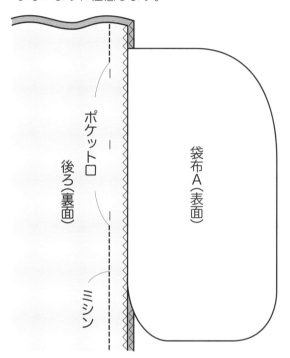

前(裏面)

袋布A(表面)

ポケット口

後ろ(裏面)

ミシン

5-③ 縫い代をアイロンで開きます。
5-④ 袋布Aを前側に倒します。
5-⑤ 表からポケット口にミシンをかけます。

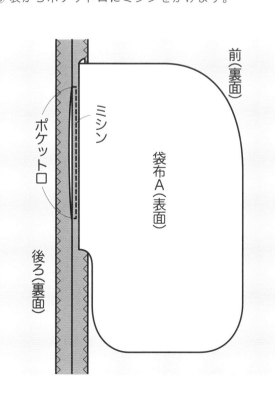

前(裏面)

袋布A(表面)

ポケット口

ミシン

後ろ(裏面)

6 袋布Bを縫いつける

袋布Aと袋布Bの表面どうしを合わせ、袋布Bを後ろの縫い代に縫いつけます。縫い代のみにミシンで縫うようにします。

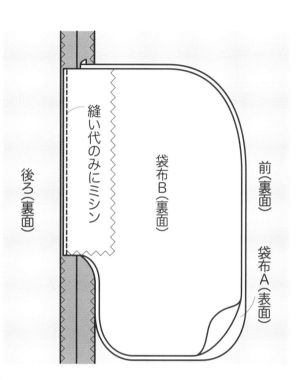

後ろ(裏面)

縫い代のみにミシン

袋布B(裏面)

前(裏面)

袋布A(表面)

7 袋布Aと袋布Bを縫い合わせる

7-① 袋布Aと袋布Bを合わせ、まわりを2回ミシンで縫います。
7-② まわりをロックミシンまたはジグザグミシンで始末します。裏布がつく場合は必要ありません。

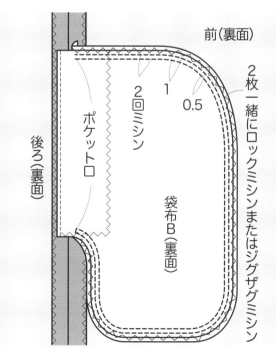

前(裏面)

後ろ(裏面)

ポケット口

2回ミシン

1

0.5

袋布B(裏面)

2枚一緒にロックミシンまたはジグザグミシン

271

シームポケットB

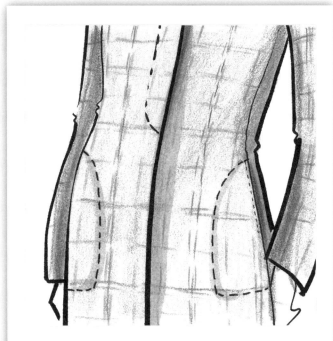

袋布を裏面に直接つけたポケットです。簡単ですっきりと仕立てられ、カジュアルな雰囲気がでます。ミシン目が表に出るのでステッチ用糸や色糸を使ってアクセントにしても良いでしょう。

1 袋布を裁断する

袋布は表布と同じ布を使用して裁断します。ポケット口は多めに縫い代をつけます。

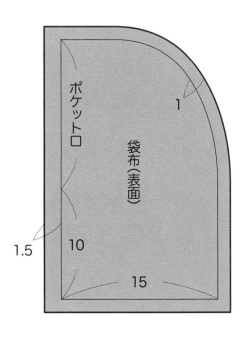

2 縫い代を始末する

袋布の周囲にロックミシンまたはジグザグミシンをかけ、縫い代を始末します。

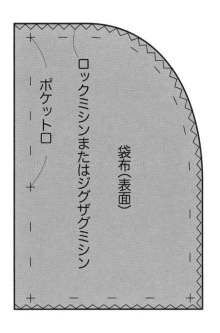

3 縫い代を始末する

3-① 土台になる前のポケット口の縫い代に接着テープをアイロンで貼ります。

3-② 縫い代にロックミシンまたはジグザグミシンをかけます。

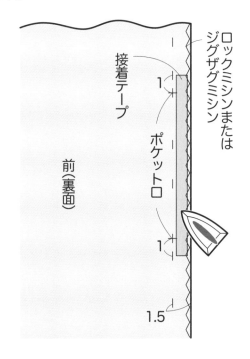

※ミシン縫いの縫い始めと縫い終わりは、返し縫いをします。

3-③ 土台の前と後ろの表面どうしを合わせて、ポケット
　　口を残して脇線にミシンをかけます。

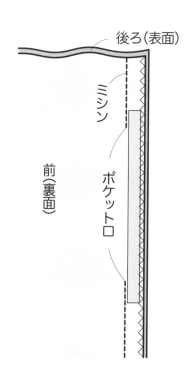

後ろ(表面)

ミシン

前(裏面)

ポケット口

3-④ 縫い代をアイロンで開きます。
3-⑤ ポケット口に表面からミシンをかけます。

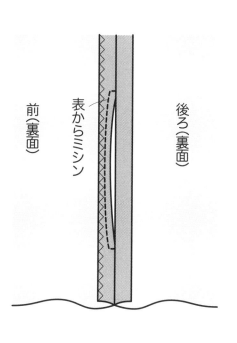

前(裏面)

表からミシン

後ろ(裏面)

4 袋布をつける

4-① 袋布と後ろの縫い代の表面どうしを合わせてミシ
　　ンをかけます。
4-② 縫い代をロックミシンまたはジグザグミシンをか
　　けて始末します。
4-③ 袋布にしつけをします。

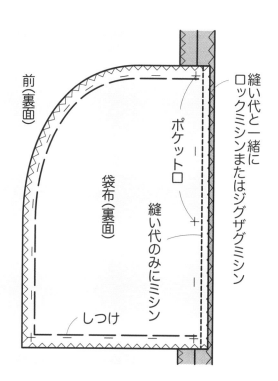

前(裏面)

縫い代と一緒に
ロックミシンまたはジグザグミシン

ポケット口

袋布(裏面)

縫い代のみにミシン

しつけ

4-④ 表面からしつけのきわにミシンをかけます。

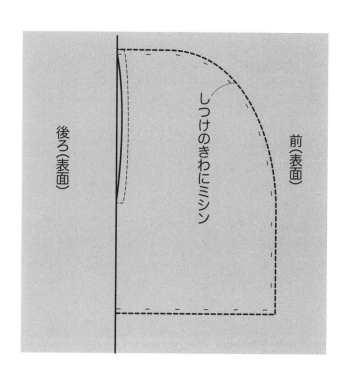

後ろ(表面)

しつけのきわにミシン

前(表面)

切り替えポケット

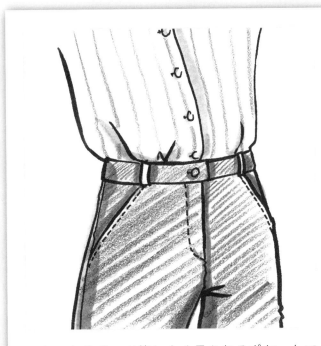

スカートやパンツ等によく見られるポケットです。表布が2枚重なるのでアイロンをきちんとかけながら、丁寧に仕上げるのがポイントです。

1 脇布、見返しを裁断する

脇布、見返しを表布と同じ布で裁断します。布目も表と同じにします。脇布は袋布も兼ねます。

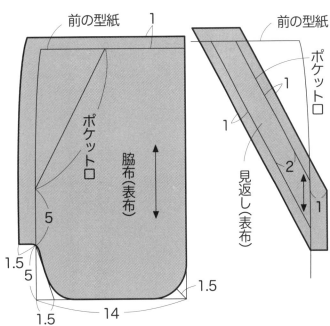

前の型紙 1
ポケット口
ポケット口
脇布（表布）
5
1.5
5
1.5
14
1.5

前の型紙
ポケット口
1
1
2
1
見返し（表布）

2 袋布を裁断する

脇布の型紙を利用して袋布を裁断します。
布地は裏布かスレキを使います。

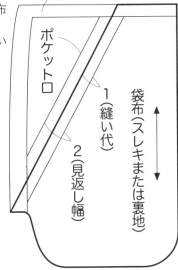

脇布のパターン
ポケット口
1（縫い代）
2（見返し幅）
袋布（スレキまたは裏地）

3 袋布に見返しをつける

3-① 見返しの裏面に接着芯をアイロンで貼ります。

3-② 見返しと袋布の表面どうしを合わせ、ミシンをかけます。

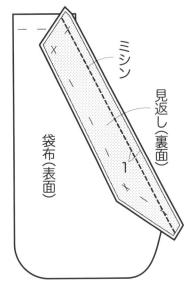

ミシン
見返し（裏面）
袋布（表面）
1

3-③ 縫い代を袋布側に倒します。

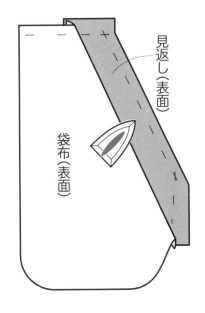

見返し（表面）
袋布（表面）

※ミシン縫いの縫い始めと縫い終わりは、返し縫いをします。

4 袋布をポケット口につける

4-① 土台になる前のポケット口と袋布の表面どうしを合わせて、ミシンをかけます。

4-② 縫い代をアイロンで開きます。

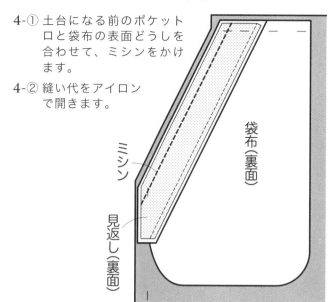

4-③ 見返しを前の裏面にひっくり返して、アイロンで整えます。

4-④ ポケット口に表面からミシンをかけます。

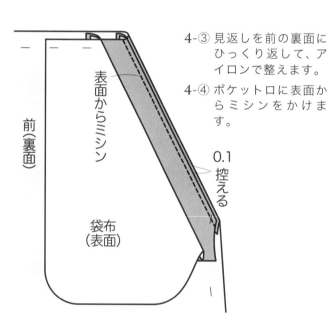

5 前に脇布をつける

5-① 脇布を土台の前の下側に表面を上に向けて置きます。

5-② ポケット口を合わせて、しつけをします。

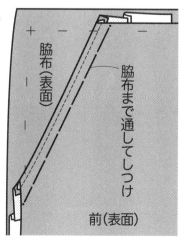

6 脇布と袋布を縫い合わせる

6-① 土台の前はよけて、袋布のまわりに2回ミシンをかけます。

6-② 2枚一緒にロックミシンまたはジグザグミシンをかけて始末します。

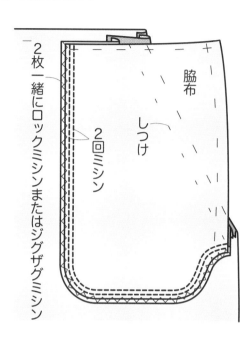

7 脇線を縫う

7-① 脇布、前と後ろの表面どうしを合わせて、脇線にミシンをかけます。

7-② 縫い代をアイロンで開きます。

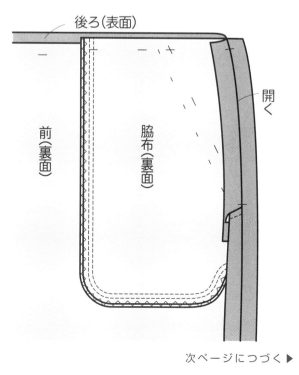

次ページにつづく▶

■袋布に共布を使う場合

1 袋布を裁断する

脇布の型紙を利用して袋布を表布で裁断します。

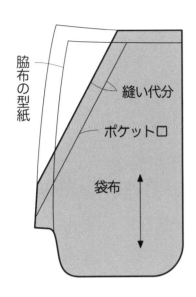

2 接着テープを貼る

土台の前のポケット口に接着テープを図のようにアイロンで貼ります。

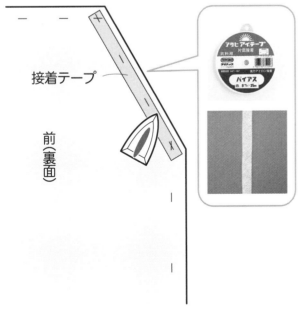

3 袋布をつける

土台の前と袋布の表面どうしを合わせて、ポケット口にミシンをかけます。

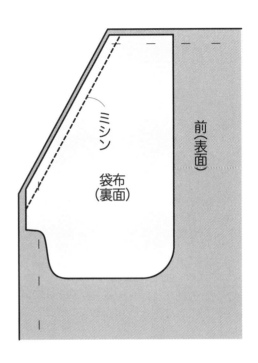

4 袋布をひっくり返す

4-① 袋布を前の裏面にひっくり返して、アイロンで整えます。

4-② ポケット口に表面からミシンをかけます。

以下275ページの5に続きます。

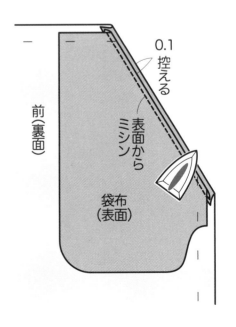

　※ミシン縫いの縫い始めと縫い終わりは、返し縫いをします。

■ポケット口がカーブの場合

1 見返しを裁断する

見返しを図のように裁断します。

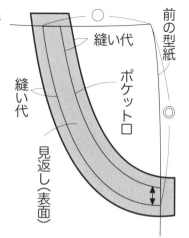

縫い代
縫い代
前の型紙
ポケット口
見返し（表面）

2 袋布を裁断する

ポケット口から見返し分をひいて、袋布を裁断します。

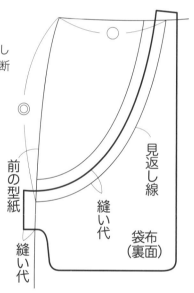

前の型紙
縫い代
見返し線
縫い代
袋布（裏面）

3 見返しと袋布を縫う

3-① 見返しの裏面に接着芯をアイロンで貼ります。

3-② 袋布と見返しの表面どうしを合わせて、ミシンをかけます。

3-③ 縫い代を袋布側に倒します。

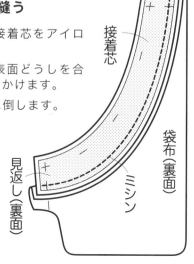

接着芯
袋布（裏面）
見返し（裏面）
ミシン

4 ポケット口を縫う

前と見返しの表面どうしを合わせて、ポケット口にミシンをかけます。

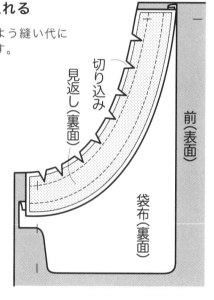

見返し（裏面）
ミシン
前（表面）
袋布（裏面）

5 切り込みを入れる

カーブがつれないよう縫い代に切り込みを入れます。

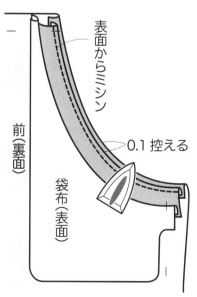

切り込み
見返し（裏面）
前（表面）
袋布（裏面）

6 袋布をひっくり返す

6-① 袋布を前の裏面にひっくり返して、アイロンで整えます。

6-② ポケット口に表面からミシンをかけます。

以下275ページの5に続きます。

表面からミシン
前（裏面）
0.1 控える
袋布（表面）

リブニットのつけ方

リブニット使いの衿

リブニットを使い、スタンドカラー風に仕立てました。リブニットの伸びる性質を利用して首に沿わせました。糸はニット用の伸縮のある糸を使います。

1 型紙を用意する

後ろ中心で左右対称に開いた型紙を用意します。

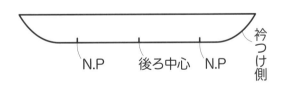

N.P…ネックポイント。身頃の肩線とぶつかる点のこと。

2 布地を折る

裏面どうしを合わせるように2つに折ります。

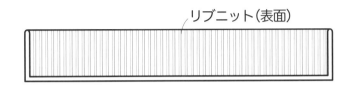

3 出来上がり線をつける

布地の上に型紙をのせ、糸で出来上がりの線と合印に印をつけます。

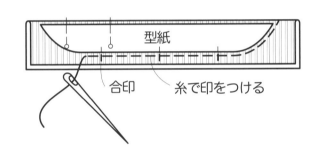

4 衿を裁断する

3の印に沿って縫い代をつけ、裁断します。

※ミシン縫いの縫い始めと縫い終わりは、返し縫いをします。

5 衿にぐし縫いをする

衿のカーブになっている所に2枚一緒にぐし縫い（55ページ参照）をします。

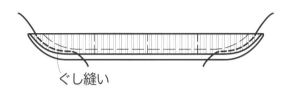

ぐし縫い

6 衿の形を正しくする

ぐし縫いの糸を引き、衿つけ側をまっすぐにします。

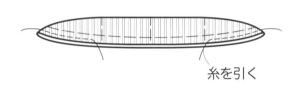

糸を引く

7 身頃と衿を縫いとめる

衿と身頃の表面どうしを後ろ中心、N.Pの合印でそれぞれ合わせてしつけでとめます。

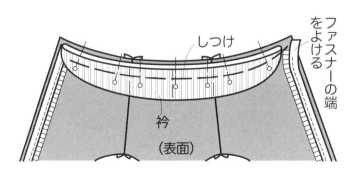

しつけ
ファスナーの端をよける
衿
（表面）

8 ミシンで縫う

8-① 身頃と見返しの表面どうしを合わせるように、衿の上に見返しをのせます。

8-② 前中心線から衿ぐり線、反対側の前中心線まで、ぐるりとミシンで縫います。

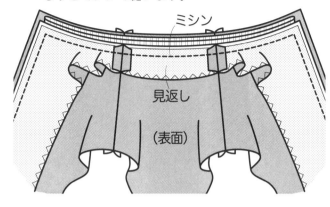

ミシン
見返し
（表面）

8-③ そのままの状態でミシン目にアイロンをかけます。

8-④ 角の縫い代は切り取ります。

8-⑤ 縫い代に切り込みを入れます。

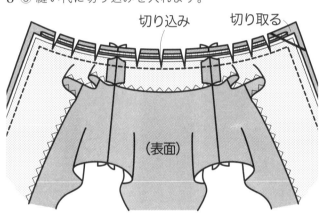

切り込み
切り取る
（表面）

9 ミシンをかける

9-① 見返しを表面にひっくり返します。

9-② 見返し、衿の形を整えます。

9-③ 前中心、衿ぐりをミシンで縫います。

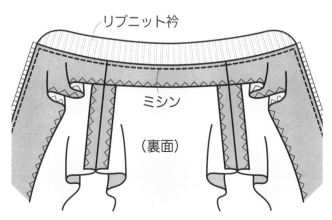

リブニット衿
ミシン
（裏面）

リブニット使いのカフス

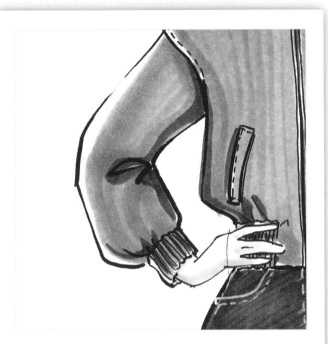

袖口にリブニットをカフスの代わりに使いました。ニットは伸縮性がありますので手首に程よくフィットして着心地が良いです。合印をつけて縫うのがポイントになります。

1 カフスを裁断する

伸びる方向がありますので型紙の置き方に注意して、表カフスと裏カフスを続けて図のように裁断します。

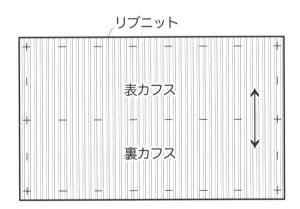

2 合印をつける

カフス側、袖側をそれぞれ等分して、合印をつけます。これが一番のポイントになります。

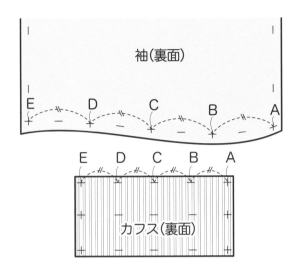

3 カフスを縫う

3-① カフスの表面どうしを合わせてカフスの端を縫い、わの状態にします。ミシン糸はニット用の伸縮性のある糸を使います。

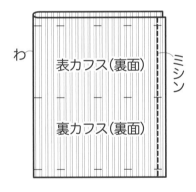

3-② 縫い代をアイロンで開きます。

3-③ カフスの裏面どうしを合わせて、図のように2つに折ります。

※ミシン縫いの縫い始めと縫い終わりは、返し縫いをします。

4 カフスをつける

4-① 表カフスの合印と袖の合印を表面どうしに合わせ、カフスを伸ばしながらミシンで縫います。糸はニット用の糸を使います。

4-② 縫い代は3枚一緒にロックミシンまたはジグザグミシンをかけて始末します。

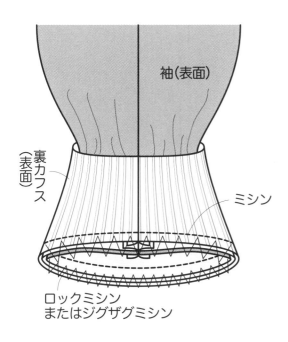

4-③ 縫い代は袖側に折ります。

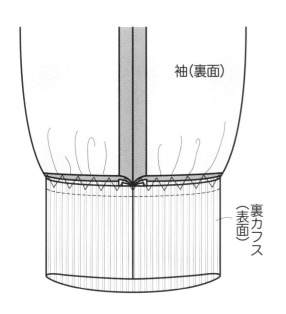

裏布をつける場合

1～3までは同じに作ります。

4 カフスをつける

4-① あらかじめ縫っておいた表袖と、表カフスの合印を合わせ、カフスを伸ばしながらミシンで縫います。糸はニット用の糸を使います。

4-② 裏カフスの合印と裏袖の合印を表面どうしで合わせてカフスを伸ばしながらミシンで縫います。

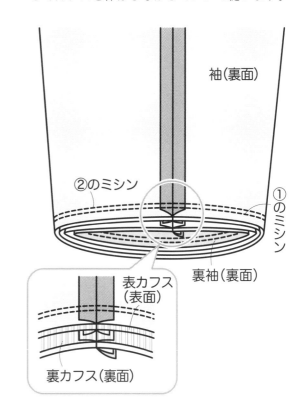

4-③ 表面にひっくり返して、カフスの出来上がりです。

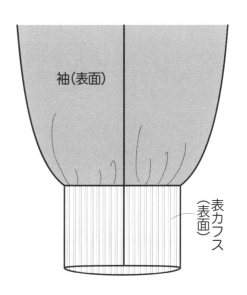

リブニット使いの裾

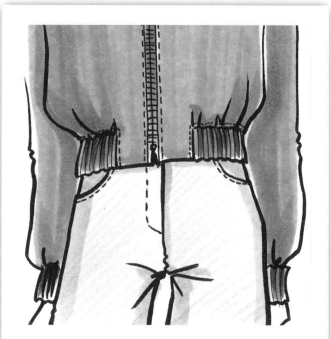

裾にリブニットをつける方法です。ここでは裾の部分全部にリブニットを使っていませんが裾全体をリブニット使いにしても良いです。

1 リブニットを裁断する

型紙どおりの大きさで、伸ばさないように注意して裁断します。リブニット1枚では薄いので、出来上がりが2枚になるように続けて裁断します。

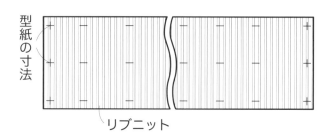

型紙の寸法

リブニット

2 身頃を縫っておく

表布と裏布はそれぞれ縫っておき、見返しの裾の部分だけ表布と裏布を縫い合わせます。

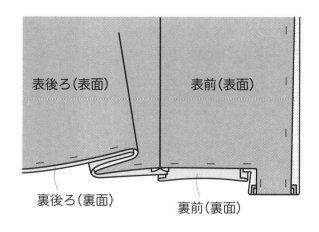

表後ろ（表面）　　表前（表面）

裏後ろ（裏面）　　裏前（裏面）

3 合印をつける

身頃とリブニットを3等分してそれぞれ合印をつけます。少なくとも3ヶ所はつけましょう。

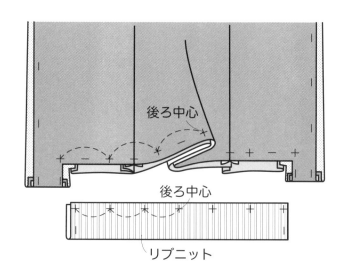

後ろ中心

後ろ中心

リブニット

4 表布にリブニットをつける

4-① 身頃を図のように広げ、リブニットの両端と身頃を
縫い合わせます。ミシンは出来上がり線の印から
印までかけ、身頃の縫い代に切り込みを入れます。
糸はニット用の物を使用します。

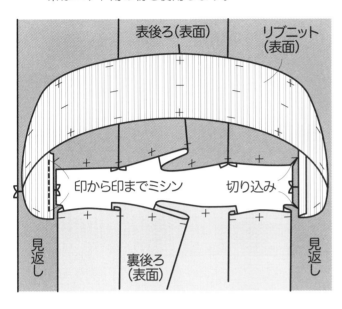

4-② 表身頃と裏身頃の間にリブニットを挟み、合印を合
わせてリブニットを伸ばしながら、しつけをします。

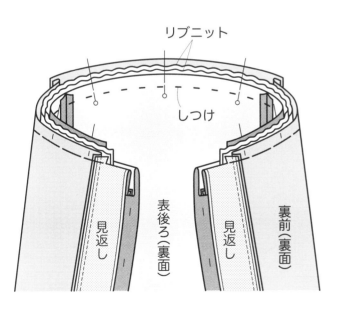

4-③ リブニットを伸ばしながら、4枚一緒にミシンで縫
います。(前端がボタンあきの時などは、この工程
で前端も続けてミシンで縫います。)縫い終わった
らしつけを抜き取ります。

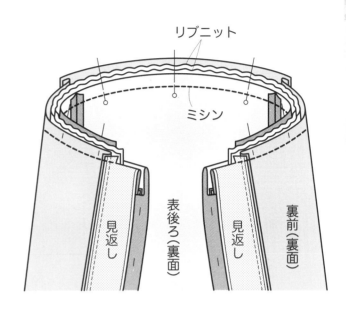

5 表にひっくり返す

リブニットを下に引くようにして、表面にひっくり返し
ます。縫い代は全て身頃側に折り、表面から身頃側にミ
シンをかけます。

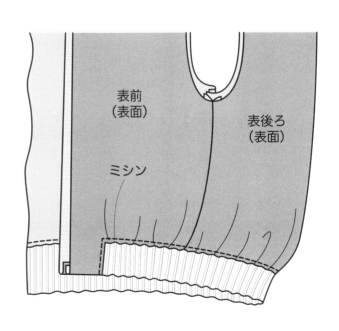

子ども服の作り方

袖ぐり下にゴムテープ

袖ぐりの下が浮いてしまわないようにゴムテープを入れてフィットさせる仕立て方です。幼児服に多く見られるデザインです。

1 バイアステープを作る

1-① 表布でバイアス布を裁断します。(73ページ参照)

1-② 両側をアイロンで折り、両折りバイアステープにします。この時、市販のテープメーカーを使用すると便利です。

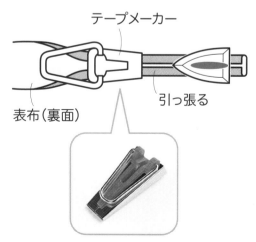

テープメーカー

表布(裏面)

引っ張る

2 身頃の袖ぐりにバイアステープをつける

2-① 身頃とバイアステープの表面どうしを合わせて、袖ぐりにミシンをかけます。

2-② カーブの部分は縫い代に切り込みを入れます。

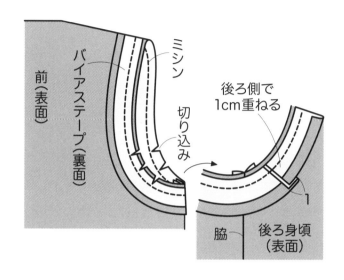

前(表面)

バイアステープ(裏面)

ミシン

切り込み

後ろ側で1cm重ねる

脇

後ろ身頃(表面)

3 ゴムテープをつける

3-① 指定寸法に切ったゴムテープを伸ばしながらつけ止まり位置に置き、しつけをします。

3-② ゴムテープの両端に図のようにミシンをかけ、縫いとめます。

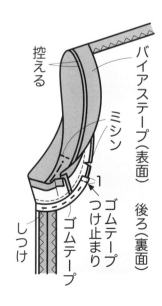

控える

バイアステープ(表面)　後ろ(裏面)

ミシン

ゴムテープつけ止まり

ゴムテープ

しつけ

　※ミシン縫いの縫い始めと縫い終わりは、返し縫いをします。

4 バイアステープをとめる

バイアステープを出来上がりの状態にし、ミシンをかけます。この時ゴムテープを縫い込まないように注意しましょう。

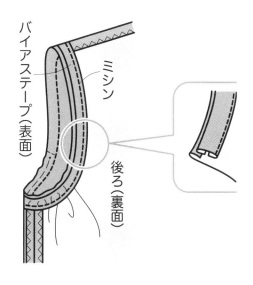

バイアステープ
ミシン
バイアステープ（表面）
後ろ（裏面）

5 出来上がり

しつけを取り除きます。

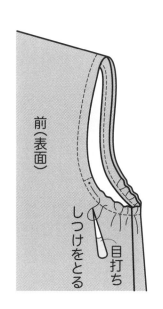

前（表面）
しつけをとる
目打ち

両折りバイアステープの作り方

正バイアスで裁断した布地を接ぎ合わせ、必要な長さを用意します。バイアステープの幅は出来上がり幅の2倍にします。

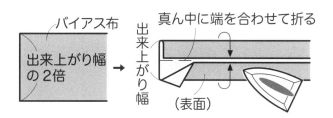

バイアス布
出来上がり幅の2倍
真ん中に端を合わせて折る
出来上がり幅
（表面）

※ バイアステープを接ぎ合わせる時は布目に注意して下さい。図のように裁ち線どうしを合わせて縫います。縫い合わせたら縫い代を開き、飛び出した部分は切り取ります。

○ 正しい接ぎ方

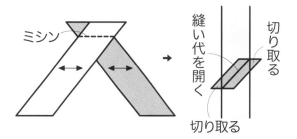

ミシン
縫い代を開く
切り取る
切り取る

✕ 接ぎ方の悪い場合

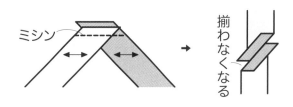

ミシン
揃わなくなる

袖口にゴムテープを縫いつける

袖口に直接ゴムテープを伸ばしながらつける事で、袖口にギャザーが寄ってフリルをつけたような仕上がりになります。

1 袖にゴムテープをつける

1-① 袖下はロックミシンまたはジグザグミシンで始末します。

1-② 袖のゴムテープつけ位置にゴムテープを合わせ、まち針でとめます。

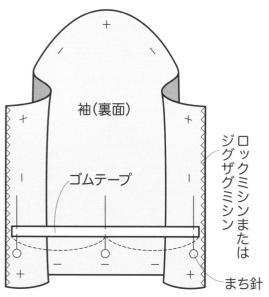

2 ゴムテープを縫う

ゴムテープを伸ばしながらゴムテープの中心を縫います。ミシン糸が切れないように針目は細かくします。

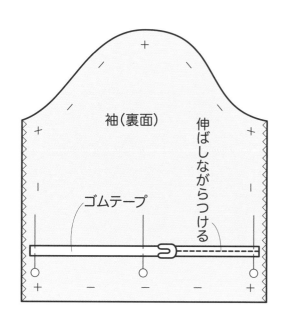

3 袖下を縫う

袖の表面どうしを合わせて、袖下にミシンをかけます。布の端から端まで縫います。

※ミシン縫いの縫い始めと縫い終わりは、返し縫いをします。

4 縫い代を開く

3の縫い目にアイロンをかけて落ち着かせてから縫い代を開きます。

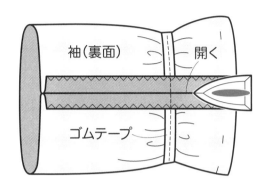

袖（裏面）　開く

ゴムテープ

5 袖口を始末する

袖口を三つ折りにして、ミシンをかけます。縫い目を落ち着かせるためにアイロンをかけます。

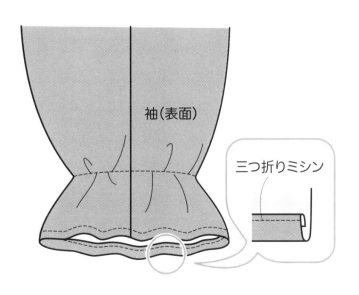

袖（表面）

三つ折りミシン

ゴムカタン糸を使用する場合

1 下糸をゴムカタン糸にする

ゴムカタン糸をボビンに巻きます。少し引っ張りぎみにして、手で巻きます。

2 表側からミシンをかける

縫い始めと縫い終わりは返し縫いをしないで表側からミシンをかけます。

ゴムカタン糸

（表面）

3 糸を始末する

出来上がりの寸法まで下糸のゴムカタン糸を引き、ギャザーを寄せます。その後に上糸と下糸を一緒にしてしっかり結びます。

（裏面）

出来上がり寸法になるまでカタン糸を引っ張る

ゴムカタン糸

シャーリング用テープを使用する場合

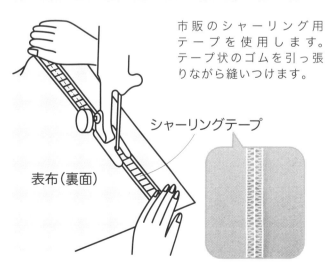

市販のシャーリング用テープを使用します。テープ状のゴムを引っ張りながら縫いつけます。

表布（裏面）

シャーリングテープ

袖口にゴムテープを通す

裏側からバイアステープを当て、ゴムテープを通す作り方です。ここでは共布を使っていますが市販のバイアステープや綿テープを使用しても良いでしょう。

1 バイアステープを作る

1-① 表布でバイアス布を裁断します。(73ページ参照)

1-② 両側をアイロンで折り、両折りバイアステープを作ります。(285ページ参照)この時、市販のテープメーカーを使用すると便利です。

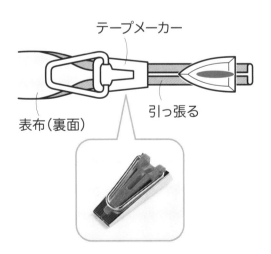

テープメーカー

表布(裏面)

引っ張る

2 袖を裁断する

2-① 袖の中心に布目を通します。ゴムテープつけ位置に必ず印をつけます。

2-② 袖下の縫い代をロックまたはジグザグミシンで始末します。

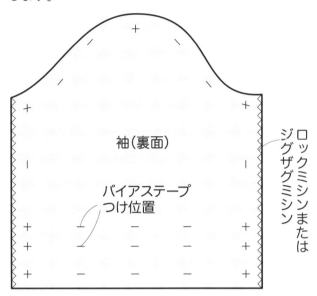

袖(裏面)

バイアステープつけ位置

ロックミシンまたはジグザグミシン

3 袖にバイアステープをつける

袖の裏面にバイアステープを置き、バイアステープの上と下にミシンをかけます。

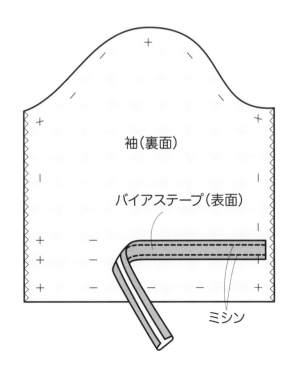

袖(裏面)

バイアステープ(表面)

ミシン

※ミシン縫いの縫い始めと縫い終わりは、返し縫いをします。

4 ゴムテープを通す

4-① バイアステープの中にゴムテープを通し、片側のゴムテープをミシンでとめます。

4-② ゴムテープを引いて、指定の長さに縮め、もう片方のゴムテープを縫いとめます。

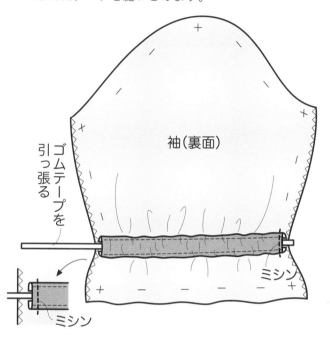

5 袖下を縫う

袖の表面どうしを合わせて、袖下にミシンをかけます。ゴムテープ位置はギャザーが寄って縫いにくいので、ゆっくり縫います。

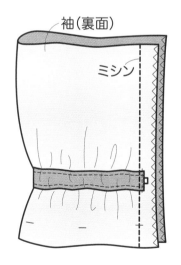

6 縫い代を開く

5のミシン目にアイロンをかけて落ち着かせてから、縫い代をアイロンで開きます。

7 袖口を始末する

7-① 袖口は三つ折りにして、ミシンをかけます。

7-② 縫い目を落ち着かせるためにアイロンをかけます。

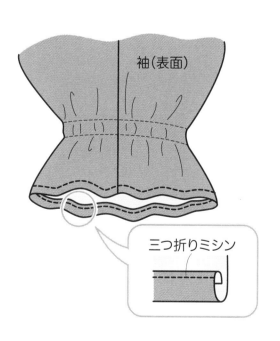

股下のあき

服を脱がさなくてもオムツ交換が手早く出来るため、ほとんどのベビー服に見られる股下のあきです。ドットボタンをつける時、凹凸を間違えないように注意しましょう。

1 脇線、股上を縫う

1-① 見返しと持ち出しの部分の裏面に接着芯をアイロンで貼ります。

1-② 脇線と股上線をそれぞれ縫い、縫い代を開きます。

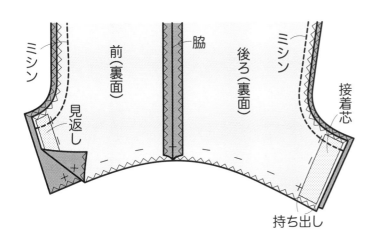

2 裾の始末する

身頃の裾を出来上がり線に折り、ミシンをかけます。

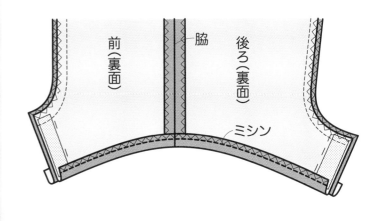

3 裾にゴムテープを通す

裾の縫い代にゴムテープを通して、両端をミシンで縫いとめます。

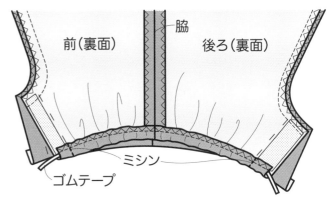

　※ミシン縫いの縫い始めと縫い終わりは、返し縫いをします。

4 股下を縫う

図のようにたたみ方を変え、前と後ろ身頃の股下をそれぞれ三つ折りにして, ミシンをかけます。

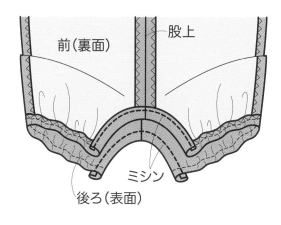

持ち出し、見返しをテープで始末する場合

1〜3までは290ページと同様に作ります。

4 股下を縫う

中心でつまんで縫ってから、身頃とテープの表面どうしを合わせて縫い、裏面に返してテープの端にミシンをかけます。テープはバイアステープでなく、綿テープのように伸びないしっかりしたテープを使いましょう。

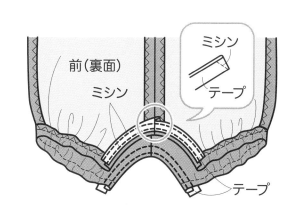

5 ドットボタンをつける

前の見返しに凹、後ろの持ち出しに凸のドットボタンをつけます。

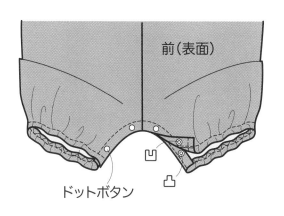

5 ドットボタンをつける

前に凹、後ろに凸のドットボタンをつけます。

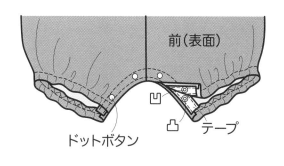

* 市販のファスナップ(テープにスナップボタンが等間隔についたもの)やプラスナップを使用しても良いでしょう。ファスナップをつける時には、ミシンの押さえ金はファスナーつけ用を使います。

左側の肩あき

前後にあきを作りたくないデザインの時は肩にあきを作り、脱ぎ着をしやすくします。主にノースリーブのブラウスやジャンバースカートなどに用いられます。

1 後ろ身頃を裁断する

後ろの左肩に打ち合い分と見返しを続けて裁断します。左右を間違えないように注意します。

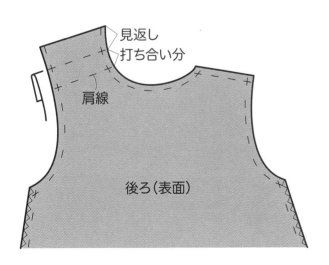

見返し
打ち合い分
肩線
後ろ（表面）

2 前身頃を裁断する

前の左肩に見返しを続けて裁断します。

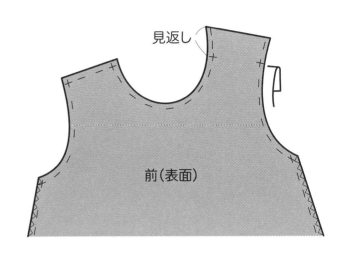

見返し
前（表面）

3 見返しを裁断する

3-① 袖ぐり見返し、衿ぐり見返しを裁断します。左右の形が違いますので注意して下さい。

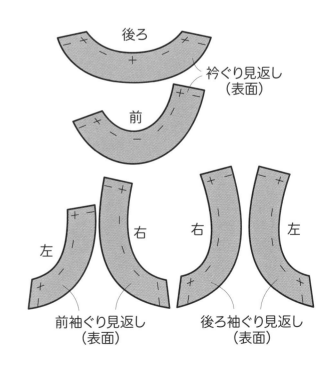

後ろ
衿ぐり見返し（表面）
前
左　右　右　左
前袖ぐり見返し（表面）
後ろ袖ぐり見返し（表面）

3-② 見返しの裏面に接着芯を貼ります。

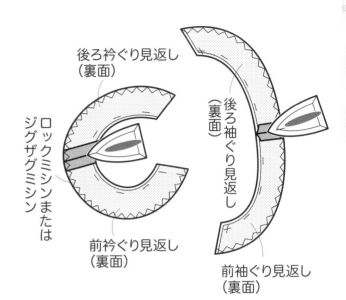

後ろ
衿ぐり見返し
（裏面）
前
接着芯
左
右
右
左
後ろ袖ぐり見返し
（裏面）
前袖ぐり見返し
（裏面）

5 縫い代の始末をする

5-① 右肩線の縫い代をアイロンで開きます。

5-② 裁ち端にロックミシンまたはジグザグミシンをかけます。

後ろ衿ぐり見返し
（裏面）
ロックミシンまたはジグザグミシン
後ろ袖ぐり見返し
（裏面）
前衿ぐり見返し
（裏面）
前袖ぐり見返し
（裏面）

4 見返しの右肩線を縫う

4-① 後ろ衿ぐり見返しと前袖ぐり見返しの表面どうしを合わせて、右肩線にミシンをかけます。

4-② 袖ぐり見返しも同様に、右肩線のみにミシンをかけます。

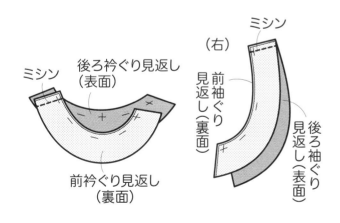

ミシン
後ろ衿ぐり見返し
（表面）
（右）
ミシン
前袖ぐり
見返し
（裏面）
後ろ袖ぐり
見返し
（表面）
前衿ぐり見返し
（裏面）

6 身頃の左肩見返しに接着芯を貼る

身頃の左肩見返しの裏面に接着芯を貼ります。図のようにロックミシンまたはジグザグミシンをかけます。

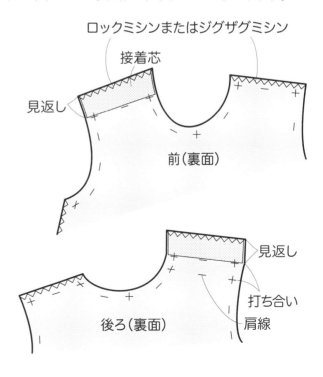

ロックミシンまたはジグザグミシン
接着芯
見返し
前（裏面）
見返し
打ち合い
肩線
後ろ（裏面）

次ページにつづく▶

▶ 左側の肩あき（つづき）

7 身頃の右肩線を縫う

7-① 前と後ろの表面どうしを合わせて、右肩線を縫います。

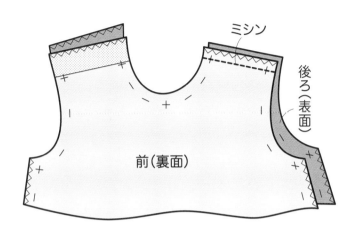

7-② ①のミシン目にアイロンをかけて落ち着かせてから、縫い代を開きます。

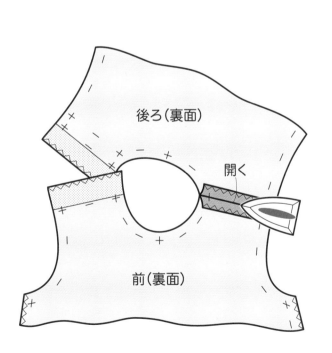

8 衿ぐり見返しをつける

8-① 左肩の前の持ち出しと後ろの打ち合いの見返しを図のようにそれぞれ折ります。

8-② 身頃と衿ぐり見返しの表面どうしを合わせて、衿ぐりにミシンをかけます。

8-③ 縫い代に切り込みを入れます。

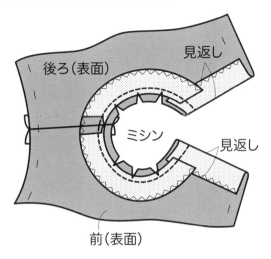

9 袖ぐり見返しをつける

9-① 身頃と袖ぐり見返しの表面どうしを合わせて、袖ぐりにミシンをかけます。

9-② カーブのところは縫い代がつれるので縫い代に切り込みを入れます。

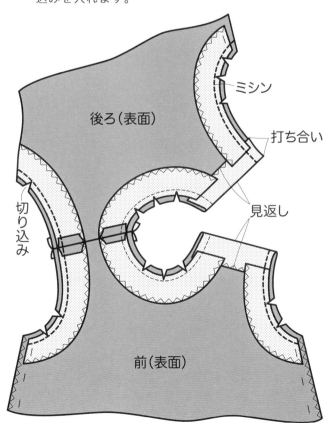

10 表に返す

見返しを身頃の裏面に返します。衿ぐり、袖ぐりの形を
アイロンで整えます。この時、見返しを少し控えるよう
にします。

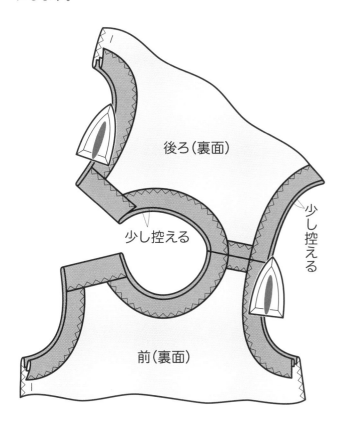

11 脇線を縫う

11-① 身頃の表面どうしを合わせて、脇線から見返しまで続
　　　けて縫います。袖ぐりの縫い代は開いて縫います。

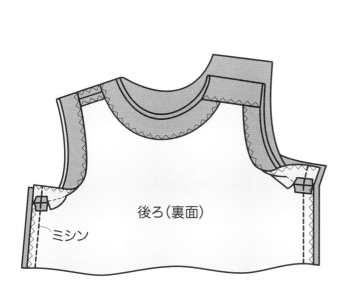

11-② 縫い代をアイロンで開きます。見返しの部分も
　　　しっかりアイロンで押さえます。

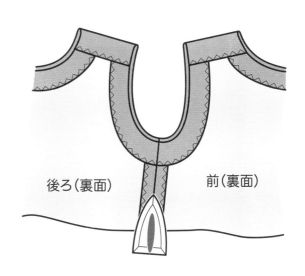

12 ボタンホールを作り、ボタンをつける

12-① 袖ぐり、衿ぐりにミシンをかけます。

12-② 見返しは肩と脇の縫い代の部分にまつります。

12-③ 後ろの打ち合いにボタンホールを作り、前身頃にボ
　　　タンをつけます。

袖つきの肩あき

肩線を利用して作るあきです。どちらか一方の肩に作る場合は左肩が一般的です。ブラウスやワンピースなど、かぶりのデザインに用いられます。

2 あきに接着芯を貼る

2-① あき部分の持ち出し、見返しの裏面に図のように接着芯をアイロンで貼ります。

2-② 縫い代端にロックミシンまたはジグザグミシンをかけて始末します。

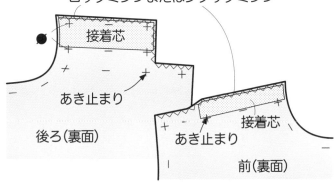

3 見返しを裁断する

3-① 前見返し、後ろ見返しを裁断します。

3-② 見返しの裏面に接着芯をアイロンで貼ります。

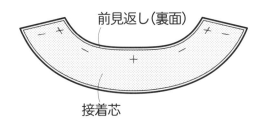

1 身頃を裁断する

1-① 後ろ身頃の肩あき部分に2倍の持ち出し幅と縫い代を続けて裁断します。

1-② 前身頃は肩あき部分に見返し幅分を続けて裁断します。

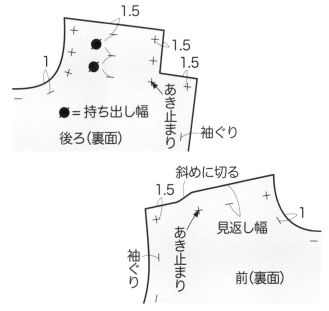

4 見返しの右肩線を縫う

4-① 前、後ろ見返しの表面どうしを合わせ、右肩線(あきがない方)にミシンをかけます。

4-② 縫い代をアイロンで開きます。

4-③ 見返し端にロックミシンまたはジグザグミシンをかけて始末します。

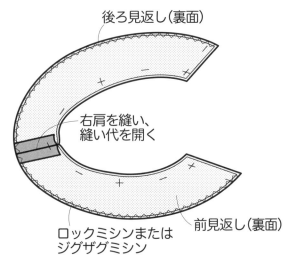

※ミシン縫いの縫い始めと縫い終わりは、返し縫いをします。

5 身頃の肩線を縫う

5-① 前と後ろの表面どうしを合わせ、あき止まりまでミシンをかけます。（右肩線は普通に縫い、縫い代を開きます。）

5-② 後ろのあき止まり位置のみに切り込みを入れます。

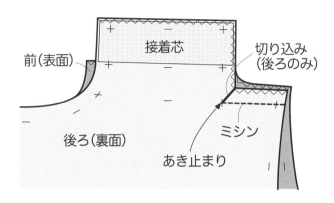

5-③ あき止まりまでの肩線の縫い代をアイロンで開きます。

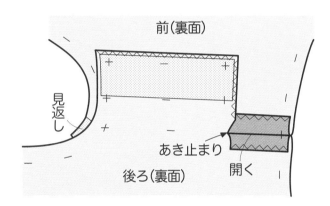

6 衿ぐりを縫う

6-① 前の見返し部分、後ろの持ち出しを図のように出来上がり線に沿って折ります。

6-② 身頃と見返しの表面どうしを合わせます。

6-③ 衿ぐりにミシンをかけます。

6-④ 縫い代に切り込みを入れ、カーブがつれないようにします。

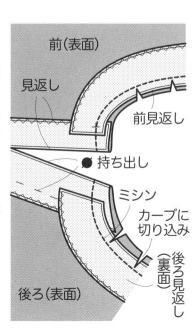

7 見返しをひっくり返す

7-① 見返しを裏面側にひっくり返します。

7-② 衿ぐり、見返し、持ち出しを出来上がり線に沿って折り、整えます。

7-③ 見返し、持ち出しの端を衿ぐり見返しにまつります。

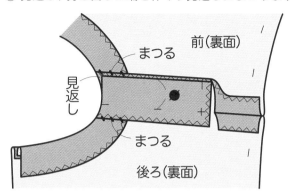

8 表からミシンをかける

8-① 後ろの持ち出し、衿ぐりまわり、前の肩あき線にミシンをかけます。前の肩あき線を縫う時には、持ち出しをよけておきます。

8-② ボタンつけ位置にボタンホールを作ります。

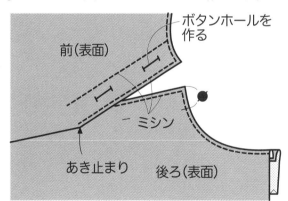

9 あき止まりを縫う

9-① 肩あきの見返しと持ち出しを重ねて、あき止まり位置にミシンをかけます。

9-② 後ろにボタンをつけます。

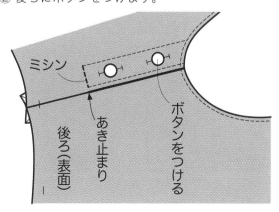

知っておきたい洋裁用語

洋裁でよく使う用語を五十音順にご紹介します。
わからない言葉が出てきたら参考にして下さい。

合印（あいじるし）

布地と布地を縫い合わせるときに、ずれないように要所要所
つける印。紙チャコ、切りじつけ、へらなどでつける。

あき

洋服を着脱するためにあけた部分のこと。前後中心や脇、袖
口にあけることが多い。

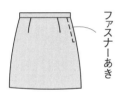

AH（アームホール）

袖ぐり線、または袖ぐり寸法のこと。略してAHと書く。

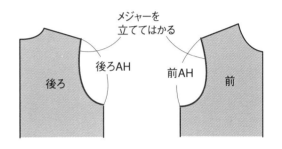

粗裁ち（あらだち）

縫い代を多めにつけて、おおまかに裁断する事。部分的に
タックを入れる時や、接着芯を貼ってから裁断する場合など
に用いられる。

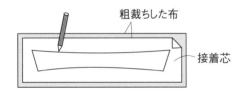

いせる

ギャザーやタックを使わ
ずに布地を立体的にする
技法。主にいせる部分を
ぐしぬいし、アイロンで縮
めて形を作る。「いせ込む」
とも言う。

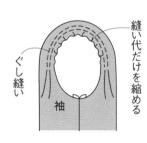

打ち合い（うちあい）　打ち合わせ（うちあわせ）

洋服のあきが左右で重なる部分の事。身頃のあきは女性用の
場合、前あきと後ろあきは右側が上になるように重ねる。男
性用はその逆。
子ども服で共有
の場合は男性用
と同じように左
側を上に重ねる。
デザインによっ
ては女性用でも
左側が上の場合
もある。

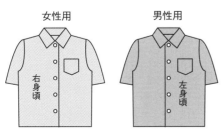

上前・下前（うわまえ・したまえ）

前の打ち合いを重ねて着る洋服の上
になる方の身頃を上前と言う。下側
になる身頃は下前と言う。

片返し（かたがえし）

縫い代を一方方向に倒す事。

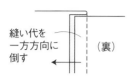

縫い代を
一方方向に
倒す

（裏）

からアイロン

アイロンをかける時、霧を吹いたり、水分を加えたりせずにドライの状態でかける事。ドライアイロンとも言う。

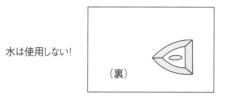

水は使用しない！

（裏）

切り込み

はさみで布地に切れ目を入れること。布地を縫い合わせる際にカーブや角の縫い代に入れることで引きつりをふせぐ。

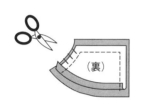

（裏）

毛抜き合わせ（けぬきあわせ）控える（ひかえる）

2枚の布を縫い合わせたときに縫い目が「毛抜き」のように突き合わせになった状態を毛抜き合わせと言う。縫い目をどちらか一方にずらすことを控えると言う。

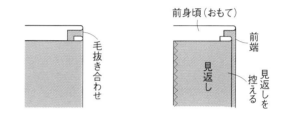

前身頃（おもて）

毛抜き合わせ

前端

見返し

見返しを
控える

差し込む

型紙を配置する際に、同じ方向ではなく片方を上下逆に配置すること。布地の節約になる。

差し込む場合

一方方向に裁つ場合

後ろ

前

わ

後ろ

前

わ

外表・中表（そとおもて・なかおもて）

2枚の布を重ねるときの合わせ方。裏同士を合わせることを外表、表同士を合わせることを中表と言う。

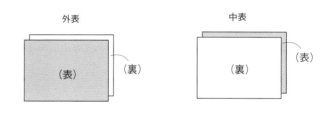

外表

中表

（表）

（裏）

（裏）

（表）

裁ち出し見返し（たちだしみかえし）

見返しなどを別裁ちにせず、身頃から続けて裁ち出す方法。端をやわらかく仕上げたい場合や、縫製を簡単にしたいときに用いる。

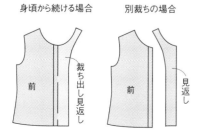

身頃から続ける場合

別裁ちの場合

前

裁ち出し見返し

前

見返し

裁ち切り（たちきり）

縫い代をつけずに布を切り、裁ち端をそのまま切った状態にしておく事。フェルトや合成皮革、チュールなどほつれにくい素材や、ラフなデザインに用いられる。

裁ったままの状態

タック

縫いひだ、つまみなどの意味で立体的に装飾する技法の一つ。たたむ幅や倒す方向もデザインによって様々。

ピンタック　片側に倒すタック　左右対称のタック

ダーツ

身体の丸みに平面の布地を合わせるためにつまむ操作の事。つまむ形がゲームのダーツの投げ矢に似ていることからこの名がついた。

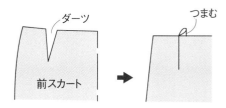

ダーツ　つまむ　前スカート

布目（ぬのめ）

布地の織り糸のたて糸とよこ糸の織り目のことで、地の目（じのめ）ともいう。「たてに布目を通す」とは、型紙の布目線（矢印）を織り目のたて糸の方向に合わせて裁断する事を指す。

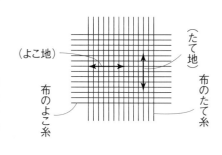

（よこ地）　（たて地）　布のよこ糸　布のたて糸

はぐ・はぎ

布と布をつなぎ合わせる事を「はぐ」「はぎ」と言う。

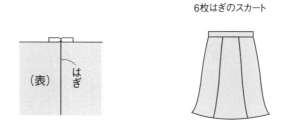

6枚はぎのスカート

（表）　はぎ

持ち出し（もちだし）

あきの下側につける重ね分の事。続けて裁ち出す場合とパンツのように別に裁つ場合がある。

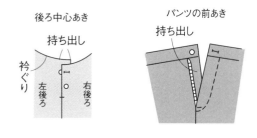

後ろ中心あき　持ち出し　衿ぐり　左後ろ　右後ろ
パンツの前あき　持ち出し

見返し（みかえし）

衿ぐり・前端・袖口など、端の始末に用いる裏側につけるパーツのこと。多くは表布と同じ布を用いられ、接着芯を貼ってしっかりさせて使用する。

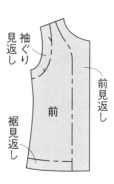

袖ぐり見返し　前見返し　裾見返し　前

わ

型紙・布地が続く状態の事。多くの型紙は半身になっているので、「わ」になっている部分は対称に裁つ必要がある。また裁ち方図では布地が二つ折りになっている事を示す。

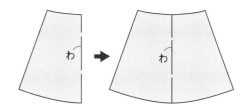

わ → わ

割る

縫い代を左右に開く事で、縫い目を中心に左右に広げる仕立て方。

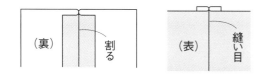

（裏）　割る　（表）　縫い目

索引

大きなイラストでわかりやすい 洋裁大全

2022年10月10日　初版発行

編集人　和田尚子
発行人　志村 悟
印刷　凸版印刷株式会社
発行所　株式会社ブティック社
TEL:03-3234-2001
〒102-8620　東京都千代田区平河町1-8-3
https://www.boutique-sha.co.jp
編集部直通　TEL:03-3234-2061
販売部直通　TEL:03-3234-2081

PRINTED IN JAPAN　ISBN:978-4-8347-9065-8

表紙イラスト　　立花みよこ
人物イラスト　　渡邊千佳子
ブックデザイン　牧陽子
編集　　　　　　松井麻美　菊池絵理香　上野史央
　　　　　　　　室星はるか　設樂麻衣

【著作権について】
©株式会社ブティック社　本誌掲載の写真・イラスト・カット・記事・キット等の転載・複写(コピー・スキャン他)・インターネットでの使用を禁じます。また、個人的に楽しむ場合を除き、記事の複製や作品を営利目的で販売することは著作権法で禁じられています。万一乱丁・落丁がありましたらお取り替えいたします。

本書は当社より既刊のレディブティックシリーズno.3470「洋裁百科」に掲載されていたものを厳選再編集し、新たな内容を追加したものです。

本選びの参考にホームページをご覧ください
ブティック社　検索
https://www.boutique-sha.co.jp